采购管理与数字化运营：

华为实践者的管理笔记

胡　波◎著

人民邮电出版社

北京

图书在版编目（CIP）数据

采购管理与数字化运营 ： 华为实践者的管理笔记 /
胡波著. -- 北京 ： 人民邮电出版社，2025. -- ISBN
978-7-115-67358-9

Ⅰ. F632.765.3

中国国家版本馆 CIP 数据核字第 2025RV4348 号

内 容 提 要

  当今企业间的竞争已经演变为供应链之间的竞争，随着社会分工的不断深化，业务外包日趋广泛，采购在企业中的重要程度日益提升。行业中领先的企业已经逐步将采购从成本中心转变为利润中心，通过采购整合行业优质资源，增强自身竞争优势。

  本书从物料和供应商两方面入手，全面介绍了企业从物料寻源到付款、从供应商导入到退出的一系列活动及关键点；根据采购业务各项活动之间的逻辑关系，系统地讲述了寻源、选择供应商、评估供应商绩效、管理供应商关系、制定采购策略、管理采购成本、管理采购风险等的方法和要点。本书内容具有可操作性，易于落地，适合供应链管理从业者学习使用。

 ◆ 著　　　　胡　波

  责任编辑　李士振

  责任印制　彭志环

 ◆ 人民邮电出版社出版发行　　　北京市丰台区成寿寺路 11 号

  邮编　100164　　电子邮件　315@ptpress.com.cn

  网址　https://www.ptpress.com.cn

  北京市艺辉印刷有限公司印刷

 ◆ 开本：720×960　　1/16

  印张：19.75　　　　　　　　　2025 年 7 月第 1 版

  字数：334 千字　　　　　　　　2025 年 7 月北京第 1 次印刷

定价：89.80 元

读者服务热线：(010)81055296　印装质量热线：(010)81055316
反盗版热线：(010)81055315

我在华为做采购——战略采购从理念到执行

在与不甚相熟的朋友交流，提及我的职业为品类采购经理时，我往往会听到他们亲切地回应"哦，那你是做供应链相关工作的"。这种反应体现了公众认为采购与供应链之间存在紧密联系。

采购无疑是供应链管理这一宏大蓝图中不可或缺的一环，但供应链管理作为一个综合性的管理体系，其不仅包括采购，还涵盖了从客户需求预测、产品生产计划、物料采购、产品生产到最终将产品交付给客户的全过程，具体包括采购及交付管理、运营管理、订单和物流管理三大领域，见图1。

采购及交付管理
● 与供应商建立稳固的合作关系，以合理的价格获得优质原材料，使企业能够生产有竞争力的产品

运营管理
● 将采购的物料进行加工，形成最终产品。包括计划、生产制造等部门

订单和物流管理
● 协调订单，分配货物，安排物流，将产品交付给客户

图1　供应链管理三大领域

随着全球经济一体化的深入发展和社会分工的日益精细化，越来越多的企业选择将运营管理与订单和物流管理外包给专业服务商，以将资源集中于提升核心竞争力。这一趋势无疑使采购成了连接企业内外部资源、驱动供应链效率与响应速度的关键力量，从而更加凸显采购在供应链中的战略地位。

尽管我对采购领域有着较为深入的理解和实践经验，但面对朋友提出交流供应链管理的议题时，我仍只得坦诚相告：我的知识和经验主要集中在采购环节，对供应链管理的全貌，尤其是运营管理、订单和物流管理等广泛领域的知识尚需进一步学习与积累。因此，我深感自己尚不足以探讨如此宏大且复杂的议题，不过，我仍愿意就采购领域的具体实践、挑战与策略，与各位朋友分享自己的见解与心得。

采购可能被很多人视为一个简单的职业，但实际上，它远非"拿钱买东西"那么简单。特别是在像苹果公司这样的全球领先企业中，采购和供应链管理是极其重要的环节。

Gartner 每年都会对在供应链管理方面取得卓著成效的企业进行评选。苹果公司凭借在供应链管理方面取得的卓越成就，连续多年被评为供应链管理大师，业界也流传着许多全球供应链经理（Global Supply Chain Manager，GSM）的精彩传说。可能有许多人会很好奇：苹果公司没有自己的工厂，它是如何取得如此非凡的成就的？它是如何管理供应链和采购业务的？苹果公司的采购人员具备什么样的素质和技能？

我学的是工科专业，然而命运奇妙的安排让我意外地踏上了采购这条既充满挑战又极具魅力的道路，在华为公司（以下简称华为）的采购体系里一待就是十六个春秋。在华为工作期间，我曾在技术质量认证（Technology and Quality Certification，TQC）工程师、供应商质量工程师（Supplier Quality Engineer，SQE）、采购商务经理和品类经理（Category Manager，CM）等一系列采购一线岗位任过职，也获得过"采购专家"和"金牌员工"等荣誉。

因为工作原因，我曾有幸与来自苹果、德勤等公司的专家和顾问深入交流，共同探讨采购管理的最佳实践与创新策略，也造访过众多行业的企业。在这一过程中，我越发感受到国内许多企业在采购管理领域尚存广阔的进步空间，无论是理念认知的深度，还是管理实践的科学性，都有待进一步提升。

从华为离职后，我从事咨询和培训。站在职业的新起点上，我决定将过往的点点滴滴汇总，撰写成一本关于采购的书。这不仅是对我个人工作经验的总结，更是一次向同行们分享经验和想法的尝试。我期望通过本书为读者打开一扇通往采购管理奥秘的大门，激发读者对采购成本控制、供应商关系管理等议题的深入讨论。若本书能成为一盏灯，为立志在采购行业深耕的人照亮前行的道路，或成为他们工作时的参考读物，我将感到无比欣慰与满足。

胡波

2025 年 4 月 8 日

目录

第八章 如何管理供应商

第十二章　供应商质量管理

第十三章　风险管理

第十四章　如何评定采购部门的绩效

第十五章　采购人需具备哪些核心技能

第十六章　数字化

第十七章　如何做好授权与决策

第十八章　采购内控

第一章

怎样区分采购管理的层次

很多人会说：采购不就是买东西吗？哪有什么水平的高低？然而，其中的门道与深浅，大有讲究。高水平的采购，远非选择商品和下订单那么简单。它是一场精心策划的战略布局，需要敏锐的市场洞察力来预测供求趋势，需要严谨的成本分析以确保能构筑起成本优势。同时，还需要采购人员具备卓越的谈判技巧，与供应商构建双赢合作关系。在此过程中，只有将风险评估与规避、质量保证体系构建和供应资源布局等复杂而精细的工作环环相扣，才能织就一张高效、稳定、可持续的采购网络。

采购可分为四个类型，见表 1.1。

表 1.1　采购的四个类型

类型	对企业战略的影响	工作内容	关键绩效指标	对采购的感知与理解
交易型	工作目标对企业的战略无影响	●处理日常订单的下达和履行	关注订单处理的数量和流程遵从程度	基本无感
成本驱动型	在成本优化上的工作目标与企业的总体战略保持一致	●低成本供应商和器件引入、招标、谈判	关注成本节约	成本节约
TCO综合型	工作目标来自企业总体战略的分解，支撑企业总体战略的达成	●自制和外包的竞合管理 ●供应商关系管理	总拥有成本（Total Cost of Ownership，TCO）	综合成本竞争力的来源
领导型	工作目标自下而上地影响企业的总体战略	●供应商关系管理 ●与供应商协同创新	关注创新，强调可持续发展和长期利益	驱动价值创造

根据采购管理水平的高低，笔者将采购管理能力划分为四个层次，每个层次对应不同的工作内容和对采购人员能力的不同要求，见图 1.1。

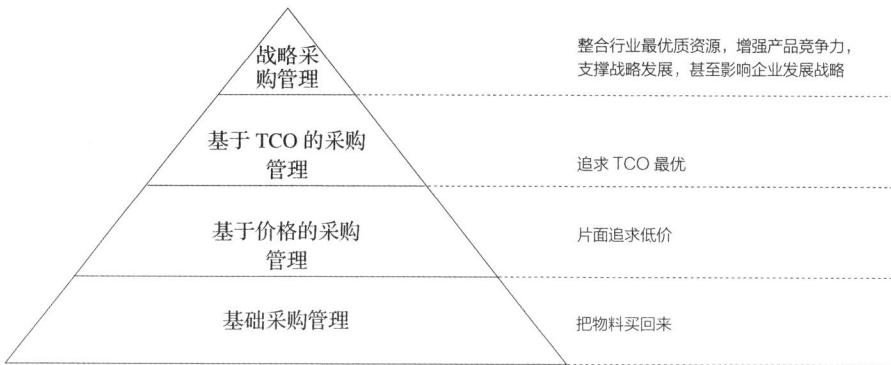

图 1.1　采购管理能力的层次

层次一：基础采购管理。在这一层次，采购人员主要负责执行基础的采购任务，将企业已明确需求并确定好价格与条款的物品或服务采购回来。基础采购常见于小微企业或初创企业，其中采购决策往往由管理者或创始人直接做出，采购人员则扮演执行者的角色。采购人员的工作重点在于确保采购订单准确无误、及时地下达，并跟踪订单状态直至货物交付。采购人员没有太大的选择权，其主要关注订单的履行情况，只需要具有良好的沟通协调能力，能与供应商和内部需求部门保持顺畅的沟通，具备一些基础的办公技能，能够处理简单的采购文档。

层次二：基于价格的采购管理。通过比价，采购人员选择采购价格最低的产品，较少关注交付、质量、维护等全流程成本。采购人员具有一定的成本分析能力，掌握一定的招标、谈判等技巧，采取成本节约措施（如引入新供应商）来降低采购成本。采购被视为成本中心，其价值就是削减成本。削减成本的方法是压缩供应商的利润，以及供应商的销售、管理和研发等费用。然而采购如果仅仅通过对供应商施加压力去削减成本而不是充分调动供应商的全部潜力去创造价值，其获得的收益是非常有限的。

层次三：基于 TCO 的采购管理。计算 TCO，选择 TCO 最优的供应商。在根据 TCO 选择供应商时，采购人员除需考虑采购价格外，还需全面考量从采购到产品生命周期结束期间的质量成本、运输和售后服务费用等所有相关支出。例如，某通信设备公司需要采购口径在 1.8 米以上的微波天线用于交付巴西市场项目，在国内采购微波天线的价格通常比欧洲采购同类天线低 25%，但由于大口径微波天线特殊的运输要求，其运输费用较高。因此，该公司从欧洲采购大口径微波天线用于交付巴西市场项目可能是个更明智的选择。铅酸蓄电池也存在类似的情况。由于 TCO 包含了物品本身的采购成本及在产品生命周期内还需付出的其他隐性成本，因此采购人员需要拥有全流程视野，具备项目管理、进出口和质量管理等知识和技能，建立一个全面的成本评估体系。

基于 TCO 的采购管理仍是基于成本的采购管理，但它并非仅仅停留在简单的成本削减层面，而是更加全面地考虑产品或服务在整个生命周期内的所有成本，包括显性成本和隐性成本，它是成本驱动型采购管理的最高水平，但其核心关注点仍然是成本，而不是价值。

成本驱动型采购管理通常以更换供应商作为降成本的手段，在这种情况下，采购方与供应商之间缺乏稳固的合作关系。由于缺乏对未来合作的确定性预期，供应商通常不会提前把领先的产品或技术透露给采购方，因而采购方无法领先于行业内的竞争对手，无法整合供应链中的优势产品和技术，构筑起"人无我有"的竞争优势。现代采购管理更加倡导"价值采购"的理念，即采购不应只关注成本，更应关注如何通过采购活动为企业创造更大的价值。这种价值可以体现在多个方面，如产品声誉、交货速度、售后服务、技术创新、资源整合等。成本和交付是采购的天职，创新和价值增值是采购的价值。

层次四：战略采购管理。战略采购管理的核心关注点在于价值的创造与增值，而采购成本管理则被视为实现这一目标的重要手段之一，但并非首要或唯一关注点。在现代企业中，采购部门已经逐渐从传统的成本中心转变为像销售、研发等部门一样的利润中心，是价值创造的积极参与者。

采购如何创造价值？战略采购管理以良好的供应商关系管理作为基础，采购方与供应商建立长期稳定的合作关系，合理地利用博弈和竞争等手段，通过早期介入等一系列活动，构建出"人无我有，人有我优"的竞争优势，从而创造价值。

"人无我有"意味着企业能够独家采购到某些独特物料，并将其巧妙整合到自身产品中，从而为客户带来前所未有的体验或为企业带来差异化的竞争优势。这种独占性不仅提升了产品的吸引力，还促进了销量的增长与利润空间的扩大，为企业创造了显著的市场价值。而"人有我优"则体现在即便采购同样的物料，企业也能获得更优的 TCO、更好的质量、更快的交付及更卓越的服务，从而超越竞争对手。因此，战略采购管理不仅确保了企业对供应链上创新产品与技术的持续获取，更使得企业在产品生命周期内保持相对竞争优势。

苹果公司正是这一理念的杰出实践者。2010 年，苹果公司发布的 iPhone4 首次在行业内使用视网膜（Retina）显示屏，给 iPhone4 带来巨大的营销热度和销量。Retina 显示屏并不是苹果公司研发，而是其通过采购获取的。苹果公司通过采购活动将供应商研发的优质产品整合到自己的新产品中，从而增强了自身产品的竞争力，最终创造出优于普通产品的收益。这不是简单的物品采购，苹果公司通过早期介入、风险投资、技术排他和产能锁定等一系列手段，使自身能实现新技术首发和在一段时间内独占，独享红利。苹果公司还为供应商提供必要的模具、设备等基础设施，派驻大量生产制造方面的专家指导供应商进行现场管理，提升良品率。曾经铝合金笔记本电脑外壳的生产是个行业难题，苹果公司通过和供应商合作，采用计算机数控（Computer Numerical Control，CNC）加工的方式最终实现规模化生产。苹果公司的采购人员在企业内部扮演着不可或缺的角色，他们在和供应商合作的时候，不会残酷地压榨供应商。多数苹果公司的供应商认为和苹果公司合作提升了它们的能力，帮助它们在其他客户那里赢得了竞争优势。

战略采购常被视为对未知领域的勇敢探索，它要求采购人员不仅要具备全局视野，还需拥有敏锐的行业洞察力和高度的业务敏感性。因此，采购人员需精通战略与战术，擅长策略制定与资源整合，能够以前瞻性的思维引领行业变革，这是采购人员追求的至高境界。

战略采购管理对企业的组织架构、流程设计及人员配置等方面均提出了要求。本书将在后续章节对这些方面进行详细探讨，旨在为企业成功实施战略采购管理提供指导。

然而，需要说明的是，并非所有企业都适合采用战略采购管理模式。企业的采购管理策略应当紧密贴合其整体的竞争战略与竞争优势。对那些依赖产品差异化建立竞争优势、享受品牌溢价并追求高利润率的企业而言，战略采购无疑是理想之选。相反，若企业以低成本为核心竞争力，致力于实现 TCO 最优，维持并提升其成本效益可能是更合适的方法，盲目追求价值创造，可能反而在无形中削弱原本稳固的成本优势。

如果有两种选择，一种是用 8 元采购合理成本为 10 元的物品，另一种是用 50 元采购合理成本为 10 元的物料并将其整合到公司的产品或服务中，使产品或服务的售价提升 100 元，销量增加 100 万件。你愿意选择哪种？在具有确定性的情况下，大家一般会选第二种，但在实际情况中，由于组织管理水平、关键绩效指标等的影响，选择第一种的人可能不在少数。因为成本的节约很容易衡量，而销量的增加则难以和某件孤立的事情产生很强的联系。

以下是一个著名招聘网站上的两则招聘广告，大家可对比两者的差异。

招聘职位 1：高级品类经理

职位描述如下。

1. 通过定期的竞争筛选和基线评估制定品类战略，包括相关的供应商战略，供应商布局和供应商关系等，综合考虑所有的因素和决策过程，以及零部件的本地供应策略。通过制定短期和长期的行动计划，实现最终的战略目标。

2. 根据品类策略和供应商的表现，引入和淘汰供应商，优化产品的成本和供应商结构（包括但不限于全球采购、成本价值分析、替代等），管理内部和外部利益相关者，持续实现业务目标。

3. 分析产品市场趋势，与供应商定期进行价格评审，协调和实现与品类范围内的供应商进行年度价格谈判。与相关跨职能团队合作，优化采购结果，以确保公司生产材料的供应，实现 TCO 最优。

4. 实施风险控制措施，以降低整个供应链的风险，确保供应的连续性和TCO 的竞争力。

招聘职位 2：高级采购经理

职位描述如下。

1. 负责处理询价、议价、比价、下单、交期跟进、货款安排等。

2. 与国外供应商沟通，维护供应商关系，开发拓展国外优质渠道。

3. 处理采购工作中的异常问题。

4. 熟悉进出口贸易流程。

5. 按时按量完成上级分配的工作。

第二章

采购如何排兵布阵

企业对采购职能的战略定位直接决定了采购在组织架构中的层级与地位。在当今的商业环境中，众多具备一定规模的企业已将采购部门从供应链独立出来成为一级部门，与销售、研发等部门并驾齐驱，采购部直接向总经理 / 首席执行官（Chief Executive Officer，CEO）汇报，凸显了采购在企业运营中的核心地位，如图 2.1 所示。根据科尔尼公司的调查，2008 年金融危机后，在大多数行业中，企业业绩与该企业首席采购官（Chief Procurement Officer，CPO）的地位息息相关。通常 CPO 级别较高（例如与销售、研发相当）的企业业绩比 CPO 级别较低的企业业绩更好。尤其对采购支出超过企业收入 50% 的企业而言，行业分析师更青睐 CPO 拥有强大影响力的企业。

图 2.1　常见的企业组织架构

这清晰地反映了业界的一个普遍共识：采购职能至关重要。企业领导者深刻认识到采购对企业盈亏状况的直接影响力，毕竟，企业的大部分支出均以对外采购的形式发生。特别是在生产型企业中，从原材料、设备、基础设施到日常办公用品、专业咨询服务乃至人力资源外包等，无一不依赖采购，且采购支出占据运营成本的显著比例。

然而，也有少数小型企业选择将采购部门设置于供应链或其他一级部门之下，作为二级部门进行管理，这主要依据企业自身的规模、发展阶段及战略重点而定。

鉴于采购涉及庞大的资金流动，其管理方式自然成为焦点。在私营企业中，一个引人瞩目的现象是，采购部门往往由企业主本人、其亲属或心腹直接管理，这折射出采购的重要性。与此同时，这种安排也引发了一个值得深思的问题：是否任何人不需要专业背景皆可胜任采购工作？这一观念在行业内广泛存在，但其正确性有待商榷。本书将在后续章节深入探讨这一议题，以揭示采购管理的真正内涵与要求。

2.1　岗位

在采购组织内部，有几个常见岗位，相关的岗位描述见表 2.1。

表 2.1　采购岗位描述

岗位	工作职责
采购经理	在部分企业中采购经理（Procurement Manager）也被称为商务经理及专业采购（Buyer），是全方位负责采购活动的关键人物。他们的职责涵盖供应商寻源（Sourcing）与评估、新供应商导入、价格协商与合同签订，以及持续的供应商关系管理，确保采购流程的顺畅与高效。他们承担着推动企业采购活动优化、成本控制与供应链稳定性的重要使命。随着管理级别的提升，其岗位名称也相应变化，从专注一个或多个具体物料品类的品类经理和采购部长，到管理多个部门或整个采购职能的采购总监甚至 CPO
采购代表	采购代表在汽车行业又叫"项目采购经理"（Project Procurement Manager，PPM），是产品线或产品开发团队和采购之间的桥梁，承担着采购部门项目经理的核心职责。采购代表承接来自产品开发团队的任务，并发表专业意见。在某些汽车主机厂，采购代表也具有选择供应商的权利，但在多数企业中，采购代表需要依托采购经理等其他角色才能完成供应商选择等工作
寻源工程师	寻源工程师（Sourcing Engineer）的主要职责是围绕企业的战略目标和业务需求，识别、评估并引入新产品、新材料、新技术方案以及新供应商，以优化供应链结构，降低成本，提高产品质量，并确保供应链的可靠性和可持续性。有些企业不设寻源工程师，而设立技术质量认证工程师，技术质量认证工程师专注于从技术和质量维度寻求供应商和产品，而不负责审核供应商的注册资金、财务健康度等其他信息
采购履行专员	采购履行专员（Procurement Fulfillment Specialist）负责订单的下达及跟踪订单的交付情况；分析供需情况，向供应商发送预测信息，制定供应方案；根据需求变化，提前、推迟和取消订单
供应商质量工程师	供应商质量管理工程师负责供应商质量管理，专注于确保供应商提供的产品或服务符合既定的质量标准和要求。他们的职责涵盖从供应商选择、评估到持续改进的全过程，包括新供应商导入时的质量体系审核、日常的质量问题改进和定期质量审核等

有的企业会根据自身行业特点和企业管理架构进行不同的岗位和职能划分。比如有的企业将"采购经理"和"寻源工程师"合并称为"采购经理"，甚至有的企业将"采购履行专员"的工作职责也并入"采购经理"。不同岗位设置各有优缺点，详见表 2.2。

表 2.2　不同岗位设置对比

序号	方案	优点	缺点
1	将"采购经理"和"寻源工程师"合并称为"采购经理"	"采购经理"既懂技术，也有商务相关技能，能更好地掌握全局	找到既有技术背景又懂商务技能的人才比较困难
2	将"采购经理""寻源工程师""采购履行专员"三个岗位合并为"采购经理"	"采购经理"端到端负责从寻源到交付的所有环节	供应商选择和采购履行不分离，削弱了对采购的过程监督和审视，而且"订单履行"的工作内容偏执行，合并后提高了对采购人员的要求

　　企业规模和业务复杂性确实会直接影响采购组织的结构和岗位设置。就笔者的经验而言，如果企业规模不大，在采购组织内设置"采购经理""采购履行专员""供应商质量管理工程师"三个岗位即可。这种结构能够保持采购活动的灵活性和高效性，同时能有效控制成本和质量。随着企业规模的扩大和产品复杂性的提高，采购活动也变得更加复杂。此时，则需要更细化的角色分工来确保采购工作的有效进行，有必要设立"采购代表"之类的岗位。

2.2　组织架构

　　采购组织是连接企业和外部供应商的桥梁（见图 2.2），同时也是企业内部各部门和外部供应商关系的润滑剂。

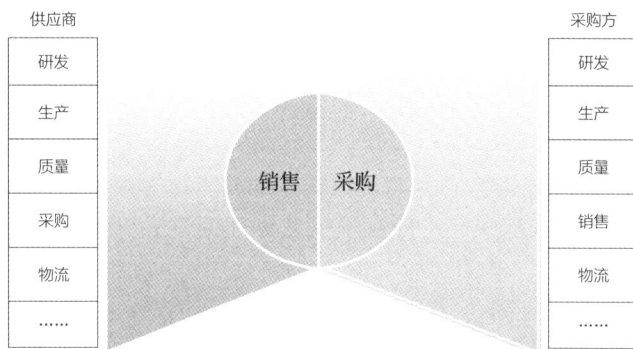

图 2.2　采购是连接内外的桥梁

　　在当前各行各业的企业内部，在采购组织方面，有以下几种常见的组织架构。

1. 将 SQE 和采购履行专员等并列置于采购部门下

将 SQE 和采购履行专员等并列置于一级采购部门下，如图 2.3 所示，在采购部门内部对创新、成本和质量形成统一意见，有效避免了在采购的决策过程中仅追求低价而忽视质量或供应连续性的倾向，形成整体最优决策。

图 2.3 将 SQE 和采购履行专员等并列置于一级采购部门下

- 采购经理：负责创新、成本管理。
- SQE：负责供应商质量管理。
- 采购履行专员：负责订单下达和交付履行。
- 采购代表：承担与研发部门需求管理及项目管理相关的对接任务，确保信息流通的顺畅与高效。

在这种组织架构中，研发、生产和质量等部门作为采购部门的上游，其需求经由采购部门传递至供应商。在采购部门内部，采购经理、SQE 与采购履行专员同时运作，各司其职。由于 SQE 和采购履行专员都被放在采购部门下，采购部门成为企业对外的唯一窗口。采购作为桥梁紧密连接企业与外部供应商，有效拓展和强化企业的外部合作能力，如图 2.4 所示。

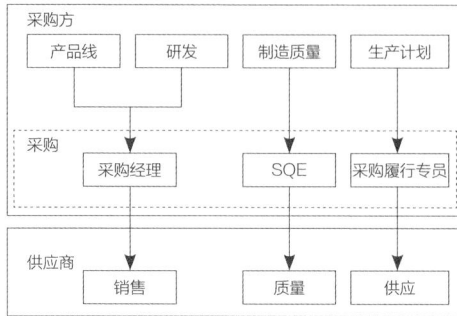

图 2.4　将采购方和供应商对接

尽管可以通过将成本、质量和供应等的关键绩效指标（Key Performance Indicator，KPI）同时纳入采购经理、SQE 及采购履行专员三者的考核体系，但由于各角色核心职责的差异，相关 KPI 的权重分配必然有所不同（例如，采购经理的成本 KPI 权重会比 SQE 的高）。因此，在实际工作中，基层员工面对诸如是否应以成本升高为代价换取更高质量的抉择时，可能出现难以形成统一意见的情况，这时就需要采购部门内部建立更高层次的决策机制来进行综合评估和裁决。

2. 将 SQE 和采购履行专员等并列置于某个品类采购部门下

该组织架构如图 2.5 所示，在一级采购部门内部按品类划分部门，并将 SQE 和采购履行专员等整合到各品类采购部门的架构内，有助于在各品类采购部门内部更快地就成本、质量和供应等要求达成一致。

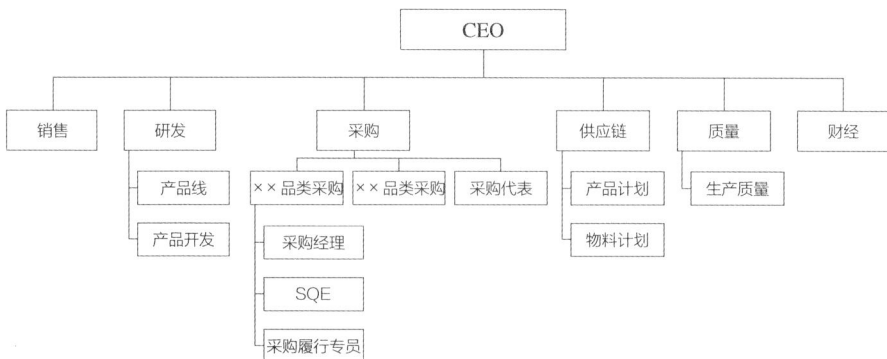

图 2.5　将 SQE 和采购履行专员等并列置于某个品类采购部门下

在这种组织架构下，由于品类采购部门在成本、质量和供应等方面的 KPI 权重不同，部门工作重心会偏向 KPI 权重较高的方向。大部分企业的采购部门都会重点关注成本削减和供应保障，质量往往就会成为牺牲品。企业为降成本而导入质量管理能力低下的供应商，再让 SQE 去帮助供应商改善质量，出现质量问题就负向考核 SQE，SQE 最终成为"背锅侠"。

3. 将 SQE 置于质量部门下，将采购履行专员置于供应链部门下

该组织架构如图 2.6 所示，在这种组织架构下，成本、质量和供应等各个职能过于割裂。如果产生分歧，需要提交到最高决策层才能解决，这无疑提高了分歧解决的难度和复杂度。

图 2.6 将 SQE 和采购履行专员分离出采购部门

4. 将采购履行专员和物料计划岗位合并置于供应链部门下

该组织架构如图 2.7 所示，将采购履行专员和物料计划合并为供应管理。供应管理可以将需求预测与供应商供应能力精准匹配，可灵活运用下单策略，使供应能力最大化而无须改变销售与运作计划（Sales and Operational Planning，S&OP）总量和供应商的中标份额。与此同时，将供应表现作为采购部门的 KPI，供应保障也成为采购部门需要重点考虑的关键点。这一组织架构巧妙地平衡了效率与成本、供应与质量的双重需求，它是一种既具前瞻性又具实践性的理想模式。

图 2.7　将采购履行专员和物料计划合并为供应管理

上述各种组织架构各有优缺点，具体采用何种组织架构能最大化地提升效率、产生更好的效果，则取决于企业的业务特性和人员能力，各方案对比见表2.3。

表 2.3　各方案对比

序号	方案	优点	缺点
1	将 SQE 和采购履行专员等并列置于采购部门下	在采购部门内成本、交付和质量平衡	成本、交付和质量发生冲突时，需升级到一级部门决策，效率低
2	将 SQE 和采购履行专员等置于某个品类采购部门下	在品类层面能应成本、交付和质量快速形成统一意见，效率高	品类工作重心偏向成本削减和供应保障时，质量容易成为牺牲品
3	将 SQE 置于质量部门下面，将采购履行专员置于供应链部门下	能将质量管理的职能统一归口到一个部门下管理，需求和供应可快捷沟通	会降低 SQE 和采购部门的协作性。产能规划需要跨部门协调，效率降低
4	将采购履行专员和物料计划岗位合并为供应管理	物料需求和供应商的供应能力信息能在一个节点闭环，不需要通过采购履行专员中转，可以灵活地调整需求节奏使供应能力最大化	采购履行专员偏执行，对人员的能力要求不高。而将采购履行专员和物料计划合并成一个角色后，提升了对人员的要求

由于采购部门下有众多的岗位和角色，本书将从采购经理这个岗位出发，分别以物料和供应商这两个管理对象为主线阐述采购的主要工作。

第三章

采购管什么

采购的业务活动多种多样，但总的来说，采购管理的对象有两个：物料（含服务和知识产权）和供应商。在采购活动中，为了精准传达"买什么"和"向谁买"的信息，企业需要给物料和供应商分别定义详尽的属性集。这些属性集将作为标准化的信息格式，帮助采购流程的所有参与者掌握必要的信息。无论是信息的发起者还是接收者，都能通过特定的属性字段快速且准确地传递和获取物料以及供应商信息。这样一来，信息的传递将变得高效且准确，确保了采购活动的顺利进行。

3.1　物料

每一种物料都可以通过一系列特定的参数或属性来精确定义，使其具备唯一性，从而与其他物品区分开来。在物料描述中，这些属性可分为两类，分别是规格属性和管理属性。规格属性关联于物料的物理特性或技术参数，如尺寸、重量、材质、性能等，它们直接反映了物料的基本特征和品质要求；而管理属性则是出于业务运营和管理的需求而设定的，包括可销售区域、生命周期、优选等级等，它们帮助企业在日常运营中更有效地管理和控制物料。

在物料管理中，可依据海关进出口商品归类方法及海关进出口商品名称编码（Harmonized Commodity Description and Coding，HS CODE）体系来划分物料的品类。一般企业内都有管理原材料、半成品、成品等多种状态物料的需求，建议设计产品物料清单（Bill of Material，BOM）规则时，考虑在编码规则上区分不同层级（如原材料层、半成品层、成品层）的物料，以确保物料管理的精准性与高效性。各 BOM 层级编码范围及对应种类、举例如表 3.1 所示。

表 3.1　各 BOM 层级编码范围及对应种类、举例

层级	编码范围	对应种类	举例
L1	1000~1999	整机	手机、电脑等

续表

层级	编码范围	对应种类	举例
L2	2000~2999	半成品、PCBA、组件等	手机主板、前壳组件
L3	3000~9999	原材料	电池、屏幕、电容、电阻等

以日常生活中常见的手机为例，可以这样来描述 HUAWEI Nova 8 SE。"nova 品牌手机，Android 操作系统，联发科天玑处理器，6.53 英寸屏，屏幕分辨率 2400 Pixel×1080 Pixel，后置 6400 万像素加前置 1600 万像素摄像头，3800mAh 容量电池，66W 充电功率，5G 全网通手机，内存容量 8GB 运行存储器 +128GB 闪存"。将上面这段描述格式化后得到的内容如表 3.2 所示。

表 3.2 HUAWEI Nova 8 SE 规格属性

序号	项目	规格属性
1	品牌	Nova
2	操作系统	Android
3	处理器	联发科天玑
4	屏幕尺寸	6.53 英寸
5	屏幕分辨率	2400 Pixel×1080 Pixel
6	摄像头	后置 6400 万像素加前置 1600 万像素
7	电池容量	3800mAh
8	充电功率	66W
9	支持的网络制式	5G 各制式等
10	内存容量	8GB 运行存储器 +128GB 闪存

注：1 英寸 =2.54 厘米

品牌、操作系统、处理器、屏幕尺寸等属性是规格属性，这是物料本身所具有的属性。我们同样可以利用这些规格属性来描述 iPhone 14、荣耀 60 等其他手机。当然手机的规格参数不止这些，如果要准确地区别每一个型号的手机，还需要其他参数。

除了规格属性外，手机还有"可销售区域""维保时间""优选等级"等管理属性，见表 3.3。这些属性与物料本身无关，只是因为经营管理需要按一定的业务规则对其赋值，从而提高管理效率。

表 3.3　HUAWEI Nova 8 SE 管理属性

序号	项目	要求
1	可销售区域	中国
2	维保时间	2 年
3	优选等级	路标物料 / 优选物料 / 非优选物料

　　不同品类的物料因其独特性质而需要差异化地设置规格属性和管理属性，例如，手机的属性设置会显著区别于电视机的属性配置。为了精准满足企业的业务需求及管理精细度要求，设置每种品类的属性时都需进行综合评估。通常，企业会借助产品数据管理（Product Data Management，PDM）系统来管理并维护这些属性数据，该系统采用特定的数据结构来有效管理物料信息。有两种数据结构被广泛用于管理物料信息。

1.　一对一

　　一对一的数据结构（见图 3.1）以物料编码（Item Code）为核心管理对象，每个物料编码都是一个独一无二的标识符，对应一种具体物料。编码属性中包含"品牌"和"制造商型号（Manufacturer Part Number，MPN）"等属性。即便是来自不同制造商但具备相同规格属性的物料也要按不同编码进行区分管理。

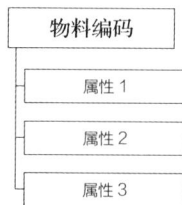

图 3.1　一对一的数据结构

2.　一对多

　　一对多的数据结构（见图 3.2）则采用了两层管理结构，顶层是物料编码，而在此之下，则引入了 MPN 作为次级管理对象。在这种结构中，一个物料编码可以对应多个不完全相同的物料。如对具有相同或相似规格属性但来自不同制造商的物料，使用相同的物料编码、不同的 MPN 进行区分。具体而言，部分通用属性直接放置于顶层的物料编码下，而涉及制造

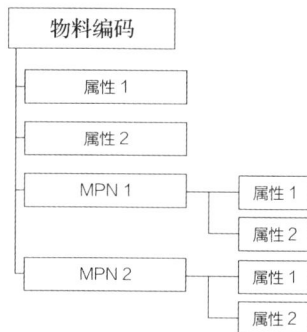

图 3.2　一对多的数据结构

商特定信息或属性的部分，则挂靠在相应的 MPN 下。在管理维度上，一个编码下不同 MPN 的物料可随意替换使用，可按相同的规则进行管理，但如果系统管理的颗粒度能够达到 MPN 这一层，则可实现更为精细和灵活的管理。

在选择物料管理的数据结构时，需要考量企业的实际业务需求与运营环境。从操作便捷性角度来看，一对多的数据结构在处理相同规格物料的替代关系及分配不同供应商份额时展现出更高的便捷性。然而，这种数据结构会带来管理复杂性的提高，因为它在 IT 系统实现以及管理策略上需要区分与关联设置，比如明确何时应聚焦于物料编码层面的管理，何时需深入 MPN 层面。

在行业实践中，多数企业倾向于采用一对一的数据结构，因其相对简单，易于实施和维护。特别是在如汽车等特定行业，出于对产品安全性的严格要求，需要对 BOM 中所有的物料组合进行遍历验证，这使一对一的数据结构成为首选，以避免一对多的数据结构带来数量庞大的产品 BOM 组合，造成验证工作大量增加。

一对多的数据结构虽然实施难度和复杂度较高，但其管理效果更为优越。特别是在消费电子产品等快速迭代、需求多变的行业中，该方案有助于减少存货单位（Stock Keeping Unit，SKU）数量，提高供应链的灵活性和响应速度，从而增强企业的市场竞争力。因此，在充分评估企业资源、技术能力和业务需求的基础上，对追求高效管理和灵活供应的企业而言，一对多的数据结构值得考虑。

3.2　供应商

与物料管理类似，企业也可为供应商设定一系列属性，以便全面描述供应商并对其进行分类，这些属性共同构成了供应商的主数据，如图 3.3 所示。供应商主数据不仅包含供应商名称，还涵盖供应商税码、对应品类、付款条款等关键属性，为企业的供应商管理提供了所需的基本数据，是后续实现数字化的基础。

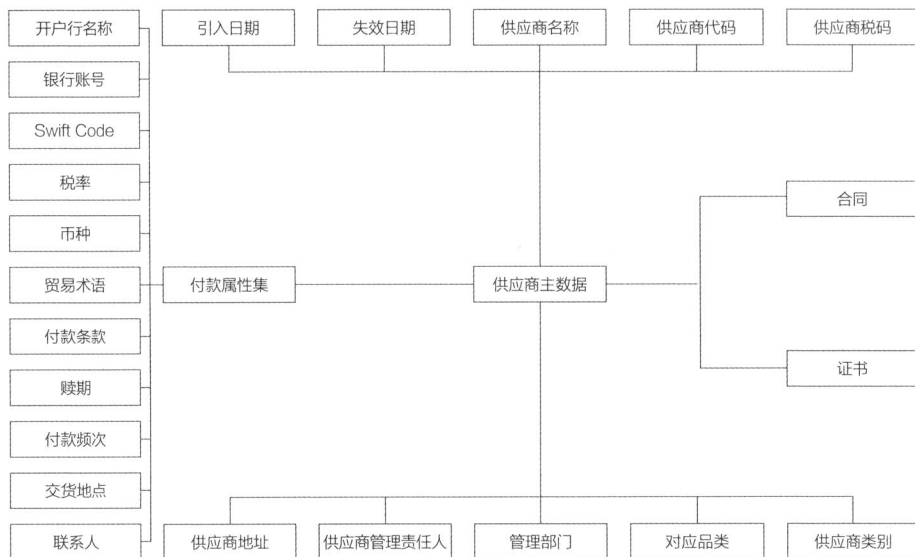

图 3.3　供应商主数据

- 供应商名称：供应商全称。

- 引入日期：引入供应商的日期。

- 失效日期：清退供应商的日期，如果供应商未退出，则该数值为空。

- 供应商代码：给供应商分配的唯一的识别码。

- 供应商税码：供应商进行工商注册时由政府分配的统一社会信用代码。

- 供应商地址：供应商注册地址。

- 供应商管理责任人：供应商管理的内部责任人。

- 管理部门：供应商对应企业内部的管理部门，一般取供应商管理责任人所在的部门。

- 对应品类：供应商提供的物料对应的品类。

- 供应商类别：供应商可以分为多个类别，比如正式供应商、简易供应商、客户指定供应商等，不同类别的供应商可能对应不同的管理要求。

- 付款属性集：付款属性集属性在交易过程中扮演着至关重要的角色，它承载了交易付款过程中所需的如银行账号、赊期（账期）等关键信息。为了确保这些信息的准确性和高效处理，企业需对这些数据进行严格的标准化与结构化处理，以便支持后续的自动化付款流程。鉴于一个供应商可能同时提供物料与服务，且这些交易可能涉及不同的税率和其他付款细节，企业可使一个供应商对应多个付款属性集，每个付款属性集代表不同的付款信息，从而确保交易结算准确并得到高效管理。

- 合同：合同是一个子集对象，包含和供应商签订的所有合同。
- 证书：供应商持有的 ISO 9000 质量管理体系认证证书等证书，在导入供应商的时候收集并定期更新，也是一个子集对象。

第四章

科学寻源，有的放矢

在采购的业务活动中，本书聚焦于物料与供应商这两个核心对象，将采购活动精心划分为两条并行且相互交织的主线。

第一条主线紧密围绕物料展开，从物料的寻源这一起点出发，贯穿整个采购周期，直至最终完成付款。

第二条主线则以供应商为中心，包含从供应商的导入、选择到绩效评估与退出的完整生命周期。这一流程不仅关乎供应商的选择，还涉及供应商的分类、组合和发展等，确保供应商资源布局的持续优化。

这两条主线相辅相成、互相影响，体现了采购管理中物料与供应商之间不可分割的紧密联系，见图 4.1。

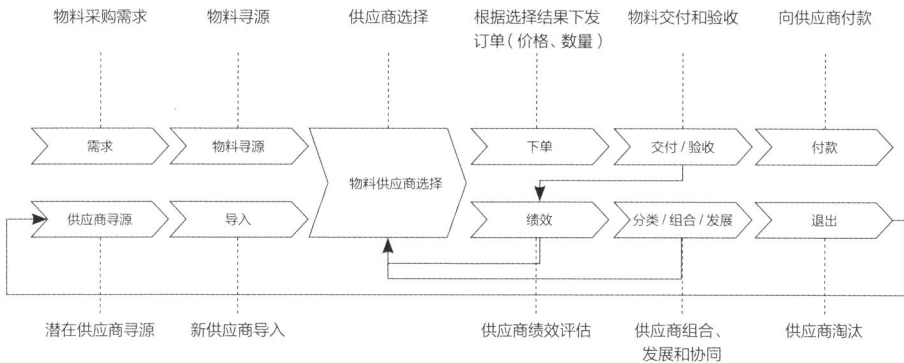

图 4.1 管理物料和供应商的业务活动

4.1 确定需求规格

当企业因为内部或者外部需求触发一个新物料采购需求时，需求部门的首要任务是对此需求进行详尽且结构化的描述。这一步骤旨在确保物料需求信息跨越不同部门、角色乃至组织边界高效精确地传递，促进团队间的无缝协作。这类描述需求的文档有需求规格书、产品描述系统（Product Description System，PDS）、需求规格说明（Specification of Requirements，SOR）或请求建议书（Request for Proposal，RFP）等。这些文档不仅是对采购需求的正式记录，更是后续所有采购活动的基础。

企业通常会根据拟采购物料的品类特点（如是标准件还是定制件）制定不同的需求规格模板，如某品类标准件需求规格书或某品类定制件需求规格书。在汽车等特定行业，还可能采用 PDS 或 SOR 等特定行业的标准文档格式，以符合行业规范与要求。这些文档详尽阐述了企业对将要采购的物料的具体要求，包括但不限于对物料规格、性能参数、质量标准、包装和标识等要素的要求，这些要求会影响买方对物料的使用。这些文档明确回答了"需要什么（What）"的问题，为后续供应商的选择、验收及合同签署等工作提供了依据。

一般的物料需求规格书样例可参考表 4.1 所示。

表 4.1　物料需求规格书样例

序号	项目	需求	验收标准	说明
1	规格要求，如硬度、屏幕尺寸、分辨率等	洛氏硬度 >××	在 ×× 位置随机取 ×× 个点，洛氏硬度最小值 >××	
2	可靠性要求，如双 85 测试、温度冲击试验、温度循环试验等	在温度为 85℃、湿度为 85% 的环境中工作 240 小时，未失效	将产品置于温度为 85℃、湿度为 85% 的环境中，上电 240 小时后取出测试 ×× 项目，指标符合规格要求	测试方法参考 GB××
3	质量要求，如外观标准、质保时间等，但具体的 FDPPM、故障反馈比例等质量指标建议定期审视签署，不建议纳入物料需求规格书	外观（如色差等）满足 ×× 产品外观标准	色差 ΔE < 1	
4	包装要求，如包材材质、包装尺寸、包装方式、包装安全性要求，打包 / 封箱要求和标签 / 标识性要求等	瓦楞纸包装	三个角，三条棱，六个面，1 米跌落，未失效	
5	测试和第三方认证的要求	通过中国强制性产品认证获得证书		

一般来说，物料需求规格书、RFP 及工作说明书（Statement of Work，SOW）中未明确提及的内容，除非源自法律法规或必须遵循的行业标准，否则

理论上不应成为供应商必须满足的条件。

为了确保物料需求规格书的准确性，减少模糊表述，可以借鉴一些良好的经验。比如，为确保物料的一致性，在撰写需求规格时，可以对某些指标的最大值、最小值和典型值甚至不同温度条件下的规格参数分别提出要求；一些体积重量大的物料，包装方式对成本的影响较大。如果对这类物料的包装有特殊要求，为减少后期争议，建议在物料需求规格书中明确；如果对物料生产过程中的某些测试项目有要求（比如产品可靠性测试的频率、测试样品数量等），也建议在物料需求规格书中明确；当涉及要求供应商提供的物料需符合某些非强制性的行业标准时，为预防潜在的争议与误解，非常有必要在物料需求规格书中明确标注并引用这些具体的行业标准。另外，因为不管是国家标准还是行业标准都可能会进行版本更新，所以一定要注明参考标准的版本。

上述这些做法不仅能够确保双方对物料需求有清晰一致的理解，还能有效减少执行过程中的理解差异，促进合作的顺利进行。

物料需求规格书内容的客观性可有力地避免引发误解。在制定物料需求规格书时应当摒弃"我认为"或"这很简单，供应商理应会理解"这类主观臆断，因为其中往往隐藏着需求理解出现偏差的风险，容易导致麻烦与问题。因此，需要从中立且全面的第三方视角来审视和构建需求规格书。

清晰的需求还能为后续的长期持续交付奠定坚实的基础。因此，无论是采购方还是供应商，都应当高度重视需求的清晰性和明确性。双方应通过充分沟通和讨论以及严格审查，确保需求文档内容能够准确无误地传递采购方的真实需求，从而为项目的成功实施提供有力保障。

按品类制定标准化的物料需求规格书模板可以显著提升工作效率与质量。这一做法能将过去业务活动中积累的宝贵经验固化于模板之中，通过持续的迭代与优化，不断提升文档的质量。

供应商作为行业内的专业资源，其意见与建议对完善物料需求规格书具有不可忽视的价值。因此，企业可以在物料需求规格书制定的初期即邀请供应商参与讨论，积极听取并综合考虑各方意见，结合己方的实际需求，对物料需求规格书的内容进行优化。然而，在此过程中也应保持警惕，防止某些供应商通过将需求引导到自身具有独特优势的方向，进而达到排除竞争对手的目的。

当采供双方就物料需求规格书、RFP 及 SOW 等需求文档达成共识后，这些正式的文档即成为项目采购合同的重要组成部分，承载着采购方对拟采购物料的需求与期望，界定了采购方与供应商的工作范围与责任边界，成为后续责任归属判定的重要依据，具备法律约束力。

制定物料需求规格是成本管理、交付管理等各项采购后期活动的源头，因此，采购人员应主动在需求萌芽阶段介入，积极参与从需求构想至最终定稿的全过程。结合需求，采购人员评估在 TCO 管理、供应、质量等方面是否存在风险，向需求规格制定者提供优化意见和建议。

采购部门作为企业与外部供应商交换信息的核心枢纽，必须承担起对外沟通的组织与协调职责。这不仅让采购人员能直接获取来自内外部的第一手信息，确保信息的及时性与准确性，同时也构建了一个高效、统一的信息传递体系，避免信息在多个部门间流转时可能发生的扭曲、延误或遗漏，确保利益相关方能够及时获取相同内容和关键信息。

若采购人员缺席需求规格制定，首先，可能会导致需求规格制定者忽视对长期成本、供应连续性及质量等因素的评估；其次，可能会降低需求信息的透明性，增加后续将需求向采购等后端环节传递时关键信息被误读、遗漏或被供应商策略性引导的风险。

在需求规格制定环节，企业常见的问题如下。

（1）采购和质量管理人员未参加需求规格的早期讨论、交流和制定过程，只是被动地接受需求，无法在早期向需求规格制定者有效地反馈自身领域对需求的意见或建议。

（2）制定需求规格时未考虑面向产品生命周期设计（Design For X，DFX）的要求，忽视需求对成本、可供应性和可量产性等方面的影响，存在综合成本高、无法量产交付等隐患。

（3）需求人将市场上某一个产品的规格作为自己的需求规格，造成只有一家厂商能满足需求，在事实上导致独家供应的局面。

（4）"求其上得其中"，一开始把要求定得很高，在后续交付过程中需求无法得到满足时再进行调整。在制定需求规格时应秉持适度原则，促进竞争，力求平衡而非一味追求高标准。在初期设定过高门槛，可能无意中限制了参与竞标的供应商范围，削弱了竞争性。若后续因实际条件限制供应商无法满足这些高标准又需要调整，不仅可能引入过多的人为干预因素，影响决策过程的公正性，还可能削弱物料需求规格书的权威性与可行性，导致规则虚设的局面。因此，在满足使用要求的情况下，规格要求宜低不宜高，让更多的供应商能够入围，创造更好的竞争氛围。

（5）需求规格模糊不清，待供应商报价之后再逐步明确，依赖自身力量在事后逼迫供应商交付。这种做法不仅会损害双方的合作关系，还可能影响项目的整体质量和进度，从长远来看是得不偿失的。清晰、明确、具体的需求是项目成功的基石，其对控制成本、提高效率以及确保项目顺利推进具有至关重要的作用。当需求清晰明确时，供应商能够更准确地评估项目所需的投入和成本，从而有效减少因需求不确定而预留的额外预算和时间。

许多企业在采购领域出现的如质量问题、成本不达标等问题往往是因为没有管理好采购需求规格。由于需求规格脱离实际或偏离正确的方向，且采购部门又不能在前期通过反馈机制推动调整需求规格，那么采购部门在后端执行过程中就会面临诸多挑战。

4.2 需求规格的评审

需求规格的评审是采购管理中至关重要的一环，它直接关系到项目的成功与否。通过对需求规格的合理性和必要性进行评审，企业可以确保项目从一开始就沿着正确的方向推进，避免后续因需求变更或需求不合理而导致资源浪费和进度延误。

当需求部门撰写好物料需求规格书初稿后，企业应组织采购、研发和质量等相关部门对其进行全面细致的评审。评审过程中，各专业角色应充分发挥其专业优势，对需求进行深入分析和讨论。这能够确保企业从多个角度、多个维度对需求进行审视，从而更全面地识别和解决潜在的问题。有些企业设置了专门的跨部门团队来对物料需求规格书进行评审，如技术管理团队（Technical Management Group，TMG）。

通过对需求规格进行评审，各部门对需求的理解和目标达成一致，减少后续工作中因理解偏差而产生的冲突和误解。这种共识的形成为后续工作的顺利开展奠定了坚实的基础。

需求规格的制定和评审流程如图 4.2 所示，需求人是需求规格评审的责任人。

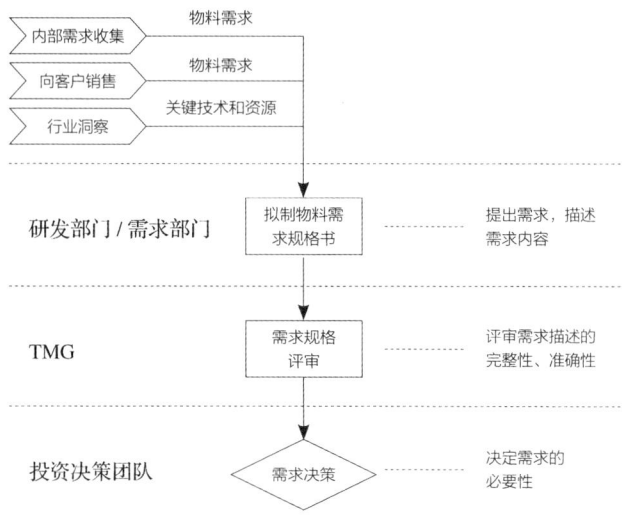

图 4.2 需求规格的制定和评审流程

为有效地支撑需求规格评审，各部门制作评估工具或检查清单（Checklist）是一个明智的选择。采购部门可以采用平衡计分卡，从行业趋势、成本、可获得性、质量风险等各个方面进行打分，帮助采购人员定量化地识别风险，有效支撑对需求规格的评审。采购部门需求规格评估计分参见表 4.2。

表 4.2 采购部门需求规格评估计分

序号	评估内容	权重	得分	说明
1	是否符合行业发展趋势			只有选择符合行业发展方向的大路货，才有机会获取更多的供应资源
2	是否符合企业的器件路标规划			
3	该技术或产品处于生命周期的什么阶段			生命周期阶段会影响未来的可持续获取性
4	涉及的技术、工艺和设备是否成熟			技术、工艺和设备的成熟度会影响价格、可获得性和质量
5	行业中供应商数量			影响价格和供应
6	当前供应是否供大于求 / 供需平衡 / 供不应求			
7	产能扩大周期			影响供应柔性和交付的及时性

续表

序号	评估内容	权重	得分	说明
8	是否存在产能瓶颈，如关键原材料、关键设备			影响可获得性
9	是否存在环保风险			影响可持续供应性
10	是否存在贸易合规风险或限制销售风险			影响可采购性和销售区域

在许多企业中，采购经理、SQE 等角色并未参与对需求规格的评审，或即使参与评审，但缺少必要的知识，没有能力进行评审。

如果采购经理对其所负责的物料的知识掌握不足，他们往往局限于为需求部门与供应商传递信息，而忽视了自身在业务管理中应有的主动性和深度参与。这种工作模式高度依赖需求部门和供应商的专业能力，导致采购人员的价值被低估，陷入边缘化的境地，被视为"工具人"。即使采购人员被邀请参与需求规格评审，由于缺乏对物料的深入理解和对市场动态的敏锐洞察，他们往往难以在评审初期就识别出潜在的问题或风险，从而错失了优化需求和提升采购效益的良机。

笔者曾不止一次被问到采购部门是否有能力对研发部门提出的需求规格进行评审以及如何在采购部门内建立起这种能力。对此，笔者坚信采购部门人员，特别是那些专注于寻源和技术质量认证的工程师，完全有能力建立起相应的专业能力，以便对需求规格进行全面而有效的评审。这不仅是对采购团队专业性的要求，也是确保供应链整体效率和质量的关键所在。

采购部门人员应该具备一定的物料知识，包括关键规格参数及其实现的难点，清楚各项性能指标参数之间的关联性，知道哪些规格参数能体现出厂商技术等能力的差异。但采购人员不必和研发人员比专业深度，想要使采购人员在技术上比研发人员更精深通常比较困难，采购人员的优势在于有更多机会和行业内的厂商接触和交流，了解行业内主流厂商的信息，包括各厂商的器件路标规划、典型器件型号和规格，以及各器件的应用领域和市场表现。了解厂商新开发器件背后的信息，如为什么要开发这款器件、这款器件针对哪些应用和市场等。这些信息都有助于加深采购人员对行业和这类器件的理解。

"用好"器件靠研发，采购助力"选好"器件。研发人员的优势是对器件了解的深入，用好器件主要依靠研发人员。比如开发新产品需要寻找一颗新的金属－氧化物－半导体场效应晶体管（Metal-Oxide-Semiconductor Field Effect Transistor，MOSFET）。如何更好地发挥这颗器件的功效应该在研发部门内部解决。而采购人员基于对器件行业资源信息的了解，将对器件的具体要求和行业主流器件的规格进行对比，从产品成熟度、供应资源、获取难度和竞争格局等方面审视需求的合理性和必要性，预判可能引入的风险，从整个生命周期的维度来判断需求的合理性和必要性。采购人员通过需求规格评审将意见在寻源早期反馈给研发人员，早做规划，减少甚至消除研发隐患。研发人员对器件的深入了解加上采购人员对行业的广泛了解可实现"1+1>2"的效果。

比如研发人员提出需要寻找一颗小尺寸小内阻的 MOSFET，也许行业内某些厂商针对某细分市场开发了满足要求的器件，但可能会存在器件可靠性低、行业可选资源有限、独家供应等风险。采购人员就需要及时向研发人员反馈这些信息，向研发人员推荐更优的解决方案，使器件选用向行业主流规格靠拢，尽可能地在早期对需求进行调整。

如果出现无法和其他部门就需求规格达成一致意见的高风险场景，采购部门要及时升级进行风险决策，避免让风险流向后端。

企业应当重视培养采购人员的专业能力，需要提供系统的培训和学习机会，帮助他们深入了解所管理品类物料的行业特点、规格性能、发展趋势、成本构成以及核心控制点等信息。同时，鼓励采购人员积极参与需求规格评审过程。通过和研发人员协同，跨部门协作，采购人员的声音将在需求定义和决策过程中得到更充分的展现。在产品开发的早期阶段即完成供应资源布局，营造竞争氛围，确保"选得优""用得好""供得上"，从而提升采购工作的整体价值和影响力。

可采购性设计（Design for Procurement，DFP）是 DFX 理念中的一个重要方面，DFP 是需求规格评审的重要内容。旨在通过设计优化，提高物料的采购便捷性并降低成本，确保能够顺利获得所需物料。

DFP 主要从如下几个方面对设计和需求规格进行审视。

（1）路标或优选物料的选用。企业应积极牵引并使用路标或优选物料，以此引导采购需求向对企业更为有利的物料汇聚。例如，针对金属材质的汽车零部件产品，企业可以建立优选钢材或铝合金的资源库。在研发和设计产品时，应优先从这一资源库中选择。若需选用不在资源库中的材料，则需经过工艺、采购等相关部门的特殊评审和确认后方可选用。

（2）物料标准化。优先选用行业主流标准件，提升供应柔性。严格管控定制如螺栓坚固件这类标准件。

（3）生命周期阶段。通过对所选物料在行业中当前所处的生命周期阶段进行深入审视，准确评估其长期可供应能力及市场趋势。对物料的生命周期进行有效管理，可确保在整个生命周期内具备充足的供应资源，获得稳定的供应。具体而言，企业应优先选用处于生命周期成长期或成熟期的器件。随着行业技术的不断成熟和市场需求的增长，这两个阶段的器件的供应资源日益丰富，形成显著的规模优势，市场竞争充分，从而促使成本逐步下降。相反，对于处于衰落期或退出期的器件，企业应严格限制选用。因为这些器件所在行业的资源正在逐渐减少，市场需求萎缩，可能导致供需关系失衡，获取难度增加，成本攀升。此外，技术更新换代的加速也可能使这些器件迅速被市场淘汰，给企业带来风险和损失。因此，在物料选用过程中，企业应充分考虑其生命周期阶段，以确保供应的稳定性和可持续性。

（4）技术和工艺的成熟度。在产品开发过程中，技术和工艺的成熟度是影响产品质量、良率及供应能力的关键因素。采用不成熟的技术或设定过高的工艺要求，不仅可能降低生产良率，还可能损害产品质量，进而影响产品的可获得性和综合成本。因此，企业必须对产品拟采用的技术和工艺进行严格的评审，确保它们既成熟又必要。为了实现这一目标，企业可以与供应商紧密合作，结合其可制造性设计（Design for Manufacturability，DFM）经验，审视产品技术、工艺的成熟度和必要性。通过供应商的专业视角和反馈，企业可以全面地了解技术和工艺难度，从而做出更加合理的选择。在汽车行业，这种评审通常在供应商定点前进行，具体形式包括技术评审（Technical Review，TR）等。TR 不仅关注技术和工艺的成熟度，还会综合考虑产品的设计方案、成本、质量等多个方面。通过 TR，企业可以更加准确地评估供应商的技术实力和生产能力，以确保所选供应商能够满足需求，为后续的采购管理奠定坚实的基础。

（5）供应资源充足性与竞争态势。为了确保采购价格具有竞争力，企业需高度重视供应资源的充足性。充足的供应资源不仅能保障物料的稳定供应，还能有效促进市场竞争，使采购方在谈判中占据有利地位。企业应尽力避免"双唯一"情况的发生（即避免供应商成为某物料的唯一供应源，同时采购方也是其唯一的重要客户）。"双唯一"情况多见于定制件或处于生命周期导入期的器件，容易导致供需关系失衡，影响成本和交付的稳定性。

（6）成本竞争力与长期规划。在选择物料时，成本竞争力无疑是重要考虑因素之一。然而，产品的成本并非孤立存在，而是受产品生命周期阶段、技术／工艺成熟度、供应资源充足性等多个因素的综合影响。因此，企业不仅要关注产品当前的成本竞争力，更要具有前瞻性思维，评估产品在整个生命周期内能否持续保持成本优势。这要求企业提前规划，进行资源布局，引入新技术或工艺和寻求替代等，以确保产品在市场上始终保持成本竞争力。

企业为确保 DFP 的有效开展与应用，可以构建一套详尽的 Checklist 体系，并将相关审核内容融入设计与开发流程之中。通过 Checklist，企业能够对潜在风险进行量化评分，实现风险的精确识别与及时应对。

在产品研发初期，研发部门应主动运用 Checklist 进行自我检查，以识别并标记出可能存在的风险项。随后，针对这些风险项，研发部门需对设计进行必要的调整与优化，从而在源头上实现对采购风险的有效控制。

采购部门应在需求的早期阶段将 DFP 评审、需求规格评审以及后续的早期 BOM 评审紧密结合，将 DFP 评审结果反馈给研发部门进行设计和需求优化调整。

此外，为了进一步提升 DFP 的效果，企业还可以邀请战略或优选供应商在早期阶段就参与产品开发过程。利用供应商在 DFM 方面的专业经验和资源，企业不仅能够获得更贴近生产实际的设计建议，还能将这些建议转化为实际行动，为后续的规模量产和高效采购奠定坚实的基础。

通过构建 DFP Checklist 体系，企业可以在确保产品质量和性能的前提下，显著降低采购成本并提高采购效率。这不仅可为企业带来长期的经济效益，有助于提升企业的市场竞争力，还有助于建立稳固的供应商关系。通过让供应商在早期介入产品开发过程，企业可以加强与供应商的沟通与合作，与供应商共同解决研发和采购过程中遇到的问题，从而构建更加紧密和稳定的供应链体系。

总之，需求规格评审是一个复杂而细致的过程，需要多部门的协同合作和共同努力。通过制定详细的评审流程和评估工具，企业可以确保需求的合理性、必要性、完整性和准确性，为后续工作的顺利开展打下坚实的基础。

4.3 寻源

完成物料需求规格评审并经过必要的审批之后，需求文档（包括但不限于物料需求规格书、RFP 等）被提交至采购部门，采购部门随即成为寻源活动的主导者，负责启动并管理器件的寻源工作。在此过程中，采购团队将积极组织各部门与各供应商进行交流，深入了解各供应商对需求的满足度、优劣势和潜在风险，以确保最终选择到符合项目需求与风险可控的合作伙伴。

寻源的第一步是确定寻源的范围，即确定是仅从现有供应商库中进行寻源，还是扩大寻源范围以纳入更多潜在供应商。现有供应商通常被细分为战略供应商、优选供应商、一般供应商及拟淘汰供应商等类型（具体分类方法详见后续章节）。为确保寻源过程的客观与高效，采购部门应建立一套系统化的寻源业务规则，指导和规范寻源范围的确定，从而有效避免个人主观偏见对寻源结果造成不利影响。

为实现这一目标，采购部门可设计并制作寻源地图，该地图通过综合考虑物料品类、现有供应商及其组合管理结果，来精确圈定寻源的具体范围。表 4.3 作为寻源地图的一个样例，展示了如何根据物料品类与供应商分类来划定寻源范围的边界，确保寻源活动的针对性和有效性。

表 4.3　寻源地图样例

品类	组合管理结果（战略、优选、合格、拟淘汰等）			
	供应商 A	供应商 B	供应商 C	供应商 D
物料品类 1	战略	优选	合格	拟淘汰
物料品类 2	优选	优选	待发展	限选

在构建寻源地图的基础上，可以进一步引入一系列限定性的"高压线"原则，将这些原则与供应商的日常绩效（如质量、交付等方面）紧密挂钩，并直接关联到新器件的寻源流程中。通过这些机制，企业能够以绩效表现为杠杆，有效引导供应商积极参与项目并主动改善其绩效状况。比如可以设定规则：任何在质量或交付等关键绩效指标上评级低于预设等级阈值的供应商，将被自动排除在新项目的寻源候选名单之外。这种措施不仅确保了新项目能够吸引到绩效表现更优的供应商参与，同时也向所有供应商发出了明确信号，即持续的高

绩效是获取未来合作机会的必要条件，从而激励供应商不断提升自身能力与服务水平。

当现有供应商无法满足需求，需扩大寻源范围时，企业应首先明确是采取一次性增加还是长期扩充供应资源的策略。若选择一次性增加，策略上可优先考虑从现有相似品类供应商中挖掘潜在供应商（例如，从电视机供应商中寻找显示器供应商），或根据对供应商核心能力的要求寻找具备此项能力的跨品类供应商作为补充选项。之后，再考虑从潜在供应商库中筛选合适的候选供应商。而若选择长期扩充供应资源，则必须严格遵循新供应商导入的流程，该流程通常涉及多个环节且耗时较长。因此，建议在制定年度品类采购策略时，就前瞻性地分析扩充供应资源的需求，并据此提前启动供应商导入的准备工作，以确保有充足的供应资源。

寻源的第二步是向候选供应商发送物料需求规格书、RFP 等详尽的需求文档，邀请其进行评估并回复。供应商需明确表明其能否提供满足需求的产品。满足条件的供应商应为采购方推荐合适的物料型号，并附上详尽的技术资料，以便采购方进行技术与风险评估。采购经理需将收到的所有供应商回复信息进行汇总，为后续的综合评估工作做好准备。

寻源的第三步是对满足规格要求的物料进行全面的风险评估。风险评估涉及多个维度，包括但不限于供应商的开发经验（特别是在相关领域的成功案例）、物料成熟度（技术稳定性与市场接受度）、产能保障能力（确保供应的连续性与及时性），以及过往同类物料的质量表现（通过历史数据评估其质量控制水平）。表 4.4 即为候选物料风险评估的一个示例，用于指导评估过程，确保全面、客观地评价各候选物料的潜在风险。

表 4.4　候选物料风险评估示例

序号	评估内容	权重	候选供应商 A 得分	候选供应商 B 得分	说明
1	供应商是否具有同类物料开发经验				某些定制产品需要重新开发，开发经验一定程度上反映了后期开发风险
2	供应商的开发周期和项目进度是否匹配				评估进度风险

序号	评估内容	权重	候选供应商 A 得分	候选供应商 B 得分	说明
3	该物料或同类物料所属生命周期阶段				评估产品长期可获得性
4	该物料是否属于供应商主营业务或主流产品				
5	供应商该物料或同类物料量产时间				通过量产时间和交付数量评估产品成熟度，量产时间过长，物料可能会处于生命周期末期，影响长期可获得性
6	同类物料交付数量				
7	该物料或同类物料在本企业或行业中的质量表现				评估质量稳定性
8	该物料或同类物料现有产能和需求之比				用于评估产能是否充足，是否影响后期交付的及时性，如果产能和需求之比过大，有可能会影响持续供应
9	该物料或同类物料采购和销售限制				
10	风险，如知识产权纠纷、公司并购和工厂搬迁等				可能存在的影响采购的风险

对各候选物料进行全面的风险评估这一关键步骤为后续的供应商选择奠定了坚实的基础。通过深入剖析供应商在开发经验、物料成熟度、产能保障能力、质量表现等多方面的潜在风险，采购部门能够更加清晰地了解各候选物料的优劣势，从而做出更加明智、更加符合项目需求的供应商选择决策。

4.4　选择供应商

在完成候选物料风险评估后，即可开展供应商选择活动。这一环节可分为五个关键步骤。

（1）采购需求分析。这一步骤的核心在于深入理解采购需求的细节与要求，包括物料规格、数量、质量标准、交货期等关键要素。通过详尽的需求分析，为后续的供应商选择提供明确的方向与标准。

（2）确定成本目标。在明确采购需求的基础上，结合市场行情与成本预算，设定合理的成本目标。这一步骤有助于在供应商选择过程中，对候选供应商的报价进行有效比较与评估，确保所选供应商既能达到质量要求，又能在综合成本上达到最优。

（3）组建供应商选择小组。为确保供应商选择的公正性、专业性与全面性，需要组建一个跨部门的供应商选择小组。小组成员应涵盖技术、质量、成本、采购等多个部门的人员。

（4）制定和执行供应商选择策略。根据采购需求分析结果与成本目标，制定详细的供应商选择策略，包括选择标准、选择方法等。随后，按照既定策略对候选供应商进行全面、客观的评估与比较。此阶段需确保选择过程透明、公正，并与供应商进行充分沟通，明确合作细节与期望。

（5）确认供应商选择结果。在综合评估各候选供应商的表现后，根据评估结果确定中选供应商。同时，对于落选的供应商，也应给予适当的反馈与感谢，以维护良好的供应商关系。

供应商选择流程如图 4.3 所示。

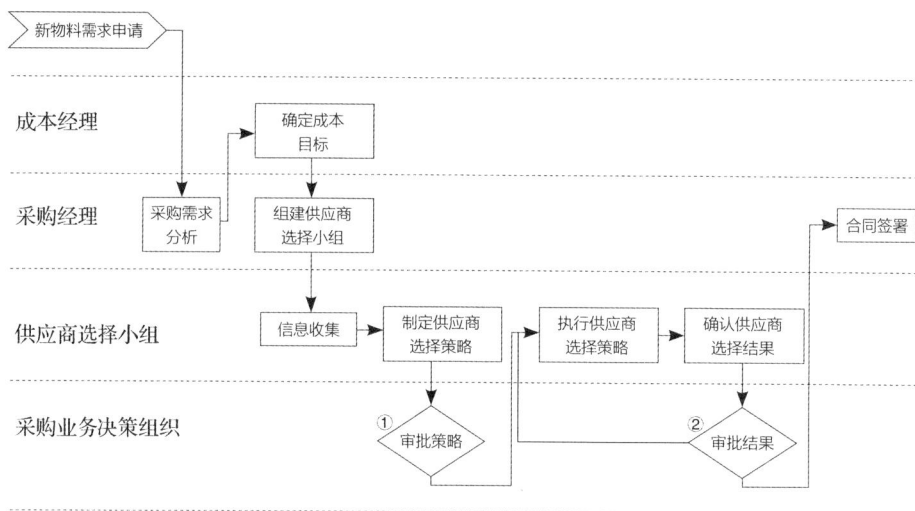

图4.3　供应商选择流程

图 4.3 中标注的①和②的流程节点可作为关键控制点（Key Control Point，KCP），由采购业务决策组织或其授权组织进行评审和决策。

在审批策略环节有两个关键点：一是评估候选供应商长名单的确立，以及基于明确原则从长名单中筛选出短名单的过程与结果是否合适；二是评估供应商选择的策略规划与实施方案是否合理。

　　基于企业业务流程与监管体系的成熟度、业务环境的稳定性，加之采购团队所展现出的专业素养，笔者倾向于将管控重点放在确保从长名单到短名单的筛选过程公正合理上。对于消费品市场这类快速变化的领域，企业需要更加灵活和敏捷的采购策略来应对市场变化，笔者建议赋予供应商选择小组在供应商选择策略上更高的自由度，让供应商选择小组根据实际情况灵活调整策略。这是因为供应商选择小组身处一线，对市场需求、供应商的表现及潜在风险有着最直观、最深入的理解。相比之下，采购业务决策组织虽由高层管理者构成，可能在全局视野和战略决策上具备优势，但对具体业务细节的把握可能不如一线人员精准。此操作模式的前提在于"知人善任，信任为先"，它赋予了一线人员必要的自由度，激发了他们的积极性和创造力，使他们能够迅速响应市场变化，灵活调整采购策略，以期达到更优的采购结果。同时企业也应具备完善的监督机制和内控体系，以确保采购活动的合规性。

　　对于成熟度较高、变化节奏相对稳定的企业对企业市场（Business To Business Market，2B），将供应商选择策略纳入更为严格的管控体系，以确保采购决策的稳健性和长期性，同样是一种合理的选择。

　　在审批结果环节则主要关注是否达成既定的如成本等目标和相关风险是否得到了有效的规避或转移。也可以在审批结果环节对整个选择过程是否遵循了前期制定的策略进行检查，并对异常状况发生后的处理方式进行审视。

4.4.1　采购需求分析

　　当采购部门接收到采购需求时，对需求进行深入分析是至关重要的第一步。这一步能帮助采购人员更好地理解业务需求，从而制定出合适的采购策略，确保采购活动准确高效。分析采购需求就是要明确需求内容，需要考虑几个关键方面。

- 物料规格。确认所需采购物料的具体规格和性能要求等。
- 数量。明确所需采购的数量，包括眼下所需数量和未来1~3年的需求数量，确定是一次性采购还是持续性批量采购等。通常需求相关数据可以从计划部门或产品商业计划书（Business Plan，BP）中获取，在选择供应商时可以适度放大需求，预留一定的余量。人为放大需求会增加预测采购金额，激发供应商的积极性，但如果放大太多，需求不能兑现，从长远看反而会起反作用。

- 交付要求。了解需求的紧迫性,包括交货时间、批次等关键时间节点。
- 供应商选择有效期。供应商选择的有效期不宜过长,一般不应超过1年。但软件产品的边际成本近似为0,如果存在长期稳定的需求,采用买断(buy out)模式可能会比按数量或年度计费的业务模式成本更优。
- 关联性。调查是否和其他器件的采购有关联性,分析是否可以打包采购。

通过采购需求分析,采购人员可以全面、准确地理解采购需求,确定约束条件,为供应商选择策略的制定打下基础,确保后续环节能有的放矢,高效、顺利进行。

4.4.2 确定成本目标

确定成本目标在供应商选择过程中具有重要意义。一个好的成本目标不仅能帮助企业实现经营目标,还可激发团队成员的工作积极性、促进部门间协作。

确定成本目标的首要步骤是深入分析并理解物料的采购价格构成。物料的采购价格 = 物料成本 + 供应商利润,可以分为四部分。

(1)料,包括原材料和水电等消耗品成本。

(2)工,包括直接人工和间接人工。

(3)费,包括研发费用、销售费用、管理费用、财务费用等。

(4)利润,通常为行业平均利润水平加上可能的溢价部分。

料、工和费构成了物料成本。也可以将物料成本分为可变成本和固定成本两大类,见图4.4。可变成本直接与生产数量挂钩,随着生产数量的增减而发生相应变动,主要包括原材料成本、动力成本以及直接人工等。

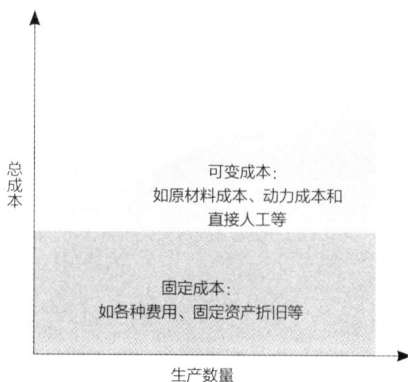

图 4.4　物料成本构成

　　相反，固定成本则相对稳定，不受生产数量变动的影响，它主要包括企业运营过程中的公共支出，如各种费用和固定资产折旧等。固定成本最重要的特征在于它在一定时期和业务量范围内总额维持不变，并会分摊到产品中，因此，单位产品所分摊的固定成本与产品的生产数量呈负相关。随着产品生产数量的增加，单位产品成本无限接近于可变成本，如图 4.5 所示。

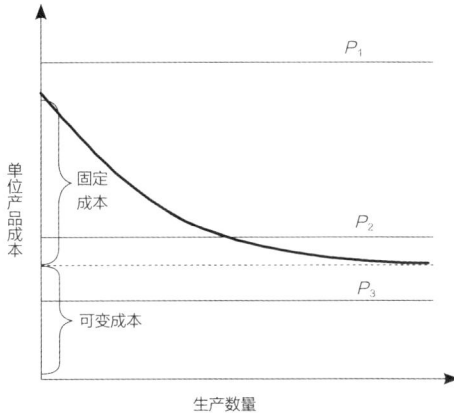

图 4.5　单位产品成本无限接近于可变成本

　　在详细分析并明确产品中的可变成本和固定成本之后，企业能够推导出供应商在长期内可接受的价格区间。从图 4.5 中的成本曲线可知，当生产数量极低时，如旅行者 1 号探测器这样的特例，价格（设为 P_1）高于可变成本与固定成本之和，这是由项目的独特性和低生产数量导致。这种情况并非市场常态。

　　另外，若价格（设为 P_3）低于可变成本，则揭示了极其激烈的价格竞争，表明供应商的销售价格无法覆盖其基本的营业成本。这种状态下，每多卖出一件产品，供应商都会增加亏损，显然不可持续。

　　而若价格（设为 P_2）高于可变成本但低于可变成本与固定成本之和，这标志着在达到一定生产数量后，供应商能够实现收入超过支出，进而获得盈利。这种状态既保证了供应商的经济利益，也反映了市场的合理竞争水平，因此 P_2 被视为一个相对合理且可持续的价格。综上所述，P_2 作为价格与成本之间的平衡点，对供应商而言是一个健康且可接受的长期价格。

　　在不同竞争态势的市场环境中，供应商对利润的追求会有所差异。准入壁垒、技术壁垒或排他性优势等因素往往能为供应商带来额外的溢价空间。因此，在确定成本目标时，必须审慎考虑，将供应商的利润控制在既合理又符合市场规律的范围内。

在充分竞争的行业中进行产品采购，为了保持采购价格的竞争力，应将供应商的利润严格控制在行业平均线以下，甚至在某些情况下，可将净利润接近零作为成本控制的目标，以确保采购成本最低。

而在寡头型市场中，当少数几家（通常是一到两家）供应商占据主导地位时，成本目标的设定则需更加灵活。此时，将主流供应商的利润控制在行业前3以下的水平或接近行业平均水平，既能保持采购成本相对合理，又能避免过度压缩供应商利润导致合作破裂的风险。

至于独家垄断性市场，供应商的利润则不再是成本控制的唯一焦点。在此情境下，价格管理的核心在于价值增值和如何获得相对于行业竞争对手的价格竞争优势。这意味着，确定成本目标时应更多地参考产品带来的附加值和行业主要竞争对手的采购价格，并以此为基准，通过谈判或其他手段，力求在保证产品质量的同时，获得更具竞争力的采购价格。此时，价格管理的重点已从单纯的采购价格本身，转向了如何通过策略性采购来增强企业的市场竞争力。

通过精确划分和合理估算物料成本，剔除不合理的利润和溢价，即可得到所采购物料的合理成本（should cost），企业可以更加准确地确定成本目标，为成本控制和利润提升提供有力支持。

确定成本目标的方法多种多样，如图 4.6 所示，每种方法均有其独特的适用场景与优劣势。常见的方法包括从经营维度出发的逆向分解法，该方法通过逆向分析市场售价，逐步拆解出各成本构成，以确定合理的成本目标；从合理成本出发的 BOM 拆解法和成本桥接法则侧重深入剖析产品成本结构，通过优化各成本要素来设定更为精细的成本目标；而从市场竞争维度出发的行业基准法和回归拟合法也是有效确定目标成本的工具，它们通过统计分析市场数据或参考行业标准，为成本目标的确定提供市场导向。

值得注意的是，每种方法都有其合理性和局限性，因此在实际操作中，往往需要根据具体情况灵活选择，甚至采用多种方法相结合的方式，以综合考量市场需求、竞争态势、产品特性及企业战略目标，从而制定出既符合实际又具挑战性的成本目标。

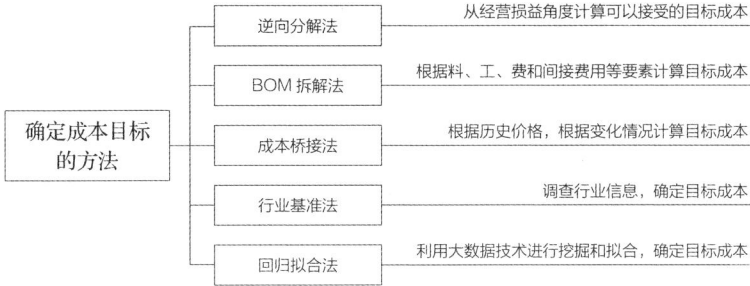

图 4.6 确定成本目标的方法

1. 逆向分解法

逆向分解法是一种基于最终产品市场售价与预设经营损益目标，逆向推算出产品各成本要素（如物料成本、制造费用、研发费用等）的成本目标的方法，见图 4.7。其优势在于，当所有成本要素均能有效控制在既定目标范围内时，能够确保产品在规划的市场售价下实现企业期望的经营利润，有助于改善整体财务表现。

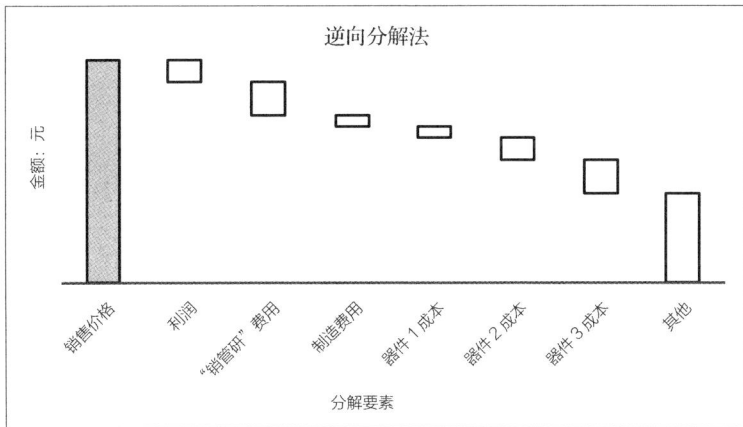

图 4.7 逆向分解法

然而，逆向分解法的局限性也显而易见。相关数值是拆解者凭借主观经验拆解得出，可能忽略了物料需求规格差异、市场供求关系变化等外部因素对成本的实际影响，导致设定的成本目标与市场实际情况脱节，进而引发成本部门与采购部门之间的误解与冲突。例如，假设一款电池同时应用于两款不同价格水平的手机（如售价为 1000 元与 5000 元的手机）时，但由于最终产品的市场定位、品牌溢价及利润率等因素的影响，分别采用逆向分解法得出的电池采购成本目标可能会有差异。

因此，在应用逆向分解法时，需结合物料需求规格和行业实际情况，综合制定合理与可行的采购成本目标。

2. BOM 拆解法

BOM 拆解法可能是使用得最为广泛的一种成本目标确定方法。顾名思义，BOM 拆解法通过详细拆解并分析产品所需的全部物料清单（Bill of Material，BOM）、制造费用、"销管研"费用等，再加上合理的利润，得到成本目标，如图 4.8 所示。这一过程旨在全面考虑产品研发和生产等各个环节，精确计算成本支出之后确保最终得出的成本目标是合理且符合实际情况的。

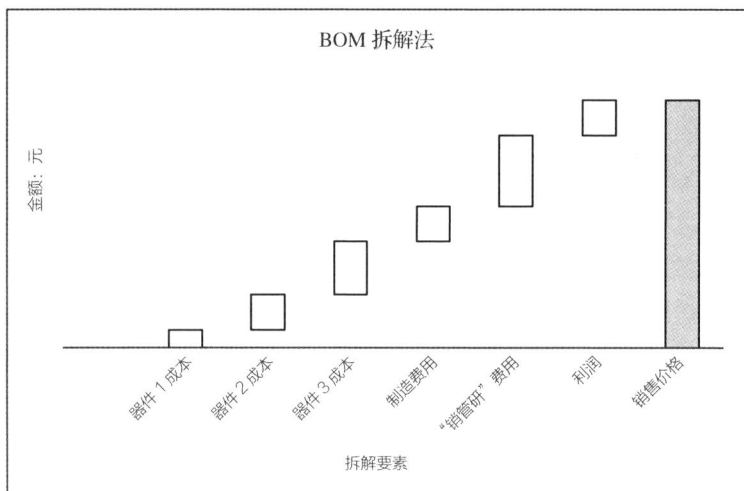

图 4.8　BOM 拆解法

BOM 拆解结果的准确程度取决于对物料成本要素信息掌握的准确程度和行业的竞争充分程度，然而要获取各成本要素准确的成本信息并不容易。

- 料。料即 BOM 中准备使用的原材料。如果原材料过多，很难准确获取供应商对每一种原材料的采购价格，再加上水、电等要素，加大了对原材料这部分成本的预估难度。
- 工。工包括直接人工和间接人工。虽然获取特定产品生产线上工人的实际加工工时相对容易，但确定每名工人的薪酬（包括基本工资、奖金、保险、福利等）则较为困难。为了简化这一过程，一种常见做法是采用工厂所在地区的行业平均工资作为基准，然而，这种方法可能忽略了企业内部的薪酬差异及特定的福利待遇，导致计算结果存在偏差。另一种替代方案是参考该地区劳务派遣工人的平均小时工资率，其能在一定程度上反映市场劳动力成本，但同样可能不完全符合企业内部的实际情况。至于间接人工，其核算更是一个挑战，因为它涵盖了所有与产品生产间接相关的人力成本。由于这些成本难以直接追溯到特定产品上，常基于直接人工的一定比例进行估算，这种方法虽然简便，但精确度有限。

- 费。费即供应商的销售费用、管理费用、研发费用和财务费用。企业可以通过供应商财报来获取和利用这些数据，从而估算出某个产品价格中隐含的费用成分。为了提升估算的准确性和可靠性，建议收集同行业多家企业的相关数据，通过统计分析剔除异常值，从而构建一个更具代表性的费用率模型。对于专注于单一产品生产的供应商，其费用分摊相对直接，可以采用总费用除以生产数量获得。然而，费用率作为行业或企业整体的平均值，其适用性需根据具体项目或产品特性来考虑。每个项目或产品因其独特性，在费用结构上可能存在差异，因此，在应用费用率进行估算时，应结合实际情况进行必要的分析和调整，以确保估算结果的合理性和准确性。在固定资产折旧、销售费用、管理费用、研发费用和财务费用等详细支出难以精确获取的情况下，业界常常会采用间接费用来代表这些综合成本。Overhead 的数值往往基于行业多年的实践经验积累，它通过将多个复杂且难以直接量化的变量整合为一个单一变量，极大地简化了成本计算的复杂性，降低了数据获取的难度。这种方法虽然在一定程度上牺牲了精确性，但其便捷性和实用性在快速决策和成本控制方面展现出了明显的优势。因此，在特定情境下，使用Overhead 作为成本估算的替代方案有其合理性和可取之处。

- 固定资产折旧与分摊。如果产品生产工序繁多，由于涉及众多设备和厂房等固定资产的投入，这些成本要素的精确计量往往极具挑战性。除非存在特殊情况，如由采购方采购并免费提供给供应商使用，否则想全面且准确地获取固定资产的实际投入成本几乎不现实。此外，固定资产在使用过程中还会受资产减值、折旧政策以及分摊原则等多重因素的影响，这些均会增加获取产品固定资产折旧与分摊数据的难度。因此，在多数情况下，产品的固定资产折旧与分摊数据难以直接且精确地获取，只能通过合理的估算方法和模型来近似计算。

- 能耗。能耗涉及水、电、气等，若产品生产过程主要依赖少数几台设备，那么通过设备的额定功率及实际运行时间，企业可以相对容易地估算出这部分能耗。然而，对于厂房内的公共水电消耗量，由于其涉及面广、难以直接归因于某一特定产品，因此想准确获取这些数据就变得尤为困难。这类公共消耗通常需要根据整体使用情况、生产规模、设备布局以及能源管理政策等多方面因素进行综合考虑和估算。

- 利润。可以参考行业平均水平设置一个合理的利润值。

如果无法准确获取料、工和费的数据，则无法准确计算出产品的变动成本和固定成本，通过简单拆解 BOM 得到的成本估算值与实际成本之间可能存在较大偏差。

BOM 拆解法更适用于成本构成相对简单，采购方能够轻易获取各成本要素的可靠数据，并且市场竞争较为充分的物料。例如，对铝合金机加工件，由于其主要成本集中于原材料（铝合金）和加工（如 CNC 加工）工时，因此通过累加这些明确且可追踪的成本要素，企业可以较为准确地估算出产品的成本。然而，当涉及复杂物料时，这类产品往往包含众多微小的零部件、复杂的生产工艺、难以量化的研发与设计成本，以及不易精确分配的间接费用，BOM 拆解法的精确度会显著降低。

企业在实施 BOM 拆解法时，应努力提升数据的准确性，同时考虑采用多种方法相互验证，尽可能减小误差，为成本管理和决策提供更加可靠的支持。

对于费用和利润，通常是在产品营业成本的基础上按一定比例进行加成。那么对于价格授权（Approved Vendors Approved Price，AVAP）的物料，其采购价格是否应该纳入产品的营业成本以计算费用和利润呢？笔者倾向于：若采购方对授权采购的物料除价格因素外几乎不参与管理，即管理责任主要由被授权的供应商承担，那么可以在这些物料的采购成本之外合理考虑一部分管理费用，并将其纳入物料的成本。

反之，若采购方对授权采购的物料实施了实质性的管理控制，如库存管理、质量控制、供应商关系维护等，而被授权的供应商仅根据采购方指令进行操作，则将授权采购的物料的成本排除在产品的营业成本以外去计算产品的各项费用（包括销售费用、管理费用、研发费用和财务费用）及利润可能更为合理。这样做能更准确地反映供应商在物料管理上的投入和贡献。

有人说 BOM 拆解法不适用于存储（Memory，含 DRAM 和 Flash）类物料。确实，将 BOM 拆解的成本计算方法直接应用于存储类物料时，可能会遇到一些挑战，但这并不意味着 BOM 拆解法本身不适用于这类物料。BOM 拆解法作为一种成本估算工具，其理论基础是普遍适用的，旨在通过详细分解物料构成来估算其合理成本，这与供应商内部评估营业成本的方式在逻辑上是相通的。

这类物料的市场价格常常显著偏离 BOM 拆解结果的主要原因是这类物料所在市场竞争不够激烈或充分，导致市场供求关系、技术革新速度以及生产能力的变化成为影响价格的关键因素。市场博弈加剧了价格的波动性，使得市场价格与合理成本存在较大的差异。

在竞争不充分的行业，由于供应稀缺、需求波动大、市场参与者的行为模式复杂多变，市场价格往往更多地受市场情绪、投机活动甚至地缘政治等因素的影响，而非单纯基于成本结构。在这种环境下，采用 BOM 拆解法估算合理成本，其结果与市场价格之间可能存在显著差异。这表明，在竞争不充分的市场中，单纯依赖 BOM 拆解法进行成本分析可能不足以全面反映产品的真实经济价值。

在竞争充分且供应商均保持理性的市场环境下，任何单方面的定价策略变动都可能因其他参与者的理性反应而失效，最终促使所有参与者趋向于公开、透明的定价策略，从而使得市场价格趋近于合理成本。因此，BOM 拆解法只有在竞争充分的市场环境中才能够更有效地发挥作用，为成本估算提供有力支持。

然而，当供应商表现出非理性行为时，市场结果将变得难以预测，可能导致 BOM 拆解法的估算结果与实际市场价格之间存在较大差异。这种情况下，需要更加深入地分析市场动态、供应商行为模式以及技术发展趋势，以更准确地评估产品的真实成本。

BOM 拆解法因其能够直接获取物料成本和直接人工等直接成本数据，常被视作基础参考点，即所谓的"生死线"（阈值）。这个阈值仅考虑了变动成本中的关键要素——材料成本和直接人工，而暂时排除了间接人工、管理费用、固定资产折旧与分摊等复杂且难以精确量化的部分。从长期经营稳健性的角度出发，任何低于此阈值的报价都应被视为非理性的，不可长期持续，因为它无法覆盖产品的变动成本，会对企业的持续运营构成威胁。因此，这个阈值可以作为一个重要的管理工具，用于识别供应商的非理性报价风险。当供应商的报价低于此阈值时，企业应制定供应中断风险管理方案，既确保采购决策在当下可被执行，也能在发生供应中断的情况下有备选方案可用。

总之，BOM 拆解法提供了系统化、透明化的成本估算框架，其适用性并不局限于特定类型的产品或行业，关键在于如何根据具体市场环境和产品特性，灵活运用并调整该方法，以确保成本估算的准确性和有效性。

3. 成本桥接法

成本桥接法是一种通过量化不同产品或服务之间的成本差异来进行成本分析和管理的工具。这种方法通过对比目标物料（或产品）与具有明确公允价格或已知成本结构的参照物料（基准产品），识别和分析成本差异，从而确定成本目标。

成本桥接法包括以下几个步骤。

- 确定基准。选择一个具有明确成本结构和市场公允价格的参照物料作为基准。这个参照物料应该与目标物料在功能、性能或市场定位上有一定的相似性，但成本结构要清晰且易于理解。
- 识别差异因素。详细比较目标物料与参照物料之间的所有差异，包括规格参数、材料成本、制造成本和运输成本等各个方面的差异。这些差异可能源于不同的原材料、生产工艺、生产规模和生产地点等多种因素。
- 量化成本差异。量化识别出的差异因素对总成本的影响。这需要收集具体的数据，如原材料价格、生产加工工时等，进行详细的成本计算。
- 构建成本桥接模型。将参照物料和差异因素及其对成本的影响整合到一个模型中，形成一个清晰的成本桥接图或表格。这个模型应该能够直观地展示目标物料与参照物料之间的成本差异及其来源，进而得出目标物料的成本目标。

成本桥接法如图 4.9 所示。

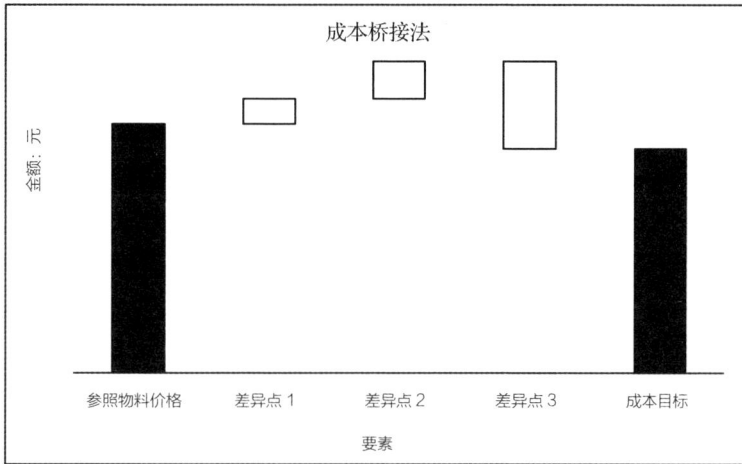

图 4.9　成本桥接法

例如某个规格的 4Ah 锂电池价格为 32 元，是市场中的公允价格，现在需要采购一个规格类似的 5Ah 的锂电池，如果简单地进行计算，成本目标 =32÷4×5=40（元）。但实际上，生产一个 5Ah 锂电池和生产一个 4Ah 锂电池，除了原材料成本有所增加外，其人工成本、折旧费等是相当的，所以合理的成本应该小于 40 元。

4. 行业基准法

行业基准法是指参考行业内的最佳实践、标准品或竞争对手的表现来制定成本目标。行业基准提供了行业内同类物料的成本水平或性能标准，企业可以将自己的成本估算结果与行业基准进行对比，以评估自身的竞争力。

大多数行业中存在第三方机构对一些品类的物料的价格、供需等进行研究，企业的营销等部门也会定期收集某些物料品类的行业信息，这些信息可以作为行业基准用于物料采购目标成本的确定。比如上海有色网（原上海有色金属网）可以提供各种锂电芯的价格信息，企业可以将这些信息作为行业基准用于锂电芯采购目标成本的确定。

5. 回归拟合法

回归拟合法是用统计学方法来研究一个或多个自变量（如物料的关键参数）与一个因变量（如成本）之间的定量关系来确定采购成本目标的方法。在物料成本估算中，它可以帮助企业根据历史数据预测未来成本，或者根据物料的关键参数进行成本估算。

其步骤概述如下。

- 数据收集：需要收集大量的历史数据，这些数据应该包括物料的关键参数（如电池容量、DRAM 容量等）以及对应的成本信息。

- 数据清洗：对收集到的数据进行清洗，去除异常值、缺失值等，确保数据的准确性和可靠性。

- 变量选择：根据业务需求和数据分析结果，选择对成本有显著影响的物料关键参数作为自变量。

- 模型建立：利用回归分析的方法（如线性回归、多项式回归、非线性回归等），根据历史数据建立自变量与因变量之间的数学模型。

- 模型验证：使用未参与模型建立的数据集（如测试集或验证集）对模型进行验证，评估模型的预测准确性和泛化能力。

- 模型应用：将拟合得到的公式或模型应用于新的物料的成本估算。

回归拟合法需要根据数据的特性和业务需求选择合适的回归模型，关注关键参数的变化对成本估算结果的影响，确保模型的稳定性和可靠性。同时避免模型过拟合（即模型在训练数据上表现良好，但在新数据上表现不佳）和欠拟合（即模型无法很好地捕捉数据中的规律）。比如根据电芯容量进行消费类软包电芯价格回归拟合，如图 4.10 所示。

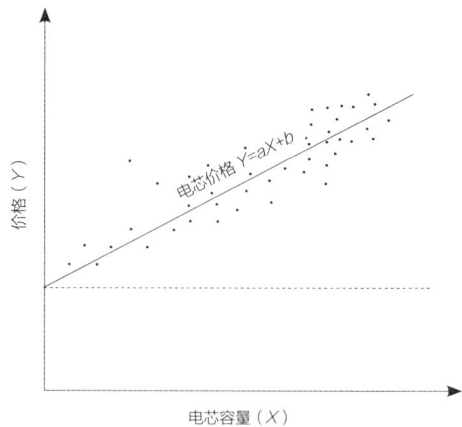

图 4.10　回归拟合法应用示例

Excel 的数据拟合功能提供了简单便捷的回归分析工具，适用于初级的成本或价格趋势预测。对拥有强大能力和丰富资源的企业而言，利用大数据和 AI 技术进行深度数据挖掘与模型训练，能够显著提升价格预测的准确性和精细化水平。

尽管 AI 在预测如股票价格等高度复杂、受多重非线性因素影响的"蝴蝶效应"场景上仍面临挑战，但在供应商报价预测这一领域，由于参与方和主要影响因素相对明确且有限，AI 有十分广阔的应用前景。通过构建有针对性的模型，AI 能够有效捕捉历史报价数据中的模式与趋势，结合市场动态、供需关系、原材料成本等多种因素，进行更为精准的价格预测。

因此，企业应在采购管理领域，特别是价格预测方面加强对 AI 的探索与应用。这不仅有助于企业优化采购成本，提升采购效率，还能使企业在激烈的市场竞争中占据先机，实现更高效的供应链管理。

企业可以采用不同的方法得到不同数值的成本目标。可以进一步采用成本目标设定模型（Target Price Setting Model，TPSM，简称"成本模型"）（见表 4.5）对多个成本目标进行汇总。TPSM 是一种综合各种方法确定成本目标的系统工具。它结合了多种成本估算方法，通过赋予不同方法适当的权重来确定一个更为全面、合理的成本目标，提高了成本预测的准确性。在实际工作中，企业通过不断实践、检验和优化，建立 TPSM，将使确定的成本目标更加合理。

表 4.5 成本目标设定模型示例

方法	逆向分解法	BOM 拆解法	成本桥接法	行业基准法	回归拟合法
权重	20%	20%	20%	20%	20%
数值					
成本目标					

构建一个跨领域被广泛认可的成本目标设定模型，对促进部门间就成本目标达成共识具有重要意义。虽然部分企业的成本模型构建工作由采购部门主导，但考虑到成本部门在成本分析与控制方面也具有极强的专业性，如果由成本部门主导 TPSM 的构建，可以避免采购部门陷入"既做裁判又做运动员"的局面。因此，笔者认为由成本部门牵头，采购部门参与构建 TPSM 可能更为合适。当然，企业需要根据具体情况和实际需求来灵活调整。

并非所有品类都需要构建独立的 TPSM。对于某些标准化程度高、成本结构相对简单的品类，可能通过简单的成本估算方法即可满足管理需求；而对于那些复杂多变、成本受多因素影响的品类，则更需要一个精细化的成本模型来支持决策。

同时，企业也应认识到 TPSM 的局限性。它虽然能够为企业提供成本管理的参考依据，但受限于数据准确性、市场变化、竞争态势等因素，可能无法完全准确地反映实际成交价格。特别是在高度竞争的市场环境中，成交价格受外部因素影响较大，TPSM 可能难以准确反映价格动态变化。因此，在强竞争氛围下的品类管理中，除了构建合理的成本模型外，企业还需要注重提升对自身业务的洞察力，通过优化供应商选择策略，利用市场竞争来争取更有竞争力的成本结果。这样，企业才能在激烈的市场竞争中保持成本优势，实现可持续发展。

在确定成本目标阶段，常见的问题是不知道采用何种方法来估算成本，不清楚什么样的成本目标是合适的，因此拍脑袋做决策成为常态。笔者也观察到在许多企业的成本部门内部存在一种观念误区，即"成本目标不是用来达成的"，甚至有人认为"如果成本目标达成，会显得成本经理能力不足"。受这种观念的影响，成本部门常采取的策略是：设定过高的成本目标，缺乏充分的依据和逻辑分析，甚至有些目标完全就不切实际。这种非基于客观的市场条件、产品特性及成本优化潜力人为拔高成本目标的做法，实际上会带来反作用。

例如，笔者曾见过某个企业制定的某年度上半年半导体物料成本目标是比上一年度降 35%，下半年成本目标是比上半年降 15%。如果这个成本目标是合理的，要么是前期成本管理做得实在太差，要么是行业发生重大变化，否则这种明显缺乏合理性的目标设定不仅削弱了成本管理的专业性，还会导致团队内部产生沮丧感和挫败感，也极容易使成本部门和采购部门形成对立。尤其是当成本目标的达成率成为采购部门的 KPI 时，这种对立会进一步加剧，导致双方在无谓的争执中耗费精力和资源，却难以共同推动成本管理的优化和效率提升。

为了改善这一状况，成本部门应慎重审视其设定成本目标的机制，要把握一定的度，确保成本目标既具有挑战性又具有可行性。

毫无疑问，成本管理是采购的天职。采购人员也希望成本越低越好，获得理想的成本结果是成本部门和采购部门共同的目标。采购部门应该加强与相关部门的沟通与协作，基于充分的市场调研、成本分析及业务战略考虑，共同制定成本管理方案和计划，通过合适的方法取得最好的结果。只有团结协同，才能真正实现成本管理的专业性和有效性，促进企业整体成本竞争力的提升。

4.4.3　组建供应商选择小组

供应商选择小组作为一个跨部门的协作团队，其构成旨在综合各领域的专业知识和经验，以确保供应商选择的全面性和准确性。供应商选择小组至少应包括采购经理、SQE 和研发工程师三个角色，有的企业也将采购履行专员和成本经理纳入供应商选择小组作为常设成员。

- 采购经理。该角色通常负责处理与供应商之间的商业条款谈判、合同管理以及供应商绩效评估等事务。在供应商选择过程中，采购经理能够提供关于成本效益、合同合规性以及长期商业合作的独到见解，有助于企业从经济角度评估供应商。

- SQE。该角色负责评估供应商的质量、环境、健康和安全（Environment Health and Safety，EHS）等管理体系和产品质量，确保所选供应商能够持续提供高质量的产品或服务。

- 研发工程师。该角色代表需求部门或技术部门，能够从技术的角度提供意见，确保所选供应商所提供的物料能够满足规格要求，甄别某些具有溢价潜能的特性。

- 采购履行专员。该角色能够就供应商的交货能力、物流效率等方面提供反馈。

- 成本经理。该角色能够分析成本数据，估算项目成本，识别成本驱动因素等。

财务人员、法务人员等专业角色，也可以从各自的专业角度为供应商选择提供支持，在必要时可以纳入供应商选择小组。

供应商选择小组人数不少于 3 人，但不宜过多，以避免决策过程中的效率低下和信息泄露风险。供应商选择小组设置一名组长，可由采购经理担任，其职责是带领供应商选择小组按计划完成供应商选择。供应商选择小组组长具有一些特定权限。

- 有领导与决策的责任。组长作为小组的领导者，带领小组制定并执行供应商选择策略。在遇到异常情况或争议时，组长应承担最终决策责任，确保决策过程的顺利进行。

- 有一票否决权。组长拥有一票否决权是保障决策质量的重要机制，可以在关键时刻防止不合适的供应商入选。但需要注意的是，组长应谨慎使用这一权力，避免滥用权力导致决策过程僵化。

● 无一票赞成权。这一规定旨在确保决策的公正性和客观性，防止组长个人偏好对决策结果产生过大影响。

供应商选择小组以集体决策的方式运作，小组成员从自身的专业角度发表意见，并对最终形成的供应商选择方案和选择结果等事项进行投票表决。按少数服从多数的原则，可设置 1/2 或 2/3 以上小组成员赞成表示通过的规则，还可对投赞成票的具体人数做进一步要求，比如最少 3 人赞成等。

4.4.4 制定供应商选择策略

在明确了采购需求并完成成本目标设定之后，制定合适的供应商选择策略是实现成本目标的关键环节。

古人云"商场如战场"，但商场其实与战场不同。战场讲究的是胜败，而商场则追求双赢。如果把供应商当成"敌人"，则只能维持短期的业务关系。做生意都讲究长期合作，共同发展，在制定供应商选择策略时，要以促成双赢为目标，寻求双赢的解决方案。如果把完成一个项目视作一场战役，那供应商选择则是这场战役的关键节点，需"知彼知己""上兵伐谋""谋定而后动"。

"知彼知己"就是要全面深入了解供应商的信息，明确自身需求。

在选择供应商之前，进行全面的调研，从多个方面了解供应商的信息。

1. 整体情况

业务发展战略：可以通过行业报告、供应商官网、财经新闻等渠道了解供应商的长期规划和短期目标，评估其对项目的投入意愿和可持续性。

压力和动力：分析供应商的财务状况、市场份额、竞争对手和产能利用率等情况，了解其近期面临的压力和动力，这有助于预测供应商在项目中可能采取的策略。

2. 项目维度

项目态度：通过直接沟通、观察供应商参与竞标的积极性以及分析过往案例，评估供应商对项目的重视程度。供应商对项目的重视程度直接影响项目整体的竞争氛围。

顾虑和诉求：深入了解供应商的顾虑和诉求，有助于制定有针对性的策略。比如供应商的顾虑是新投资的设备能否收回成本，那企业可以采取延长标的有效期的策略来打消供应商的顾虑，满足其合理诉求。

存在风险：评估供应商的技术能力、人员配置、开发经验等，以判断其是否具备承接项目的能力。供应商可能会隐藏其在某些方面存在的不足，必要时要进行实地考察。

3. 人的维度

关注供应商内部决策者的态度，了解供应商利益相关人的个人目标和诉求，从而在谈判中利用这些信息来争取更有利的条件。比如某些厂商每季度、半年度或年度都要对销售人员的销售额进行考核。如果某个销售人员的销售额刚好在某个时段里未达标，那选择在该时段结束的关键时间节点谈判则可能会带来不错的结果。

还需要对通过不同渠道收集到的供应商信息进行交叉验证，以确保信息的真实性和准确性。也可借助行业专家、咨询机构等第三方力量，获取专业的意见。

供应商信息收集是一个长期、持续的过程，需要持续、有目的性地收集和积累供应商的相关信息，加深对其的了解程度，避免临时抱佛脚。

对于我方的需求，也需要进行充分的调研和分析。

1. 各部门诉求

通过组织跨部门沟通会议，收集企业内部各部门的诉求及其优先级信息，确保在选择供应商时能够综合考虑各方利益。比如：成本和进度哪个优先？是否希望借此增强和某些供应商的业务黏性，优化供应格局？

2. 可能出现的风险

对项目可能遇到的风险进行充分预估，包括开发进度要求、需求变化、交付节奏和备料呆滞风险等。要制定相应的应对措施，保障项目顺利进行。

3. 利益相关人的想法和态度

了解企业内部利益相关人的想法和态度，包括高层管理者、项目团队成员等，他们的意见和建议对选择供应商具有重要影响。

4. 其他因素

考虑历史问题、战略合作关系等因素对选择供应商的影响。在考虑这些因素时，需要权衡利弊，制定使企业整体利益最优的方案。

做完信息调查收集，"知彼知己"之后，制定合理的供应商选择方案是确保项目成功的关键步骤。"上兵伐谋"，制定方案时需重点做到以下几点。

1. 调动供应商积极性并营造竞争氛围

突出重要性：突出项目对整体目标的影响，突出项目的重要性，提高供应商对项目的重视度。

明确激励机制：设计合理的激励机制，如设立进度奖项、提供额外订单等，以调动供应商的积极性。

营造竞争氛围：邀请更多供应商参与竞争，引入"鲶鱼"，营造竞争氛围。

适度制造紧张感：有针对性地释放一些信息，采用设定明确的截止日期和设定淘汰机制等方法，适度制造竞争的紧张感，激发供应商的潜力。

2. 进行推演

对可能出现的结果进行推演，模拟供应商可能采取的策略并制定应对方案，争取获得最优的结果。分析有可能出现哪些场景，最好的结果是什么，最差的情况是什么。比如企业计划选择三个供应商共同供应一个项目，份额分别是50%、30%、20%。假如第三名的供应商报价比第二名的供应商报价贵10%以上，虽然其份额少但总采购费用却更高，这不利于获得最优综合成本，企业应该采取措施避免出现这种不利的局面。

3. 识别和规避风险

识别供应商选择过程中可能出现的风险，包括供应商的风险、技术风险、质量风险等，制定有针对性的规避或解决措施，将风险纳入项目管理进行例行监控，直到项目结束。

另外，制定方案时还需注意合理地设置标的。在汽车行业中，有些原始设备制造商（Original Equipment Manufacturer，OEM）喜欢将项目的每个部件拆分出来，并分别选择供应商，期望通过给每个部件都选择价格最低的供应商从而使项目总采购成本最低，但实际上这种方法能否获得最低成本值得商榷。原因在于将需求拆分过碎，化整为零之后，每个标的的需求量都很小，对供应商的吸引力降低，不利于调动供应商竞争的积极性。对于一些需求量小的项目，将同类型的需求打包为一个大标的，组合在一起进行供应商选择是一个不错的策略。通过打包采购，企业能具备一定程度的优势。

- 规模优势：汇聚采购量可以显著提升对供应商的吸引力，从而获得更优惠的价格、更长的付款周期或其他更有利的商务条件。

- 效率提升：减少供应商选择次数，减少了采购过程中的重复劳动并降低了沟通成本，使得采购团队能够更专注于战略性和价值创造的活动。虽然供应商数量减少，但精心挑选的合作伙伴可以确保供应链的稳定性和可靠性。

- 集中管理：将相似或相关联的器件打包采购，有助于实现采购流程的标准化和集中管理，提高整体采购效率。

当然，打包采购也会带来一定程度的风险。

- 破坏竞争氛围：打包采购可能会减少候选供应商的数量，破坏供应商之间的竞争氛围。

- 灵活性受限：长期依赖少数供应商可能会使企业在面对市场变化或突发事件时缺乏灵活性。因此，在签订长期合同时，合同中应包含灵活的调整条款，以便在必要时能够快速调整供应商组合。

- 依赖风险：过度依赖某一个或几个供应商，可能导致供应中断的风险增加。

- 中断合作：将所有需求打包在一起进行供应商选择，理论上最能激发供应商的积极性，但从结果来看，某些供应商一旦丢标就可能意味着其与企业将长期无业务合作，这会不利于企业与供应商建立长期稳定的合作关系。

- 结果执行偏差：将多个器件打包进行供应商选择时，如果部分器件的需求波动过大，可能会使实际执行结果偏离原定的最优方案。因此，将多个器件打包进行供应商选择时，需要对选择结果执行情况进行监控，及时对结果偏差进行干预。

最后是采用合适的供应商选择方法。

供应商选择方法林林总总，每种方法都有其特定的适用场景和优势。招标、综合评估和谈判是常见的选择方法。如果有2家以上的候选供应商，而且有淘汰机制，则可以采用招标或综合评估。如果只有1~2家候选供应商，则可以采用谈判。如果有3家或3家以上的候选供应商，则不建议采用谈判，因为谈判顺序会影响谈判结果，但可以采用先招标后谈判的方法。

1. 招标

当有 2 家以上的候选供应商，且只考虑价格时，招标是常用的方法。其操作透明、简单，结果直观，不容易出错。

招标首先要确保供应商报价的保密性。无论是招标还是综合评估，对报价保密都是最基本的要求，旨在防止招标信息的提前泄露，维护整个过程的公正与公平。

为提升效率与保密性，具备条件的企业可采用 IT 系统实行线上报价。在报价截止前，系统应严格限制任何形式对数据进行提前访问，确保报价的保密性。对于尚未部署此类系统的企业，其可采用邮寄标书的方式。但应设立专门的人员负责统一接收标书，在完成标书密封完整性检查后妥善保管标书。在开标前将标书携带至开标现场，由供应商选择小组成员共同验证标书密封完整性后再行开标。

有些企业会采用反向竞价招标法，它能在限定时间内通过系统实时展示供应商报价排名并允许供应商修改报价，营造了一种紧张激烈的竞争氛围。但这种方法也伴随着风险，可能导致供应商做出非理性的低价报价，进而在后续交付中引发诸多问题。因此，采用此方法前需慎重考虑，并做好应对供应商可能无法按承诺履行的预案，以确保项目的顺利进行。

2. 综合评估

综合评估是一种全面考虑供应商综合表现的方法，它不仅关注商务价格，还赋予技术、质量及交付能力等关键要素相应的权重，并将其纳入综合评分体系。这种方法表明，除了价格因素外，技术、质量和交付能力等方面的差异也会对最终选择产生重要影响，企业愿意为在这些方面表现卓越的供应商支付合理的溢价。各要素权重的分配和评分规则共同决定了溢价的幅度。例如，可以将商务价格、技术、质量的权重分别设定为 50、30、20 并计算综合评分。

对于商务价格的评分（C），可以采用相对价格评分法，即：

$$C = \left(1 - \frac{当前价格 - 最低价格}{最低价格}\right) \times 权重$$

这种规则下，报价越高则得分越低，且二者呈线性负相关，能有效反映价格差异对综合评分的影响。但需注意，在价格差异较小时，这种方法难以拉开评分差距。

采用最优最差评分法可以拉开不同供应商之间的评分差距。在这种方法下，表现最差的供应商在该项指标上得 0 分，表现最优的供应商得满分，其余供应商则按比例获得相应分数。以质量为例，某供应商质量得分 Q 的计算公式如下：

$$Q=\left(\frac{某供应商质量考评分数-最低质量考评分数}{最高质量考评分数-最低质量考评分数}\right)\times 权重$$

例如候选供应商中最高质量考评分数为 100 分，最低为 90 分，权重为 20，某供应商质量考评分数为 95 分（接近最高分），在综合评估中，其质量得分 =20×（95-90）÷（100-90）=10（分）。这种评分法有效拉大了不同供应商之间的评分差距。

在运用综合评估对某些要素进行评分时，往往依赖于定性的描述而非明确的客观量化标准，这导致不同评估者给出的分数存在显著差异。这是一个普遍存在的问题。例如，针对产品造型、颜色优美程度这类要素的评分就具有高度的主观性，不同评估者的评分差异非常大。对于这种要素的评分，建议采取专家盲评机制。这一机制的核心在于，首先，在评估过程中屏蔽供应商信息，确保评估者仅基于产品本身而非品牌、历史等因素做出判断，以减少偏见。其次，通过扩大评估专家团队的规模，提升样本的多样性，采用求取平均分或加权平均分的方法来有效削弱单一评估者的主观影响，使评估结果更加客观、准确。这种做法不仅提升了评估的科学性和可信度，也提升了评估过程的透明度和公平性。

在进行综合评估时，由于受评分规则的约束，评估者不能灵活地应对一些复杂场景，可能会出现得分最高的结果并非最优解的情况。部分企业采用专家小组讨论的方式作为替代，这种方法侧重于利用小组成员卓越的专业能力和丰富的经验，全面综合各类信息，并通过集体讨论来直接确定最终的选择结果。专家小组讨论的优势在于它能够突破固定评分规则的束缚，允许小组成员根据具体情况进行灵活分析和综合判断，从而更有可能找到真正符合需求的最优解。然而，要使这种方法有效，必须满足三个关键条件：一是小组成员具备扎实的专业知识和综合判断能力，能够基于事实和数据做出正确判断；二是讨论时有效避免情景噪声和模式噪声，确保讨论过程公正透明，减少或避免个人偏见带来的影响；三是企业拥有积极向上的文化氛围，防止以权谋私等不良行为的发生，保障评估结果的公正性和企业利益的最大化。

3. 谈判

谈判的艺术无处不在，它渗透在生活的方方面面。从生活中每天在菜市场买菜时的砍价，到商场里的价格磋商，乃至温馨的家庭场景中哄孩子入睡时温柔的"讨价还价"，无一不是谈判。

谈判的核心是双方或多方在尊重与理解的基础上，通过一系列沟通与协商，寻找共同利益点，相互妥协并最终达成一致的过程。这一过程追求的不仅是各自需求的满足，更是双赢乃至多赢的理想状态，即各方在谈判后都能感到自己获得了比最初预期更好的结果。

要想获得理想的谈判结果，在谈判时需要遵循一些基本原则。

- 尊重对手。视对方为平等的合作伙伴，理解并尊重其立场与观点，建立相互尊重的沟通基础。

- 深入洞察与精准定位。深入分析问题的核心，明确各方及其利益相关者的关键诉求与关注点。识别并直接对话关键决策者，以寻求各方都能接受的解决方案，力求在满足各自核心利益的同时，达成双赢或多赢的局面。

- 准备备选方案。在谈判前制定详尽的计划和策略，同时准备至少一个可行的备选方案。这不仅能增强谈判的灵活性，还能在必要时为谈判各方提供额外的选择空间，提升谈判成功的概率。备选方案的存在，让谈判者在面对僵局时能够更有底气地寻求突破，甚至在必要时退出谈判。

- 目标导向，灵活应变。始终将谈判目标置于首位，保持对最终目标的清晰认识。在追求目标的过程中，灵活应对各种情况，避免陷入无谓的争论，专注于寻找实现目标的最佳路径。

- 价值交换，策略性让步。坚持互谅互让的原则，确保每一次让步都能换取到相应或更多的价值回报。让步时应采取逐步缩减的策略，既展现诚意，又有效管理对方的期望值，逐步引导谈判向对我方有利的方向发展。

- 真诚沟通，尊重差异。以开放和真诚的态度进行交流，鼓励信息共享与透明沟通。尊重并理解各方在文化、背景、需求等方面的差异，通过建设性对话缩小分歧，增进理解与合作。

在谈判中，可以通过四个阶段来循序渐进地促进各方达成共识。

第一阶段：陈述事实。通过呈现清晰、准确的数据和信息，构建各方认可的事实基础。这一步骤是后续所有讨论和协商的基石，有助于确保各方在同一事实背景下进行交流。

第二阶段：逻辑共鸣。利用精心构建的论据和推理，引导对方按照我方的逻辑进行思考。通过提问、举例、类比等方式，逐步揭示问题的本质，证明解决方案的合理性。

第三阶段：深化观点。通过有效的沟通和解释，进一步阐述我方的观点、理念和逻辑框架，使对方能够深刻理解我方的立场和出发点，自然而然地得出与我方相近或一致的结论，从内心接受并认同我方的观点。

第四阶段：达成共识。在成功进行前三步的基础上，各方最终会聚焦于具体的谈判条件。由于对方已经接受了我方的数据和逻辑，此时各方更多是在进行细节协商。通过合理的妥协和交换，达成各方都能接受的协议，确保谈判结果符合各方的预期，实现双赢或多赢。

通过先讲数据，在谈判初期就建立共识，为后续深入的讨论和协商铺平道路，再谈逻辑和观点，有效地引导对方按照我方的方式思考，循序渐进，从而提升达成理想结果的可能性。

一个完整的谈判过程可以分为四个步骤。

第一个步骤是组建团队、明确目标和评估风险。

（1）团队组建与分工。

确定谈判团队成员及其职责，包括主谈人、副谈人和技术支持人员等。明确谈判团队各成员在谈判中的角色和分工。

（2）明确目标。

- 长期目标：促使各方建立长期合作关系，实现共赢。
- 短期目标：需要在本次谈判中达成具体协议，协议中包括但不限于价格、交付条件、售后服务、合同条款等。
- 核心利益：产品的价格、排他性合作条款等。
- 可谈判空间：订单的数量、交货时间、支付方式、合同期限等。

（3）风险评估与后果分析。

- 识别并评估影响各方达成一致的潜在风险，如信任缺失、利益冲突等。
- 评估目标未达成甚至谈判破裂的影响。

第二个步骤是分析双方形势。

（1）利益诉求与关键决策者。

识别对方的利益诉求，确定关键决策者及其偏好。分析对方是更看重经济利益（如价格、市场份额）还是非经济利益（如行业影响力、高层交流机会）。

（2）共同利益点与机会点。

- 寻找各方共同的利益点，如长期合作的机会、新技术的市场孵化和推广、声誉提升等。
- 评估可以作为谈判筹码的机会点，如独家供应、订单的数量和采购比例等。

（3）SWOT 分析。

- 分析各方的优势、劣势、机会与威胁，明确各自在谈判中的相对地位。
- 评估谈判破裂时，哪一方将承受更大压力，并据此制定策略。

第三个步骤是准备谈判方案与对策。

（1）谈判方案。

准备多个谈判方案，确保每个方案都能在一定程度上满足我方核心利益，同时考虑各方的接受度，以应对不同谈判场景和对方可能提出的条件。

（2）僵局与破裂预案。

- 制定僵局破解策略，如引入第三方调解、暂时休会等。
- 准备好谈判破裂后的应对措施，如寻找其他供应商等。

（3）谈判推演。

在完成谈判准备后，还需要对谈判过程进行模拟推演，增进谈判团队成员之间的协作，预测可能的谈判路径和结果，并根据推演结果调整谈判策略和方案，便于在实施阶段取得更好的结果。

第四个步骤是实施谈判。

（1）进程控制。

- 制定开场策略，营造积极友好的谈判氛围。
- 控制谈判进程，逐步深入主题，达成共识。

（2）成果落地。

确保谈判成果落地的措施有准备现场签署的会议纪要、备忘录和合同等。

在实施阶段，我方需要灵活应用各种谈判技巧，如倾听、提问、引导等，根据谈判进展适时调整策略，确保谈判沿着既定方向前进。

描写谈判技巧的书有很多。对渴望深入了解这一领域的人来说，《优势谈判》《哈佛商学院谈判课》等经典著作无疑是宝贵的资源，它们提供了丰富的策略与技巧，帮助读者在各类谈判中游刃有余。笔者根据个人的经验，总结了谈判的关键9字（礼、分、记、藏、傻、忍、缓、情、输）。

- 礼：保持礼貌，不卑不亢。尊重对方提出任何诉求的权利，即便这些诉求初看或许不合理，也要以开放心态耐心倾听。

- 分：深入分析数据、信息及各方论点，精准定位谈判的核心议题与博弈点，确保谈判策略有的放矢。

- 记：细致记录谈判中的关键信息与数据，适时重述并总结各方已达成的共识，巩固谈判成果，避免误解与遗漏。

- 藏：策略性地管理信息披露，避免暴露不利信息，营造信息优势。很多谈判是独家谈判，但即便没有可替代的选项，亦可通过策略性信息展现，营造出假象，让对方相信我方有备选方案。

- 傻：对买方来讲，装傻是很好的策略。多问问题，诱导对方阐述观点与解决方案，借此洞察其逻辑漏洞，以子之矛，攻子之盾。

- 忍：保持冷静与耐心，即使面对不利局面，也要控制情绪，避免一时的冲动行为破坏谈判进程。

- 缓：遭遇谈判僵局时，适时提出休会，通过轻松交流（如闲聊）等方式缓解紧张氛围，增进各方的情感联系，为后续谈判做铺垫。在关键时刻，运用沉默策略，或能意外促成谈判。

- 情：巧妙运用情感牌，洞察对方的情感软肋，促使对方做出关键让步。笔者曾经经历过一个关键合同条款的谈判，在笔者之前其他同事已经谈了2个月，但双方一直僵持不下。谈判对手是某企业的创始人，笔者分析其虽然已经不是该企业的实际控制人，但肯定仍然对该企业怀有强烈的感情。所以笔者利用其情感特点，用"送女儿出嫁，扶上马，送一程，帮助走好未来的路"的说法成功说服其在关键条款上做出让步，使双方达成一致。

- 输：秉持共赢理念，即便处于优势地位，也不应过度索取。在合理范围内做出适当让步，让对方感受到胜利的喜悦，这样的谈判结果会更持久且有利于长期执行。如果谈判结果让对方觉得"输了"或是被迫的，那后续若有机会对方很可能会找补回来。所以谈判时应避免让对方感到挫败，以免为未来合作埋下隐患。

在谈判中，还要特别注意"时间是最大的敌人"。利用时间压力来迫使对方让步也是一种有效的谈判策略。当对方面临最后期限或时间紧迫时，其可能会更加急于达成协议，从而在某些问题上做出让步。谈判往往不会一帆风顺，可能会遇到各种预料之外的情况和挑战，需要多轮谈判来逐步解决。在制定谈判计划时，必须充分考虑这些因素，并预留足够的时间来应对可能出现的延误和反复。这样做不仅可以减轻谈判过程中我方的时间压力，还能让谈判者更加从容地应对各种情况，提升谈判成功的可能性。同样，我方可以想办法让对方面临到期的压力，迫使其让步。

在谈判过程中，除了谈判技巧和策略，还可以巧妙地应用一些心理学知识让谈判进程更加顺利，帮助我方更好地达成目标。一些常用的心理学知识如下。

（1）锚定效应。

锚定效应指的是人们在做决策时，容易受第一印象的影响，将思维固定在某个点上。在谈判中，巧妙地利用锚定效应可以引导对方的预期和判断。

《偏差——人类决策中的陷阱》一书中记录了一项有趣的实验。研究人员以法官为受试者进行实验，向一组经验丰富的法官提交了一份文件，上面记录着一个商店盗窃案的详细信息，并要求法官掷两粒骰子，记下自己掷出的点数，并写下两者之和，然后询问他们会对被告做出何种判决。最终的结果令人吃惊，掷出点数和为3的法官平均判处被告5个月有期徒刑，而掷出点数和为9的法官则平均判处被告8个月有期徒刑！由此可以看出，即使是经验丰富、以客观公平著称的法官也会受锚定效应的影响。

当我方作为谈判者采取"狮子大开口但有逻辑地出价"策略时，我方实际上是在为谈判设定一个较高的起点（即"锚"）。这个出价应当以合理的分析和逻辑为支撑，如果可能，尽量给出精确的值，显示我方进行了严密的推理计算，避免出价显得荒谬或无理。通过一个有逻辑的出价形成锚定效应，让对方不自觉地向我方的出价靠拢，从而影响谈判进程。有不少谈判类的书或作品讲要让对方先出价，笔者个人倒认为不必绝对坚持这个原则。是让对方先出价还是由我方先出价，这取决于具体的谈判情境和双方的力量对比。当我方处于绝对优势地位时，让对方先出价是合理的，因为这可以将压力转移到对方身上，同时我方也能从对方的出价中获取更多关于其底线和期望的信息。然而，在某些情况下，如我方希望主导谈判进程或营造特定的谈判氛围时，由我方先出价并巧妙利用锚定效应可能更为有利。

（2）折中。

折中作为谈判中常见的妥协方式，在许多日常交易和商务洽谈中都有所体现。我们去菜市场买菜，卖家说20元，我们说10元，最终可能各让一步，以15元成交。在谈判中，各方通过各自的报价与反报价，最终找到一个中间点作为成交价格，这便是折中。然而，在更为复杂和关键的谈判中，简单地依赖折中可能并不足以达成最优的谈判结果，甚至可能因未能充分把握谈判主动权而错失达成更有利协议的机会。为了避免折中之后达不成谈判目标，需要在出价前明确起始价格、规划让步节奏和设定底线。

- 明确起始价格。起始价格是谈判的基石，它应当基于深入的市场调研、成本分析以及对目标收益的精准计算。一个合理的起始价格不仅能展现谈判者的自信和专业性，还能为后续的谈判留下足够的回旋余地。
- 规划让步节奏。让步是谈判中不可避免的一部分，但让步的节奏应当经过精心规划。过早或过大的让步可能会让对方认为我方的底线远低于实际，导致我方失去进一步争取利益的机会。相反，适度的、逐步的让步能够引导对方做出更多妥协，并维持谈判的紧张感。中等幅度且逐渐减小的让步会对对方形成心理暗示，效果最好。
- 设定底线。在谈判前明确自己的底线至关重要，这有助于我方在谈判过程中保持清醒的头脑，不被对方的攻势所动摇。同时，明确的底线也是我方决定是继续谈判还是接受折中方案的标尺。

（3）回馈补偿效应。

顾客时常在购物时遇到这样的情况：一踏入店门，热情的店主便递上热水或邀请试用产品，那份过度的热情往往让人心生愧疚，仿佛不买点东西就难以回报这份热情。这其实是店主巧妙地利用了回馈补偿效应，促使顾客在心理上产生亏欠感，从而在购买决策上做出让步。

笔者经历过一次印象深刻的谈判，双方从午后谈至夜幕降临，经过长时间的拉锯仍未达成共识。在大家都已疲惫不堪时，我方适时提供的水果和饼干不仅缓解了紧张的气氛，还促使对方在后续的谈判中更加放得开，最终对方在一些关键条款上做出了让步，双方达成了协议。笔者也多次在谈判中成功地利用了回馈补偿效应，为我方争取到了更有利的条件。

在策划重要谈判时，笔者总是倾向于将会议安排在主场进行。在谈判正式开始前，准备一些水果和咖啡等。这样的安排不仅有助于缓解谈判各方的紧张情绪，还能形成回馈补偿效应，为后续的谈判奠定良好的基础。

（4）诉诸最高权威。

在谈判过程中，有时会遇到对方表示无法就谈判达成的结果立即签署谈判备忘录，需要回去请示领导或提交给某个委员会进行审批的情况。这种情况可能代表对方正在运用"诉诸最高权威"策略。值得注意的是，这里的"领导"或"委员会"并不一定真实存在，而可能是对方在发现结果对其不利时找到合理借口重启谈判。"诉诸最高权威"策略有可能导致先前的努力付诸东流。

因此，为了规避"诉诸最高权威"陷阱，在谈判之初，需要明确对方谈判团队的权限与决策能力。最佳做法是尽可能邀请对方的关键决策者直接参与谈判。这样做不仅能提高谈判效率，减少信息传递的误差，还能确保谈判结果直接获得关键决策者的认可，从而避免后续因审批问题导致谈判结果无法落地。

我方同样可以运用"诉诸最高权威"策略。当谈判结果对我方不利时，通过提出需要请示上级或在团队内部进一步讨论，我方可以争取更多思考与调整策略的时间，甚至有可能在重新谈判中扭转局势，获得更为有利的条件。然而，这一策略的使用需谨慎，以免破坏谈判的诚信基础。

（5）自我拔刺。

当对方试图利用我方过去的不当之处作为谈判的筹码时，我方可以采取一种前瞻性的策略，即主动承认并反思那些确实存在的问题。人们往往对能够勇于承认错误并展现出积极改正态度的人持有更加宽容和理解的态度。这种自我拔刺的做法，实际上是利用了人性的这一特点，有效地削弱了对方利用旧账作为谈判施压点的能力。

通过主动提出并正视过去的不足，我方不仅能够展现出解决问题的诚意和决心，还能在谈判桌上树立起正直和可信的形象。这样做有助于营造一种积极向上的谈判氛围，使对方在后续的讨论中更加聚焦于如何共同寻找解决方案，而非纠缠于我方过去的错误。

当然，在自我拔刺的过程中，也需要把握好分寸，既要真诚地表达歉意，又要避免过度自责或给对方留下软弱可欺的印象。

（6）让对方说出"你说得对"。

让对方说出"你说得对"这样的肯定语句是一种在谈判、讨论或日常交流中强化我方观点、增强我方影响力的有效策略。这种策略在心理学上被称为"一致性原理"或"承诺与一致"原则。当个体在口头或行为上做出某种承诺或表态后，其往往会倾向于保持这种一致性，以维护自己的形象和信誉。在实际操作中，要实现这一目标，我方可以采取以下策略。

- 提问引导：通过精心设计的问题，引导对方思考并认同我方的观点。
- 展示证据：用事实、数据或案例来支持我方的观点，让对方在客观证据面前不得不点头称是。对方发现我方的观点有理有据时，更容易说出"你说得对"。
- 引起情感共鸣：寻找与对方共同的情感基础或利益点，通过讲述故事、分享经历等方式，建立情感连接。当对方在情感上与我方产生共鸣时，其更可能倾向于认同我方的观点。
- 表达尊重与认真倾听：在表达我方观点的同时，也要认真倾听对方的意见，展现出我方对对方观点的尊重和理解，这有助于营造良好的沟通氛围，使对方更愿意接受我方的观点。
- 逐步引导：不要急于求成，而是通过一系列的对话和讨论，逐步引导对方接受我方的观点。可以从一些相对容易达成共识的点开始，然后逐渐探讨更核心的问题。

对方说出"你说得对"不仅是对我方观点的认可，更让我方在心理上形成了一种优势，为后续的谈判或讨论奠定了更加有利的基础。然而，要注意不要滥用这种策略，以免给对方留下不真诚的印象。

（7）损失厌恶心理。

人们通常对失去感到痛苦。在谈判中，我方可以通过强调对方可能失去的机会或利益来增强其紧迫感，从而推动谈判进程。

《影响力》一书中描写了许多在谈判中可以利用的心理学原则，有兴趣的读者可以自行阅读。

另外，在供应商选择过程中，不可避免地会出现一些异常情况，如供应商报错价、漏报价、技术标书提交不完整，或供应商提出延长报价时间等。建议针对常见的异常情况制定详尽的操作指南和管理规则，这些规则应基于公平合理、企业利益最大化的原则，确保在出现异常情况时，能够指导业务人员迅速、有效地做出应对。通常而言，异常情况的处理方案至少应在供应商选择小组内部集体讨论达成一致，必要时报请上级组织审批决策，以确保决策的科学性和透明度。

总而言之，供应商选择小组需要综合考虑各供应商的诉求，调动供应商的积极性，营造竞争氛围；还要预测可能情况，识别风险，管控风险，有针对性地制定选择策略和选择方法，确保项目顺利推进，实现预期目标。

4.4.5　执行供应商选择策略

当完成供应商选择策略和方案制定后，有效执行策略是确保策略落地发挥成效的关键环节。

有些企业对供应商选择策略执行过程中的任何变更都设定了严格的限制。这种模式下，采购人员需严格按既定方案操作。尽管这有助于维护决策的一致性，但也可能错失基于最新信息实时调整策略以优化结果的可能性。若拘泥于机械执行既定方案，采购人员的主观能动性会受到一定程度的限制。

有些企业则采取相对宽松的管理态度，更加聚焦于供应商选择结果是否达成既定的目标，对策略执行过程中的细节和灵活性给予较高容忍度。这种"结果导向"的方法能够激励采购团队灵活应变，快速适应市场变化，但同时也要求企业具备完善的内部监控机制和风险管理体系，以确保决策质量不受影响。供应商选择的不同管理模式优缺点对比见表4.6。

表4.6　供应商选择的不同管理模式优缺点对比

管理模式	优点	缺点
严管过程	流程遵从性高，减小个人对结果的影响	供应商选择小组机械地执行策略，不能根据供应商最终的报价灵活地选择供应商
只管结果导向	便于发挥主观能动性，取得更好的结果	个人对结果影响大，可能留下暗箱操作的空间

选用何种管理模式需根据企业的内控体系成熟度、企业文化、人员素质等因素综合判断。理想状态是找到一种平衡方法，其既能保持决策的严谨性和规范性，又能赋予供应商选择小组足够的灵活性，以便其能在复杂多变的市场环境中做出最优选择。

在供应商选择的关键节点，供应商选择小组应坚持以既定的选择方案为基石，同时在结果确定阶段保留必要的灵活性。苹果公司的采购部门在选择供应商时就具有相当的自由度，可以根据实际情况灵活地选择供应商。但这种灵活性也伴随着潜在的风险，如权力滥用和利益冲突。如何避免权力被别有用心的人恶意利用、以权谋私是一个难题。企业需建立透明机制，确保供应商选择过程的透明可查；设立独立的监督机构，定期进行内部审计；加强培训与文化建设，明确责任与奖惩机制，以约束此类行为。

总之，供应商选择过程应遵循"策略在前，操作在后，异常情况集体决策"的总体原则，灵活应对各种突发情况，确保达成目标。

4.4.6 确认供应商选择结果

在供应商选择的过程中，无论是通过招标、综合评估还是谈判的方法进行选择，一旦报价结束，选择结果便几乎成定局，相应人员应清晰、详尽地记录供应商选择结果，以确保透明度与后续执行的顺畅性。具体应明确以下关键信息。

1. 中标供应商及其详细价格信息

● 罗列出所有中标供应商的名称、对应的产品 / 服务价格，包括单价、总价（如适用）、税费等细节。

● 详细说明付款条款，包括但不限于预付款比例、支付条件、支付周期（如月结、季结）、付款方式（如银行转账、支票等）及滞纳金政策。

2. 中标份额或数量分配

根据采购需求，如果存在多家供应商共同中标的情况，需清晰界定各供应商的供货比例或具体数量。（可能基于供应商的产能、质量、价格优势或地理位置等因素进行分配）

3. 供应商选择结果的有效期

明确本次供应商选择结果的有效期。有效期可能是一个固定的时间段（如一年、两年），或者是特定的数量限制（如达到某一采购量后重新评估），也可能是时间和数量的双重约束。需提前规划好有效期结束后的评估与调整机制。

4. 其他重要条款

如有必要，还应在供应商选择结果汇总材料中记录包括服务质量标准、违约责任、争议解决机制等关键合同条款的简要说明。

通过明确上述信息，可以为后续采购订单的下达和执行奠定基础。其后便是对供应商选择结果的审核与批准。

不同企业在管理供应商选择结果时，展现了多样化的策略与偏好。有的企业基于合规管理的要求，对所有项目的供应商选择结果进行审核和批准，有的企业则仅对未达成目标的项目进行审核和批准。

对供应商选择结果的审核过程主要涵盖以下几点。

- 目标达成评估：验证所选供应商是否能够有效达成企业预先设定的采购目标，包括成本、质量、交货期等方面的要求。
- 策略一致性检查：确认所选供应商是否符合企业的整体采购策略及供应商发展策略，以确保长期合作关系的稳定性和可持续性。
- 异常情况的处理：审视选择过程中出现的异常情况，以及处理方式是否得当，是否影响供应商选择结果。
- 探索结果优化空间：探索是否存在进一步优化成本、提升质量或增强供应链灵活性的空间和机会，力求达到最优解。

在选择完供应商并顺利通过所有必要的审批后，标准产品的采购流程可能相对简化，通过询价书（Request for Quotation，RFQ）即可完成询价与确认，随后在系统中生成标准采购合同。

而涉及定制委托开发新产品的场景则相对复杂，需要签署详尽和专业的新产品委托开发合同。该合同需明确对新产品的技术要求、开发周期、费用、验收标准、付款条款、知识产权归属、违约责任以及双方在开发过程中的权利和义务等关键信息，以确保项目顺利进行并保护双方的合法权益。本书将在采购合同的签署章节中深入探讨合同签署的具体细节问题。

至此，供应商选择已完成，标志着企业已选定合适的合作伙伴。接下来，双方将依据合同，共同推进项目执行，实现共赢。

4.5　验证

在选择完供应商后，大多数企业均会遵循既定的流程、规定与要求来对供应商提供的样品进行测试乃至实施小批量试用。实施这一验证过程的目的是确保所采购物料满足规格要求。

在某些特殊情境下，市场机遇可能使企业在未完成部件的全部验证前就需将产品推向市场进行宣传推广和销售。面对这样的挑战，企业需在 PDM 系统中对部件状态进行精细化的标识与管理，识别产品的下层器件中哪些器件已完成验证，哪些仍处于验证过程中。

同时，为了有效应对这种早期发货的场景，企业应基于物料的验证状态标识，建立一套完善的业务规则。这些规则将涵盖多个关键业务场景，包括但不限于以下方面。

- 产品开发节点的检视：在产品开发节点检视中审视器件验证进度，并根据检视结果调整产品开发计划，确保达到必要的控制标准。
- 产品 BOM 的发布：对于 BOM 中含有尚在验证中的物料的产品 BOM 的发布，要考虑设置临时替代方案或预警机制。
- 销售行为的约束：对于 BOM 中含有未完成验证物料的产品的销售制定明确的销售策略与规范，如限制销售数量、销售区域和销售项目类型。如仅用于实验，或在销售宣传中注明"试销"等字样，并向客户充分披露相关风险与限制条件。
- 采购行为的约束：如果需要采购未完成验证的物料，则要建立相应的采购业务规则。相关业务规则可从三个方面进行制定。①允许采购的场景；②允许采购的数量；③如何识别这种类型的特殊订单。

器件验证相关业务规则示例如表 4.7 所示。

表4.7　器件验证相关业务规则示例

场景	完成验证前	完成验证后
是否允许被纳入产品 BOM	是	是
是否允许父项产品 BOM 发布	否	是
是否允许产品通过评审进入批量生产	否	是
是否允许采购	是，限量	是
是否允许整机产品销售	是，限量	是

按照这一系列精心设计的业务规则，企业可以在保障产品质量的同时，灵活应对市场变化，实现商业价值与市场机会的最大化。

4.6　早期介入

前文提到，采购的最高境界在于创造价值。那么，如何通过采购活动实现价值创造呢？一个至关重要的策略就是供应商早期介入（Early Supplier Involvement，ESI）。供应商早期介入是供应链管理中的一个至关重要的策略，这一策略主要针对行业中的新兴技术、产品和供应商。

随着市场竞争的加剧和消费者需求的多样化，企业越来越注重产品的创新和快速响应市场。企业通过深入洞察并分析行业未来的发展趋势，识别出关键技术和资源，在原材料或核心部件供应商的产品研发阶段，甚至概念形成时便开始与之合作。采取诸如技术联合孵化、合作开发、投资乃至收购等行动，获得优先使用甚至排他性的优势，占领行业的制高点，最终实现"人无我有，人有我优"的竞争优势。

供应商早期介入的实施可分为如下几个步骤。

（1）建立长期、平等互信的合作伙伴关系。这是供应商早期介入的前提和基础。和行业领先的核心合作伙伴建立相互信任、共同发展的合作伙伴关系，定期举行技术开放日和首席技术官（Chief Technology Officer，CTO）沟通会等活动，分享或交流正在研发或准备研发的前沿技术和产品，挖掘早期介入的机会点，寻找合适的合作项目。

（2）行业洞察。通过行业洞察识别出关键技术和供应商资源。

（3）启动委托开发或实施供应商早期介入。签署合同，详细列出供应商介入项目的具体开发内容，双方共同制定包括但不限于关于产品设计、技术规格、功能实现、性能测试等方面的条款。双方对项目范围有清晰、一致的理解，确保产品符合市场需求和技术要求。约定开发里程碑和验收条件，启动委托开发或双方合作开发。在产品开发过程中，双方共同解决技术问题，确保产品的顺利开发和生产。

（4）定期评估和验收成果。双方定期评估开发计划的执行情况和开发成果，及时发现问题并调整开发计划，以确保合作的顺利进行，直至达成项目目标、完成验收或项目终止。

（5）成果转化。将开发成果，包括产品、技术等整合到采购方的新产品中进行销售。

供应商早期介入的实施步骤如图4.11所示。

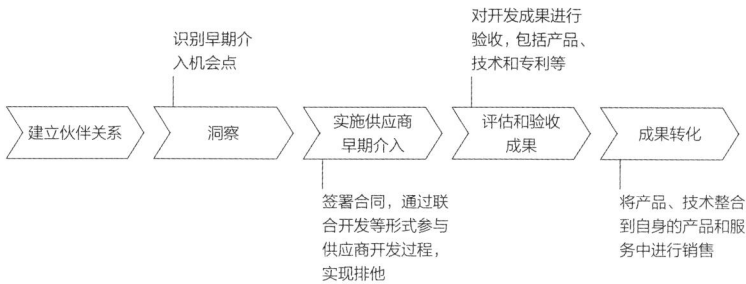

图 4.11　供应商早期介入的实施步骤

当企业选择通过委托开发或联合开发的形式在早期阶段介入产品开发时，双方签署一次性工程费用（Non-Recurring Engineering，NRE）协议，将 RFP、谅解备忘录（Memorandum of Understanding，MOU）和 SOW 等文件的内容以协议的形式约定下来，保护双方的权益。这不仅能够确保项目顺利进行，还能有效管理开发过程中的风险与期望。

早期介入作为一种特殊的合作项目，其特殊性在于需求是否能被满足具有高度不确定性。在签署供应商早期介入项目合同时，须格外关注并妥善处理包括但不限于需求变更、项目验收、合同终止条件以及付款安排等条款。这些条款的设定应充分考虑项目的复杂性和不确定性，确保双方权益得到合理保障，为项目顺利推进和有效应对潜在风险提供法律基础。

可能有人认为供应商早期介入策略必然导致独家合作或过度依赖，进而对后续成本管理构成挑战，因此主张避免使用这类策略。诚然，供应商早期介入往往涉及供应商正在研发、尚未量产定型的产品，行业内具备开发能力的潜在供应商可能较为有限。然而，这种观点忽略了供应商早期介入带来的独特价值，正是稀缺性赋予了项目独特的竞争优势和价值创造潜力。因此，在决策时，企业应将价值创造置于首位。

企业可以在供应商早期介入前深入识别构成壁垒的关键要素，如关键技术、独特工艺和特定设备等，企业可以采用共同投资开发、知识产权共享、技术转让等策略，以促进供应链的多元化，从而有效规避独家合作的风险。

第五章

管理从订单到付款

从订单到付款的流程是企业采购活动中至关重要的环节，它涉及从确定商品或服务需求到最终向供应商付款的整个过程。从订单到付款涉及需求管理、下单、验收和付款四个环节，每个环节对整个过程都有显著影响。

5.1 需求管理

需求管理的源头是物料需求计划（Material Requirement Planning，MRP）。MRP 系统是一个管理库存、生产计划和交付安排以满足客户需求的系统。它不仅关注物料本身，还涉及如何根据客户需求、生产能力和库存状况来优化资源配置。它主要回答如下三个问题。

（1）需要什么物料。MRP 系统通过分析产品的数据结构（如 BOM）和预测客户需求，确定生产特定产品所需的所有原材料、零部件和组件，包括直接材料和间接材料，确保生产线上不会缺少任何关键组件。

（2）需要多少数量。基于销售预测、市场订单信息以及库存水平，MRP 系统计算出每种物料的需求量。它考虑了安全库存、批量大小、生产周期和交货时间等多种因素，以确保在满足客户需求的同时，避免库存积压和浪费。

（3）什么时候需要到货。MRP 系统通过考虑生产提前期、供应商交货时间、生产能力和当前库存状况，精确计算出每种物料的需求时间。这有助于企业提前安排采购和生产计划，确保物料在需要时能够及时到位，从而维持生产线的连续性和效率。

需求管理属于供应链管理中运营管理的范围，但需求管理对后端采购的执行有着巨大的影响，因此在这里简单介绍在需求管理环节需要重点关注的内容。

5.1.1 牛鞭效应

在需求管理中，牛鞭效应（或称长鞭效应）是一个普遍存在的现象，即需求信息从供应链下游向上游传递过程中逐级放大的现象。这一现象犹如骑手挥动牛鞭，手腕的微小动作在鞭梢产生显著的波动，这形象地反映了需求信息在传递过程中的失真和放大。

牛鞭效应发生的根源在于内部各职能部门之间的信任缺失，信息缺乏透明度。当销售部门对内部供应能力持怀疑态度时，其往往会夸大客户需求，比如将实际需求从 100 个单位上调至 120 个单位，以确保不会发生缺货。类似地，如果生产计划部门对采购和供应商的交付能力不够信任，其可能会进一步将这一预测提升至 140 个单位，以促使采购部门提前准备更多产能。这种逐级放大的过程在内部职能部门间形成了一个不断扩大的需求泡沫。

然而，由于前端客户的实际需求并未真正增加，这种放大的需求导致交付过程中产生大量不必要的库存冗余（或称缓冲库存），不仅占用了宝贵的资源，还增加了企业的运营成本。更为严重的是，当产品市场需求不及预期或产品进入生命周期的末期时，这种需求泡沫会迅速破裂，导致库存积压、产能过剩和"掉尾"现象（即需求急剧减少，见表 5.1），给企业带来巨大损失。

表 5.1　牛鞭效应

项目	1 月	2 月	3 月	4 月	5 月	6 月	7 月	8 月	9 月	说明
原始需求	100	100	100	100	100	100	100	100	100	平滑
调整后的需求	160	160	160	140	140	140	0	0	0	掉尾
累积库存	60	120	180	220	260	300	200	100	0	库存积压

为了缓解牛鞭效应，企业需要采取措施，建立信任机制，提高供应链的透明度和信息共享水平，加强内部职能部门之间的沟通与协作，并优化库存管理和需求预测方法。通过这些努力，企业可以更加准确地把握市场需求变化，减少库存冗余和浪费，提升供应链的响应速度和整体效率。

5.1.2　计划策略

零库存作为供应链管理的理想目标之一，能够提高资金周转率、降低库存成本并增强企业的灵活性。然而，鉴于市场需求的固有不确定性（几乎无法达到 100% 准确）以及原材料供应环境的动态变化，需要精细的计划策略在实现零库存与满足供应之间找到最佳平衡点。

供应链管理者常采用多种策略来应对这种挑战，常见的计划策略有跟随策略、削峰填谷策略和混合策略等。

（1）跟随策略。

跟随策略（见图5.1）也称响应性策略，该策略强调根据当前市场需求灵活调整生产计划。当需求增加时，快速扩大生产以满足市场需求；当需求减少时则相应缩减生产。这种策略要求供应链具有高度的灵活性和快速响应能力，但可能存在较高的库存波动成本和交货期的不确定性。

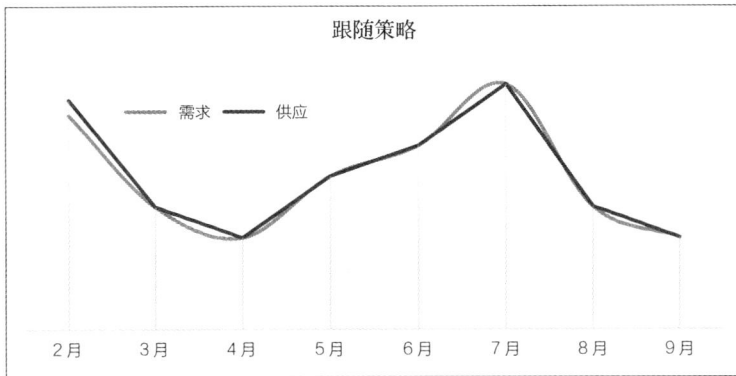

图 5.1　跟随策略

跟随策略可以避免形成高库存，甚至做到零库存，真正做到准时制生产（Just-In-Time，JIT）。跟随策略虽然可以降低库存成本，但供应商需要不断调整生产计划，因此可能会产生招聘、裁员、加班、换型等成本。

跟随策略适用于原材料获取容易，产能调整简单、快捷的产品。同时，企业还需要与供应商建立紧密的合作关系，共同优化供应链流程，提高供应链的透明度和协同效率，以确保 JIT 的顺利实施。跟随策略是一种高风险、高回报的供应链管理策略，它要求企业在追求库存成本最小化的同时必须具备高度的灵活性和快速响应能力来应对市场需求的变化。

（2）削峰填谷策略。

削峰填谷策略（见图5.2）旨在通过平滑需求波动来稳定生产。通过预测和规划，企业可将高峰期的部分需求转移到非高峰期，使生产保持在较为稳定的水平。这种策略有助于降低生产成本、提高设备利用率，并减少因频繁调整生产计划而带来的效率损失。然而，它也可能导致库存的增加和某些客户需求的延迟满足。一些体积大的产品也会增加对库房面积的需求。

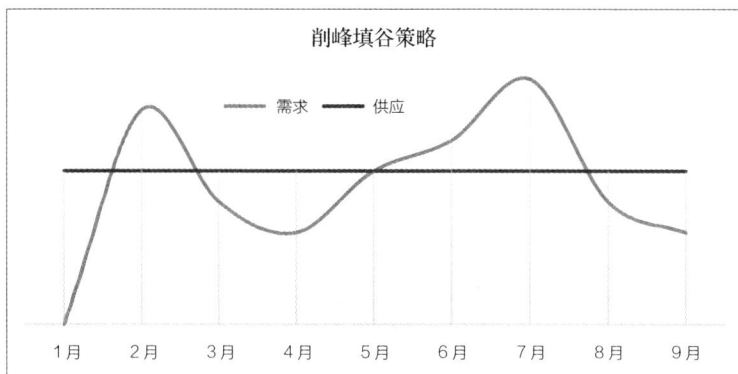

图 5.2　削峰填谷策略

（3）混合策略。

考虑到不同策略的优势和局限性，许多企业会采用混合策略（见图 5.3）来应对复杂的供应链环境。混合策略即综合使用多种计划策略，如将跟随策略和削峰填谷策略相结合，根据不同的情况采取有针对性的措施。若需求量在一段时间内持续升高，则提升产能，但并不按峰值需求配置产能；在需求量低的时期，降低产能，利用前期累积的库存满足部分需求。到具体的时期内，则保持一定时间内平稳生产，以实现供需平衡。

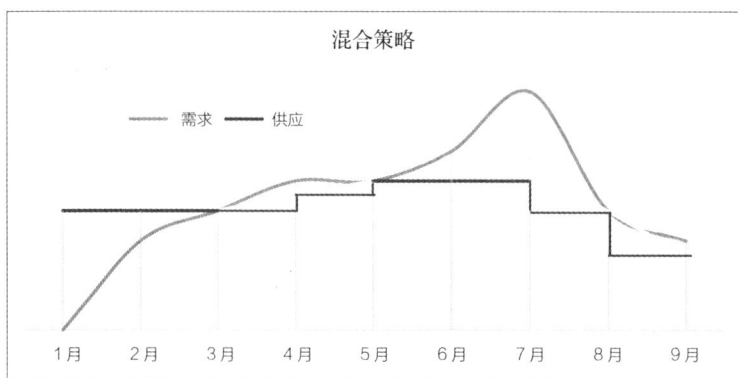

图 5.3　混合策略

5.2 下单

当需求确定后，对于需要采购的物料则要向供应商下达订单。一个完整的下单流程包括采购需求下达、供应商报价、供应商选择和订单下达与后续管理等步骤，如图 5.4 所示。

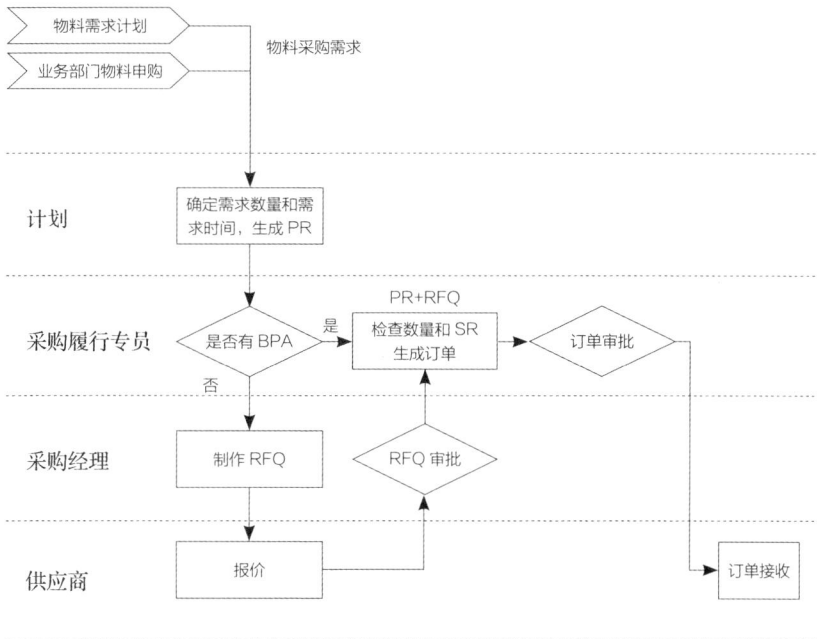

图 5.4 完整的下单流程

（1）采购需求（Purchase Request，PR）下达。采购需求下达是下单流程的起点，通常由研发、计划等部门（来自 MRP 系统）提出，明确采购的物料编码、数量、规格、交货时间等信息。

（2）供应商报价。采购经理向选定的供应商发放询价书（RFQ），邀请其提供产品或服务的报价。RFQ 中包含所需采购物料的具体信息，以便供应商能够准确报价。如果采购的是已量产的成熟器件，可以通过制作一揽子采购协议（Batch Place order Agreement，BPA）来实现自动报价和下单。BPA 的内容包含物料编码、供应商、采购数量、采购金额和 BPA 有效期等信息。

（3）供应商选择。供应商在收到 RFQ 后，会根据自身情况提交报价。采购经理收集这些报价，按供应商选择的流程和要求，综合考虑价格、质量、交货期、售后服务等因素并进行比较和分析，选择最合适的供应商。如果一个物料编码下有多个供应商（即一个 Item 下有多个 MPN 数据结构），在 RFQ 中可按照供应商选择结果对一个物料编码下的多家供应商分配采购份额（Sourcing Rule，SR）。随后，中标供应商的信息被录入企业资源规划（Enterprise Resource Planning，ERP）系统，包括价格、SR 和数量等关键信息，并被提交给相关决策组织或上级领导进行审批。

（4）订单下达与后续管理。完成审批的 RFQ 被传递给采购履行专员。采购履行专员收到采购经理传递的 RFQ 或 BPA 后，将 PR 转化为订单，经必要的审批之后将订单下发给供应商。之后，采购履行专员将跟踪订单的执行情况，包括供应商的交货情况、货物的验收情况等，以确保采购活动的顺利进行。

订单包含所采购物料的物料信息（Item、MPN）、供应商信息（供应商名称、代码、付款条款）、需求信息（需求数量和需求时间）。

整个下单流程所需的各类信息和数据存储在不同的系统中，数据流如图 5.5 所示。

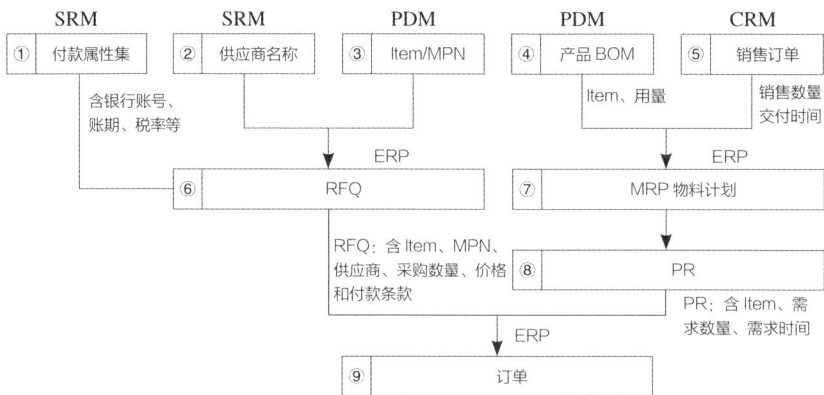

图 5.5　下单流程数据流和业务流

（1）物料信息。Item 和 MPN 描述所采购的对象。Item 及用量记录在产品 BOM 中，存放在 PDM 系统中。

（2）需求信息。需求数量和需求时间来自 MRP。产品销售合同经 MRP 解算后得出物料采购需求信息，生成 PR，数据存放在 ERP 系统中。

（3）供应商信息。与供应商付款相关的银行账号、账期等信息存储于供应商关系管理（Supplier Relationship Management，SRM）系统中。在供应商选择环节，采购经理制作 RFQ，完成供应商选择。将拟采购物料信息和供应商选择结果（价格、SR 和付款条款等）组合在一起，由 RFQ 承载，数据存放在 ERP 系统中。

（4）订单信息。物料采购订单存储于 ERP 系统中，通过 SRM 系统下达给供应商。

5.3 验收

在采购流程中，订单交付后的验收环节是确保采购物料符合质量要求的重要步骤。为了保证验收过程的公正性、客观性和准确性，采取一系列措施来确保验收结果的可靠性是非常必要的。

- 角色分离。需求人员与验收人员之间的角色分离是防止利益冲突和确保验收公正性的关键。需求人员负责确定采购需求和规格要求，而验收人员则负责根据这些要求来检查供应商交付的物料是否达标。角色分离可以避免需求人员因个人偏好或利益关系而放宽验收标准，从而确保验收结果的客观性。

- 明确验收标准。在验收前，应明确验收标准和流程，确保所有验收人员都清楚验收要求和操作步骤。验收标准应基于采购合同、技术规格书、质量协议等文件制定，以确保验收工作的规范性和一致性。

- 多人验收。要求两人以上在场验收，这是提升验收过程透明度和可靠性的有效手段。多人验收不仅可以相互监督，防止单人验收可能出现的疏忽或舞弊行为，还可以通过不同验收人员的专业视角和经验来全面评估交付件的质量。

- 记录验收结果。在验收过程中，验收人员按验收标准进行验收，详细记录验收结果，包括验收时间、地点、参与人员、验收内容、存在问题及处理情况等。这些记录不仅可以作为后续质量追溯的依据，还可以为后续的采购决策和供应商管理提供参考。

- 及时处理问题。如果在验收过程中发现物料不符合要求，应及时与供应商沟通并协商解决方案。对于严重质量问题或供应商违约行为，应按照合同条款和相关法律法规进行处理，以维护企业的合法权益。

总之，通过实施上述措施，企业可以确保采购物料的验收过程公正、客观和准确，为产品和服务质量提供可靠的保障。

根据不同交付件，验收可分为如下几种场景：

（1）有实物交付的验收场景。比如一部手机。实物验收需要关注以下几点。

- 基本信息核对。验收人员（通常为来料质量控制人员）根据采购订单仔细核对接收到的物料的基本信息，包括但不限于物料的型号、数量以及生产批次号等，确保这些信息与订单内容完全一致。

- 外观与包装检查。验收人员对物料的外观和包装进行细致检查，确认物料无损坏、无污染，且包装符合运输和存储要求。

- 合规性验证。验收人员还需要根据国家法律法规验证物料是否满足法律法规在产品质量、安全、环保等方面的规定。这是确保合法合规使用物料的重要步骤。

- 功能和性能抽检。对于关键物料，如集成电路（IC）等，验收人员应依据需求规格书和器件资料中的技术指标，进行功能和性能抽检（包括但不限于电气性能测试、功能验证、可靠性测试等），以确保物料满足企业生产产品的技术要求。

（2）无实物交付的验收场景。比如人力和咨询服务。人力外包和咨询服务，通过由服务接收部门对供应商提供的服务数量和等级进行确认来验收。具体验收方式包括服务日志、工作汇报、进度会议或双方约定的其他方式。

（3）软件验收。软件是相对比较特殊的存在。除了买断源代码及相关知识产权外的软件采购是购买软件的使用权，而不是物料，本质上是"租用"软件。软件交付时，有时候会具有实物形态，比如一张光盘、一个 U 盘或一个防伪证明书（Certificate Of Authenticity，COA）标签，有实物交付时的验收方法和硬件一样。有时会采用无实物形式交付，比如一个账号。软件无实物交付的验收方案要根据计费模式来制定。举个例子，如果软件是根据中央处理器（Central Processing Unit，CPU）的核心数量来计费的，软件代码已经通过网上下载的方式被获取并植入企业产品中。这种无实物交付场景，可以采用由企业内某个部门（比如计划）导出对应 IT 系统中所需的数据，经企业内部相关部门（研发、生产）检查无误后，输出一个证明材料给来料质量控制人员，再由来料质量控制人员在系统中对相关订单进行确认。这种场景下，验收就变成一种形式。

总之，在验收环节中，验收人员应该根据交付件的形态遵循双方事前明确约定的验收标准执行验收工作，保证验收过程公正、透明且符合规范。若满足标准，则验收通过；反之则验收不通过。若遇到原有验收条款不明确，导致难以判断验收条件是否达成的情况，应由相关部门人员负责及时确认或修改验收条款。

验收工作完成后，验收人员需在系统中准确记录验收完成情况的相关信息，包括但不限于验收时间、实际接收的数量（如有退货，则需同时记录退货数量），为后续付款流程提供数据支持。

5.4 付款

3.2 节介绍了供应商各类属性，付款属性集作为一个关键属性，是众多与付款相关的参数的合集，其在交易流中有特定的用途。一个供应商可以有多个付款属性集，对应多种付款参数的组合。供应商一个付款属性集包含如下内容。

- 银行账号：收款银行账号。
- 开户行名称：必须是完整准确的开户银行名称，比如"中国银行深圳时代金融中心支行"，不能使用简称"中行金融支行"，准确的开户银行名称可以在银行官网查询。
- Swift Code：Swift Code 即为银行国际代码，是环球银行金融电信协会（Society for Worldwide Interbank Financial Telecommunications，SWIFT）提出、国际标准化组织（International Standards Organization，ISO）通过的银行识别代码。每一家 SWIFT 成员银行均拥有 Swift Code，因此可以将 Swift Code 看成银行的身份证号。Swift Code 一般为 8 位或 11 位数（后 3 位为分行代码），由大写英文字母以及阿拉伯数字组成。其中前 4 位是银行代码；第 5~6 位则为国家 / 地区代码，代表该银行所在国家 / 地区。第 7~8 位为位置代码，代表该银行总部所在位置；第 9~11 位为分行代码，代表某个特定分行。以中国银行为例，全国各地分行 Swift Code 的前 8 位都是 BKCHCNBJ（总行 Swift Code）。

- 币种：交易使用的货币种类。如果交易主体都是中国境内实体，则默认使用人民币；和境外主体交易时可以使用其他币种。

- 贸易术语：贸易术语用来说明交货条件、交货地点、商品的价格构成和买卖双方在手续、费用和风险方面的责任划分。贸易术语包含交货条件和价格构成，特别是价格中包含的从属费用，优先使用完税后交货（Delivered Duty Paid，DDP）。贸易术语的相关说明可参考国际商会网站。

- 付款条款：付款条款包含计算账期（赊期）起始条件和账期两方面内容。如"Invoice AC 60"分为两部分，"Invoice AC"指从接收到合格发票后即开始计算账期。"60"指账期为 60 天。即"Invoice AC 60"指货物完成验收，且接收到供应商开具的合格发票之后第 60 天付款。对于计算账期起始时间，如果订单有实物交付，可按订单验收之日起算，不建议按发货之日起算；如果无实物交付，则建议按接收到合格发票之日起算，不建议按开票之日起算。以实物交付为例，企业在完成验收时即生成"订单验收完成时间"的数据，系统可以抓取这个数据用于付款额的计算。如果把发货时间作为账期起始时间，首先是系统中无相应数据，需要手工录入；其次是中间涉及验收环节，可能会验收不通过产生退货，因此付款过程不可控。同样，发票开具日期和接收日期之间存在时间差，如果把发票开具日期作为账期起算点，系统无相应数据，而且涉及发票开具的准确性检查，而发票开具日期相对不可控。而把发票接收日期作为账期起算点，相关人员在接收到发票后，只需要确认订单的验收状态，把已完成验收订单的发票接收日期录入系统即可。建议采用标准化账期，比如采用"0 天 /15 天 /30 天 /45 天 /60 天 /90 天"等几个标准化账期，减少后端财务付款的工作量。一般默认的付款方式是现金电汇，如果企业默认全部或绝大部分采用银行承兑或商业承兑票据支付，也可以将支付方式添加到付款条款中。

- 付款频次：付款频次是指企业按什么频次对达到付款条件的订单进行付

款。可以采用见账即付，在账期届满的第二天即付款，也可以每周或每月集中对账期届满的订单进行付款。

- 交货地点：指定的供应商交货地点。
- 税率：交易过程中涉及的增值税税率，一般有13%、9%和6%等，需根据采购业务对应的场景对税率进行相应赋值。
- 联系人：供应商的财务联系人和业务联系人。

每一个付款属性集对应的是供应商一个系列相对稳定的属性的组合，属性变更会提升信息流管理的复杂性，不宜频繁变更属性。如果在某些场景下需要对某些属性进行变更，则建议另外创建付款属性集或采用例外管理流程，降低管理难度，以便实现付款的自动化。

在国内业务环境中，付款延迟现象不少，其根源主要在于两方面：一是内部付款流程冗长复杂，涉及多层审批环节，严重制约了付款的时效性，如某企业一个付款申请竟需历经五个人审批，可见效率低下；二是部分采购方故意利用复杂的审批流程作为拖延支付供应商货款的手段，或将其视为谈判筹码，试图通过延长付款周期来谋取额外利益。

按照与供应商事先约定的条件进行公平、及时的交易与付款是维系良好商业关系的基石，也是遵循市场经济中不可或缺的诚信原则的体现。多层审批机制在多数情况下非但不能为业务流程带来实质性的价值提升，反而成了效率提升的障碍，实属多余。

至于利用付款周期进行策略性拖延，则无疑增加了企业在业务合作中的"隐性成本"，这些成本虽不易直接量化，却会悄然侵蚀企业的信誉与长远利益。须知，无论是对外合作还是内部管理，诚信与效率都是不可或缺的基石。长期而言，任何试图通过牺牲这两点来换取短期利益的行为都会增加业务活动中的"不确定性成本"，都终将导致采购方自食恶果，因为这些成本最终会以各种形式转嫁给采购方，甚至引发更为严重的连锁反应。

从技术上看，一旦企业把与供应商付款相关的信息标准化，付款过程完全可以实现自动化。以实物交付为例，从订单释放到付款的全流程如图5.6所示。

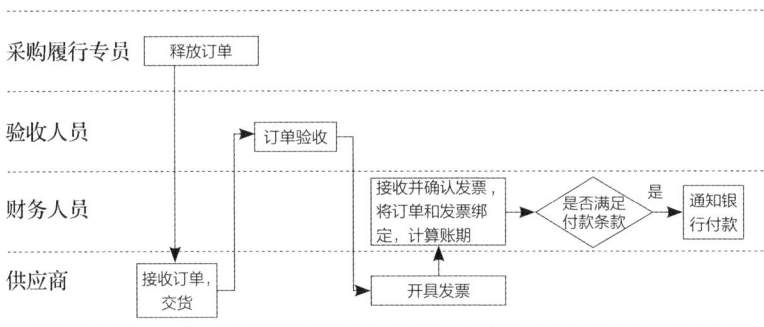

图 5.6　从订单释放到付款全流程

各个角色各司其职，各项操作全部在系统中完成，系统也可输出已关闭订单、待交付订单、已付款订单、应付款订单和订单责任等关键数据报表。在笔者超过十六年的采购生涯中，笔者从来没有申请过向供应商付款，也没有催促过企业内部其他部门向供应商付款，全部按约定好的条件自动触发付款需求，财务人员在完成业务复核后即可完成付款。

在付款环节，除了现金和现汇支付以外，还有信用证和票据等支付方式。

1. 信用证

信用证是开证行根据买方的要求开立的以卖方为受益人的书面支付承诺文件。当卖方履行完信用证规定的各项义务，交付规定的单据后，开证行即将信用证约定金额支付给卖方。信用证通常用于进出口贸易，特别适合交易双方并不熟悉（可能是第一次合作）、互不信任，买方担心预付款后，卖方不按合同要求发货，卖方也担心发货后买方不付款的场景。采用信用证付款即以银行为买卖双方的保证人，代为收款，以银行信用代替商业信用。对于不可撤销信用证，银行一旦承兑，在卖方履行完信用证约定的义务后，银行必须无条件付款，即使买方出现意外没钱赎单，银行也必须付款。

信用证付款一般要经过以下六个步骤，如图 5.7 所示。

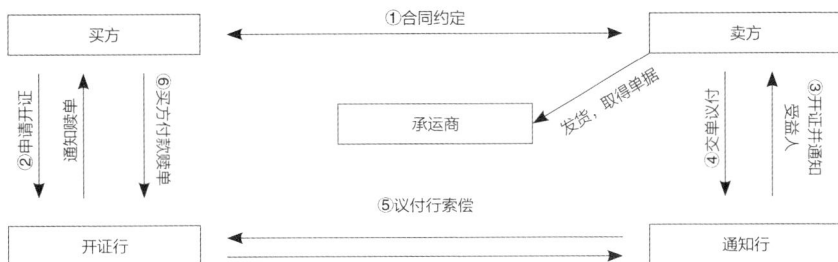

图 5.7 信用证付款步骤

①合同约定。买卖双方在买卖合同中明确约定采用信用证作为付款方式，这是使用信用证支付方式的前提。

②申请开证。买方向其所在地银行提出开证申请，填具开证申请书，并交纳一定的开证押金或提供其他保证，请银行（开证行）向卖方开出信用证。

③开证并通知受益人。开证行按申请书的内容开立以卖方为受益人的信用证，并通过其在卖方所在地的代理行或往来行（统称通知行）通知卖方。

④交单议付。卖方在发运货物、取得信用证所要求的单据后，按信用证规定向其所在地银行（一般是通知行）议付货款。

⑤议付行索偿。议付行议付后即在信用证背面注明议付金额，接着向开证行提示跟单汇票（附全套单据的汇票），开证行核对单据无误后偿付议付行。

⑥买方付款赎单。开证行通知买方付款赎单，买方付款赎单后，信用证付款到此结束。

2. 票据

票据是指由出票人签发的、约定自己或者委托付款人在见票时或指定的日期向收款人或持票人无条件支付一定金额的有价证券。企业在采购业务中涉及的票据主要有银行承兑汇票和商业承兑汇票两类。按照付款周期的不同，票据又分为即期汇票和远期汇票。由于采用汇票方式支付通常都以变相拉长付款周期为目的，因此即期汇票使用较少，一般都采用远期汇票。

（1）银行承兑汇票是指银行和农村信用合作社承兑的商业汇票。由于银行需要担保兑付，因此银行对委托开具银行承兑汇票的企业有一定要求：①要求企业存入票据金额等值的保证金直至票据到期时解付；②企业向银行存入票据金额百分之几十的保证金，但必须在银行向企业所做银行承兑汇票授信的额度范围内使用。银行承兑汇票的付款周期最长不超过 6 个月。

（2）商业承兑汇票是由银行、农村信用合作社、财务公司以外的法人或非法人组织承兑的商业汇票。

银行承兑汇票的承兑人是银行，而商业承兑的汇票的承兑人是商业法人或非法人组织，从兑付的风险看，商业承兑汇票的兑付风险要大于银行承兑汇票。

3. 包买和贴现

不管是银行承兑汇票还是商业承兑汇票，实际上都是延期收到货款。如果持票人想立即将汇票兑付取得现金，那可以采用包买或贴现。

（1）包买又称福费廷（Forfaiting），是指银行或金融机构根据包买申请人（持票人）的申请，无追索权买入其持有的、由符合同业授信管理规定的远期银行承兑汇票的一种授信业务。包买完成后，卖方将远期应收票据变为即期的现金收入。如果包买的是银行承兑汇票，则买方的最终付款风险转由银行承担，在基础交易真实合法的基础上，银行对已支付的贴现款项无追索权。

（2）贴现指承兑汇票的持票人对合法取得的汇票，经票据经纪机构向银行等金融机构提出申请将票据变现，并进行票据贴现询价。贴现撮合成交后，银行等金融机构按票面金额扣去自贴现日至汇票到期日的利息，将剩余金额支付给持票人（收款人）。这是企业的一种融资行为。

（3）保理是指卖方在完成采购合同义务后，在买方付款之前，为提前获得现金对应收账款进行融资。企业把应收账款转让给银行，银行给企业发放保理融资。保理和贴现一样，在签署相关协议的时候可以约定该项融资行为是否具有追索权。对于无追索权的保理和贴现，卖方或持票人可以将获取的现金直接计入财务报表，冲抵报表中的应收账款。保理业务和贴现业务适用的法律不同，业务资质要求不同，面临的风险也不相同。相对而言，保理业务费用比贴现要高。

第六章

物料的生命周期管什么

前文在探讨 DFP 时，多次说明了产品生命周期的重要性。产品生命周期，是指某一产品自首次投放市场直至最终被市场淘汰并退出的全过程。这一过程不仅反映了产品的存续时间，更深刻揭示了产品在市场环境中因消费者需求变迁及市场内外多种因素共同作用而经历的由兴至衰的自然循环。产品从导入到退出市场的过程中，可能会经历变更、替代和被替代。但对采购方而言，所采购的物料究竟处于生命周期的哪个阶段会直接影响其采购成本以及长期的可持续供应。

6.1　产品生命周期

关于产品生命周期的阶段划分，学术与实践领域存在细微差异。一种常见的四分法将其划分为：导入（进入）期、成长期、成熟期（亦称饱和期）以及衰退（衰落）期。然而，另一种更为详尽的五阶段划分法逐渐获得认可，即将产品生命周期划分为导入期、成长期、成熟期（饱和期）、衰落期以及退出期，它更细致地描绘了产品从兴起到退出的完整轨迹。笔者个人倾向于采用五阶段划分法，如图 6.1 所示。它不仅涵盖了产品生命周期的关键节点，还额外强调了产品完全退出市场的阶段，为产品管理、战略规划及市场预测提供了更为全面的视角。

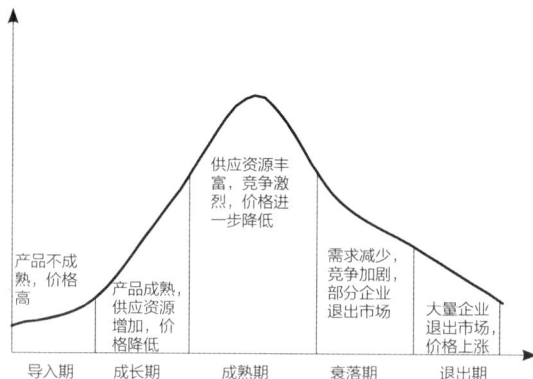

图 6.1　产品生命周期的五个阶段

（1）出生期。产品刚投入市场，技术不成熟，产品也有待进一步完善。客户对产品不了解，需求量很低，不能大批量生产，因而成本高。生产企业没有利润，甚至亏损。

（2）成长期。产品技术相对成熟，客户对产品已经熟悉，大量的新客户开始购买，市场逐步扩大。产品大批量生产，成本降低，进一步吸引新客户购买。竞争者纷纷进入市场参与竞争，使同类产品供给量增加，竞争加剧，价格随之下降。

（3）成熟期。市场空间增长缓慢，潜在的客户已经很少，市场需求趋向饱和。市场供大于求，企业间竞争加剧，产品售价进一步降低，销售费用增加，企业利润下降，企业间利润率差异较小。

（4）衰落期。随着科学技术的发展，新一代产品或替代产品开始出现，客户开始转向使用其他产品，从而使原来的产品的销售额迅速下降，产品进入衰落期。由于需求和利润下降，部分企业开始退出市场。

（5）退出期。新一代产品或替代产品已经成熟，原产品市场限于局部细分市场。由于大量企业退出市场，供应资源显著减少，市场出现供需失衡局面，需求量少但价格上涨。

在产品生命周期的不同阶段，产品的成熟度、行业供应资源的稳定性以及市场价格均呈现出显著差异。在新器件的寻源或采购阶段，准确评估拟引入物料的生命周期阶段至关重要。对于尚处于出生期的物料，企业需要谨慎考虑是否引入，虽然引入可能带来"人无我有"的竞争优势，但同时也伴随着供应资源少、技术不成熟等风险。因此，除非有明确的战略上的考量，否则通常建议避免大范围使用出生期的产品，而应优先考虑那些已进入成长期和成熟期的产品，这些阶段的产品通常具有更稳定的性能、更丰富的供应资源以及更具竞争力的价格。

为了有效引导需求部门选择处于成长期和成熟期的物料，可以建立一套系统化的管理机制，包括按品类制定详细的路标物料清单、优选物料清单和禁选物料清单。

（1）路标物料。路标物料着眼于未来1~3年内即将成为行业主流规格的物料，为长期规划提供参考。

（2）优选物料。优选物料精选当前市场上表现优异、处于成长期或成熟期的物料，推荐给需求部门作为首选。

（3）禁选物料。禁选物料列出那些因技术落后、供应风险高或即将进入衰落期、退出期的产品，明确告知需求部门避免选用。

针对处于路标库中的物料，应制定详尽的整体使用规划，先在什么类型的产品中使用，按什么节奏上量推广使用。比如先在试验性项目或特定市场细分产品中进行试用，再依据实际表现和市场反馈，逐步规划其在更广泛产品线中的引入节奏和上量推广策略。

对于优选库中的器件，鉴于其已经过市场检验，应简化流程，可直接推广选用。

对禁选库中的物料要严加控制。原则上，除非遇到极端情况且没有其他可行替代方案，否则不得选用。选用前必须启动多级评审机制，确保决策经过充分讨论和全面评估，并经由高级管理层或专门委员会的最终批准后方可实施。

对于其他物料，则需依据项目实际需求进行必要的评审后方可选用，确保所选器件符合项目标准、成本效益及风险可控。

通过分类管理，企业可以更加科学、合理地指导产品选型，降低采购风险，提升整体运营效率。

企业可在 PDM 系统中对每个物料所处的生命周期阶段（如出生期、成长期、成熟期、衰落期），是否纳入路标库、优选库、禁选库等属性进行明确的标识。在产品开发的早期阶段，特别是在早期 BOM 评审和可采购性评审过程中，可对每个产品 BOM 所包含的物料的生命周期阶段和优选属性信息进行汇总，作为重要的评审输入数据。通过预设一定的业务规则，系统即可自动生成可采购性报告，辅助评审团队进行决策。

为了确保信息的准确性和时效性，应定期对器件生命周期和优选等属性进行审视和刷新，以反映市场和技术的最新变化。

当产品进入量产阶段后，企业通过定期检查产品下层器件的生命周期数据，可以实时评估产品的健康度和可获得性。这一评估过程对预测和应对潜在供应风险至关重要。基于评估结果，企业可以制定合理的产品市场终止计划和停产计划，为产品的后续管理和替代方案的制定提供有力支持。

6.2 变更

物料从首次引入到被采购方应用到最终被淘汰的整个生命周期内,不可避免地会遭遇需求变更。这些变更主要分为两类:一类是由采购方内部主动发起的工程变更,旨在优化产品设计、提升性能或解决生产过程中的问题;另一类则是由供应商发起的供应商产品变更,通常涉及供应商主动对提供的产品进行改进、材料替换、生产工艺调整或停产等。

不管是采购方主动发起的工程变更还是供应商发起的供应商产品变更,都会对产品质量和供应等带来显著影响。对于这两种贯穿产品整个生命周期的变更,采购方都需要建立完善的管理流程,确保变更得到及时识别、评估、控制、实施和监控。变更管理可以最大限度地减少变更对产品性能、成本、供应链稳定性和客户满意度的潜在影响,保障产品平稳交付。

1. 工程变更

工程变更可能出现在产品开发的各个阶段。触发工程变更的原因多种多样。例如设计开发结果与预期目标存在偏差,从而需要对所采购的器件进行调整优化;或为了优化产品在量产和维护过程中遇到的问题而进行设计改进。例如有多个产品共同使用某一器件,其中一个产品出现兼容性问题,需要修改器件参数、固件,以确保其能兼容多种产品。这些变更并非源于物料本身的质量瑕疵或设计缺陷,而是物料在具体产品应用环境中遭遇了兼容性难题或容差、容限等问题。

对于不同类型的物料,工程变更的处理方式亦有所不同。若采购的物料为标准件,企业可能会通过调整物料需求规格书,重新寻找符合新要求的器件,或者与供应商沟通,请求其对产品进行升级并更新产品资料以匹配变更需求。而对于定制件,则需修订定制件规格书,明确最新的设计或性能要求,并指示供应商依据新的规格书重新开发,以确保定制件能完全符合变更后的产品需求。工程变更管理流程如图 6.2 所示。

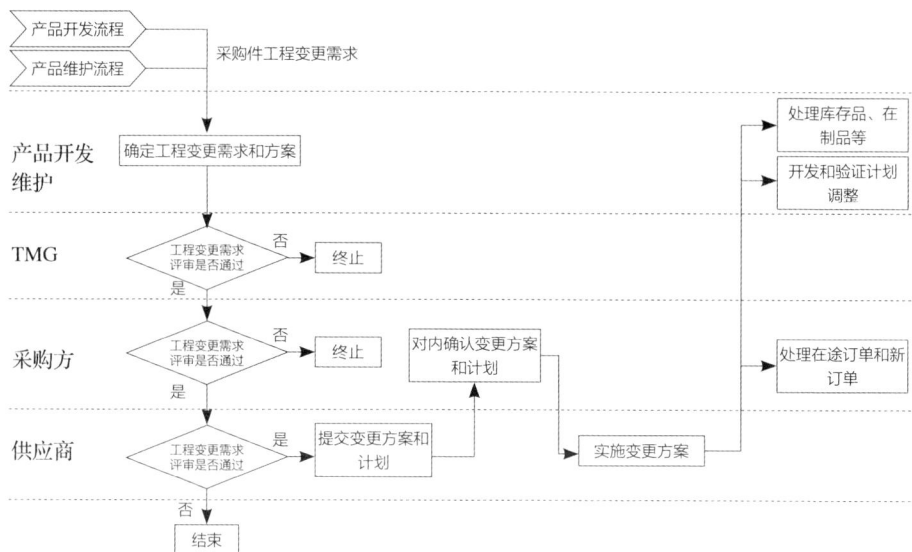

图6.2　工程变更管理流程

在管理工程变更时，需要避免通过工程变更将行业标准器件变更为专用器件（定制件），否则将极大降低器件的可获得性，破坏竞争氛围，并对后续的供应链管理和成本控制产生极为不利的影响。因此，对于任何将标准件转为定制件的场景都必须实施严格的控制。

对物料按版本进行管理是管理工程变更的有效手段。无论是处于开发阶段的器件，还是已量产的物料，都应对其对应的版本进行明确区分和记录。这样做有助于追踪物料的变更历史，确保所有相关人员都能准确了解当前使用物料的版本及特性。

对于开发过程中发生的变更，除了要进行版本区分外，还需周密考虑变更后的开发和验证计划调整。这包括评估变更对产品设计、性能和功能等方面的影响，制定并执行新的测试验证方案，以确保变更后的物料能够满足产品的技术要求和市场需求。这一系列措施可以确保工程变更过程的有序进行，同时最大限度地减少变更对产品开发进度和市场竞争力的不利影响。

2. 供应商产品变更

供应商产品变更是由供应商发起的变更，此类变更产生的原因主要有以下几点。

- 产品改进：如提升产品质量和性能或降低成本，使用新技术、新工艺或新材料来生产产品。
- 法规要求：因适用的法规发生变更而进行产品变更。
- 供应链调整：在生产过程中可能会遇到原材料短缺、供应商更换、生产成本上升等问题，这些问题可能迫使供应商对产品进行变更。
- 器件停产：供应商决定停产某款产品或采用新产品替代旧产品。

在供应商导入阶段，双方一般会签署产品变更通知协议，以明确界定哪些类型的变更需要供应商主动通知采购方。这些变更包括但不限于产品设计调整、材料替换、生产工艺变化、性能参数更新、包装变更、标识变更以及即将停产等重要信息。通过签署产品变更通知协议，供应商承诺在发生协议中约定的变更前，及时、准确地将变更信息通知采购方，以便采购方能够评估变更对产品性能、成本、供应链稳定性等方面的影响，并做出相应调整。

当采购方收到供应商发出的产品变更通知后，需要根据变更的内容，对变更进行管理，具体管理流程如图 6.3 所示。

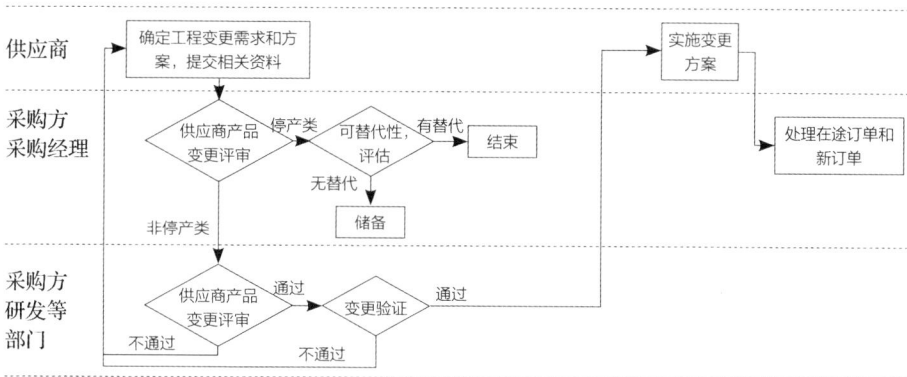

图6.3 供应商产品变更管理流程

为确保产品变更通知协议在实际业务操作中得以有效执行，供应商需要将自身的工程变更流程延伸至客户端。这意味着供应商应建立一套机制，使得在内部发生的任何可能影响客户的产品变更都能被及时识别、评估，通过正式渠道向客户发送变更通知，并得到客户的确认。同时，供应商还需与采购方保持密切沟通，共同制定变更计划，确保变更过程的顺利进行，并最大限度地减少变更对采购方业务的影响。

6.3　替代

在产品生命周期中，由于保障供应、降低成本等需求，企业常常会引入新供应商的新物料，或者采用原供应商的新型号物料来替代旧型号物料，这类情况统称为替代。替代可能涉及新增供应商或变更物料型号，因此它属于变更的一种。替代既可以是企业根据自身实际业务需求主动发起的，也可以是受供应商影响而被动发起的，其是实际业务活动中非常常见的场景。

可以按照供应商维度和物料使用维度对物料替代进行分类。

（1）按供应商维度对器件替代进行分类。

● 引入新供应商。这通常是为了获得更具竞争力的价格、更优质的服务或技术上的创新。然而，新供应商的引入意味着需要重新评估其资质、生产能力、质量控制体系等，增加了管理和审核的成本。

● 原有供应商的新物料替代。虽然供应商是熟悉的，但引入的新物料同样需要验证其性能、兼容性以及可能带来的设计变更。

（2）按器件使用维度对器件替代进行分类。

● Pin-2-Pin 替代。这种替代方式相对简单，因为它不涉及设计上的大改动，只需验证新物料与原有设计的兼容性。然而，仍需注意物料间的细微差异可能带来的性能变化。Pin-2-Pin 替代对原设计的兼容性最强，替代成功后，可直接在原设计基础上替换物料进行使用，对设计的更改较小。Pin-2-Pin 替代常见于集成电路和分立元件等半导体类型的物料中。

● 方案级替代。这种替代方式复杂度高，可能涉及多个层面的变更，包括硬件、软件甚至整体系统架构的调整。因此，需要进行全面的评估和测试，以确保替代后的产品仍然满足性能和可靠性要求。鉴于方案级替代的复杂程度高，需要对替代策略进行周密策划。例如需要对某块单板上的微控制器（Micro Controller Unit，MCU）进行替代时，除了更换MCU本身，还需要更改 MCU 的外围电路和底层软件，而且替代后的新MCU 并不能直接无缝切换至原来的单板上。因此，相比 Pin-2-Pin 替代，方案级替代给客户带来的感知更强，对后端环节（如维修等）的影响也更大。

理解替代的必要性相对简单，而有效地管理替代则要复杂得多。为了有效地管理替代，需要做到如下几点。

1. 建立替代需求评审机制

替代的触发条件有很多，但并不是每一个被触发的替代需求都值得投入资源进行验证和执行。因此，应组建一套替代评审机制，对替代需求的合理性和必要性进行评审。评审成员可以包括替代需求提出方、替代执行方等替代利益相关方以及其他相关角色，如表 6.1 所示。

表6.1 评审替代需求的各角色及其职责

角色	职责
替代需求提出方	阐述替代的原因和必要性，并提供替代收益等定量数据供替代利益相关方进行评估。如采购部门提出拟为某个物料引入一个新供应商，如果替代成功，则该器件每年可节约采购金额 ××× 万元
替代执行方	根据替代的内容，提出替代验证的必要操作以及周期。如对于某个器件的替代，需要 ×× 台整机进行可靠性测试，需新的安规认证，需预计投入多少人力资源进行测试
替代评审团队	如安规认证工程师等，对替代带来的其他影响进行评估，为评估替代的合理性和必要性提供意见
其他相关角色	根据各方给出的信息进行综合评估，确定是否要执行替代

- 明确接受标准。建立清晰的替代评估标准，包括性能、可靠性、成本效益、供应连续性等关键因素。通过估算投入和产出，确保替代方案至少在关键因素方面与原产品相当或更优。同时明确哪些类型的替代是绝对不可接受的，比如技术不兼容、法律合规风险高、安全性能下降等。
- 设立紧急替代流程。为特殊情况（如供应中断）设立紧急替代流程，明确何种情况下可以启动该流程，以及对应的加速验证步骤，确保在紧急情况下，不仅能保证替代的进度，也能保证验证的充分性和产品质量。

替代需求提出方可以先参照相关标准或基线对需求进行审视。满足标准的替代需求可以进入评估环节，而不满足标准的则终止替代，以避免浪费评审资源。当然，在遇到特殊情况时，即使替代需求不满足标准，也可以将其纳入评审环节进行多方讨论，再决定是否有必要执行替代程序。

2. 建立不同类型器件替代验证策略

替代验证策略需重点考虑选择验证产品、设计测试项目以及明确验证结论的适用的范围三方面，如表 6.2 所示。

- 选择验证产品。制定科学的方法来选择参与验证的父项产品,确保这些产品具有代表性,能够全面反映替代器件在不同应用场景中的性能表现。
- 设计测试项目。根据替代器件的特性、应用场景及风险点,设计全面的测试项目,包括但不限于功能测试、性能测试、可靠性测试、兼容性测试等。
- 明确验证结论的适用范围。基于验证结果,明确在哪些产品哪些条件下可以同样适用。

表 6.2　替代验证策略

序号	器件名称	变更内容	验证策略			是否需要小批量验证
			验证产品	验证项目	验证结论适用的范围	
1	电源芯片	Pin-2-Pin替代	已量产发货的产品	芯片单体功能、性能、可靠性测试、产品功能、性能和兼容性测试等	验证结论仅适用于测试过的产品(单板),不适用于未经验证的产品	是
2		更换晶圆加工厂	已量产发货的产品	芯片单体功能、性能、可靠性测试和产品功能、性能和兼容性测试等	验证结论仅适用于测试过的产品(单板),不适用于未经验证的产品	是
3		更换封测厂	当前年发货量最大的产品	芯片单体性能和可靠性测试、产品性能测试	验证结论适用于同系列产品	是

3. 规划验证的版本火车

- 版本火车管理。将产品开发、变更及替代需求统一纳入产品版本管理计划中,通过版本火车机制,对供应商产品变更和替代等需求进行集中开发和验证,减少重复劳动,提高效率。
- 项目管理方法。运用项目管理工具和技术(如甘特图、敏捷开发等),对替代物料导入过程进行细致规划和监控,确保所有相关活动都能有序进行,确保按时按质完成。

版本火车的周期一般应控制在半年左右,以避免因时间过长而导致需求累积过多,影响验证效率,并给供应链带来不必要的压力。对于具有显著收益或重大影响的替代需求，可特别安排紧急替代验证流程。因此，替代验证应采用版本火车管理与紧急替代验证相结合的模式，灵活应对不同情况。

此外，许多企业在实施物料替代时会进行小批量验证，以确保物料性能与稳定性达到要求。企业可以根据产品或物料类别的不同制定相应的小批量验证标准，明确验证所需的最小批量、验证项目以及判定标准等。例如，某企业规定其核心路由器产品上所有电源器件的替代必须通过 2 个任务令的小批量验证，经产品可靠性测试，替代物料无失效或未引发其他物料失效，方可通过验证。

小批量验证是一个跨部门协作的过程，通常涉及研发、生产计划、制造、品质控制和测试等多个环节。为确保验证过程的顺畅与高效，建议建立专门的小批量验证流程，明确各部门的责任与协作方式，确保各部门及时了解验证进度，并对验证过程中的实际表现进行详尽的记录与反馈。小批量验证需要跟踪所有试用物料在生产、测试中的表现（如失效率、产品可靠性测试结果等），以及对任何失效情况的分析结论，为后续决策提供依据。

替代验证完成后，可能会有以下三种结果：

● 新器件完全能够替代原物料；

● 新器件仅在特定场景下能替代原物料；

● 新器件完全不能替代原物料。

对于完全替代的情况，即可将新物料直接纳入例行采购流程。而对于完全不能替代的情况，即终止替代计划。

然而，当验证结果为新器件仅在特定场景下能替代原器件时，就需要进行更为细致的评估。评估的关键在于替代收益。具体来说，需要分析在哪些场景下替代是可行的，并评估这些场景下替代所能带来的实际收益。如果替代在关键或高价值场景下的收益显著，那么该替代方案就具有实际意义，值得被接受；如果替代带来的收益有限或不足以覆盖潜在的风险和成本，那么终止替代计划可能是一个更为明智的选择。

替代流程如图 6.4 所示。

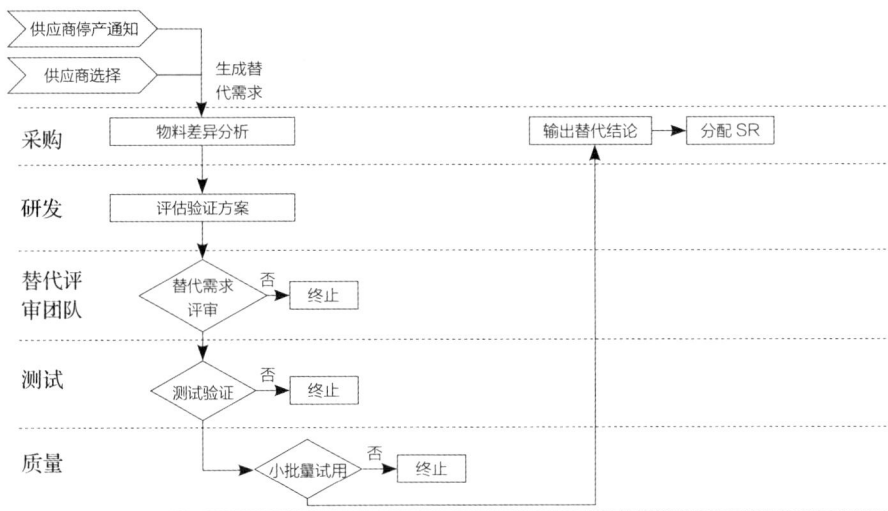

图 6.4　替代流程

6.4　物料的组合管理

物料的组合管理是一项系统性工作，它聚焦于一个品类下所有物料（按物料编码）的管理效果评估与优化。这一管理过程涵盖对多个关键维度的深入分析，旨在量化管理效果，明确工作方向和提升采购品类管理效率。分析内容主要包括以下方面。

1. 采购金额集中度分析

通过计算各重点物料在总采购金额中的占比，评估物料采购集中程度，如图 6.5 所示，以识别重点物料，为明确工作重心提供依据。

采购金额集中度分析的核心在于评估占该品类总采购金额 80% 以上的物料（编码）的数量，占总物料（编码）数量的比例。比例越低，意味着采购金额越集中于少数物料上，即采购集中度越高；反之，比例越高，则表明采购分散度较高。这些占据采购金额 80% 以上的重点物料是管理重点，因为它们对总采购成本和供应链稳定性具有较大影响。

在关注重点物料的同时，企业也应审视那些占采购金额的比例极小甚至长期无采购记录的"长尾物料"。这类物料往往数量众多，但贡献的采购金额微不足道。通过合理地规划，减少或清除长尾物料，不仅可以减少管理工作量，还能优化采购结构，进一步提升采购效率与成本控制能力。

物料采购金额累计比例

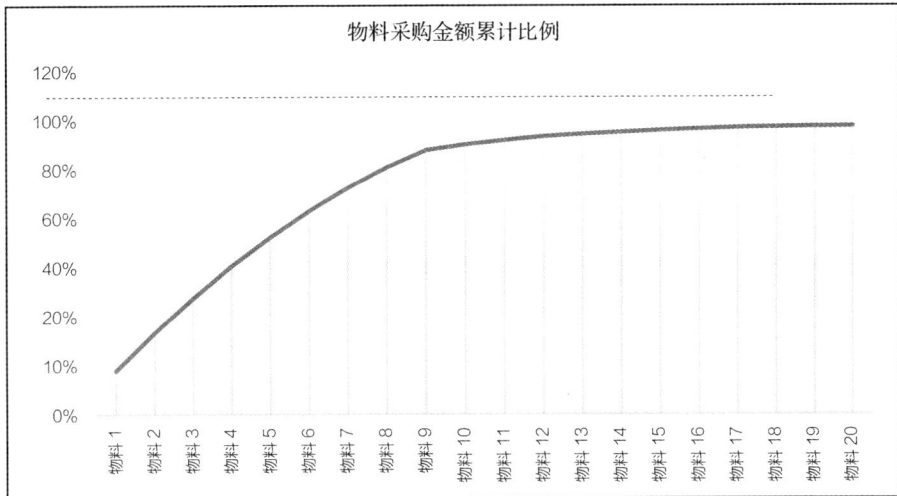

图 6.5　物料采购金额分析

2. 重点物料竞争格局分析

对占总采购金额 80% 以上的重点物料，深入分析其市场竞争格局，包括生命周期健康度、供应商数量、市场份额、价格趋势等，以评估供应形势，制定管理策略。通过分析重点物料在其生命周期各阶段的分布情况，企业可以了解这些重点物料的健康程度。对于那些采购金额庞大但已处于衰落期或退出期的物料，需要高度关注。因为它们的可供应资源不稳定，从而对供应链稳定性和成本控制构成威胁。器件生命周期分析表及器件生命周期分布如表 6.3 所示。

表 6.3　物料生命周期分析表

项目	出生期	成长期	成熟期	衰落期	退出期
物料（编码）数量					
采购金额					

进一步考察每一个重点物料的供应商数量，企业可以洞察这些重点物料的供应商竞争氛围，如表 6.4 所示。需要说明的是，这种方法的有效性建立在"一

对多"的数据结构之上，即一个物料可对应多个不同供应商。

表 6.4　重点物料供应商竞争氛围分析表

项目	有效供应商数量			
	1 家	2 家	3 家	大于 3 家
物料（编码）数量				
采购金额				

3. 路标、优选等类型物料的采购金额分析

对不同优选等级（如路标物料、优选物料、非优选物料和禁选物料）物料的数量和采购金额进行详细分析，如表 6.5 所示。这有助于企业了解各类物料的采购金额分布，掌握路标物料和优选物料的使用情况，为后续制定采购策略指明方向。理想情况下路标和优选物料的采购金额应该远大于非优选和禁选物料的采购金额。如果禁选物料的采购金额较大，则需要进一步挖掘详细原因。

表 6.5　物料优选等级分析表

项目	路标物料	优选物料	非优选物料	禁选物料
器件（编码）数量				
采购金额				

通过对物料的组合管理进行分析，了解物料的使用情况，并根据分析结果制定后续的工作计划。比如通过竞争格局分析发现某些重点物料独家供应，则下一步可将引入新供应商作为重点工作。也可以将不同时间段的组合管理的结果进行对比分析，掌握物料管理工作的效果。

第七章

上游多级物料该怎么管

在日常采购管理活动中，因为成本、供应和质量等方面的原因，企业往往需要对所采购物料的上游多级物料实施直接管理，包括明确指定一级物料供应商在产品中使用特定型号的集成电路、指定品牌的原材料等。为实现对上游多级物料的管理，业界采用了多种多级物料管理模式，主要包括准入要求、合格供应商资源池、价格授权、转卖和送料模式。每种模式都有其独特的优势与局限性。

7.1　准入要求

准入要求是针对多级物料的供应商制定的一个准入标准，只有符合准入标准的供应商才能被允许进入供应链。准入要求比较灵活，有助于控制上游多级物料质量，主要针对供应商的薄弱点进行约束，但也会导致供应商选择范围受限，影响采购灵活性。

可以针对多级物料供应商的企业规模、从业经验、行业排名、质量管理体系等提出要求，可参考第八章对供应商的最低资质要求。

也可仅针对供应商的一个或几个方面提出最低要求。例如针对线束的供应商，要求其有自动化的打线组装设备和电检台，产品出厂前 100% 经过电检台测试。

还可以制定专项考核项目，以考核结果为评判标准。比如设计考试题目用于印制电路板（Printed-Circuit Board，PCB）设计供应商的设计能力考核，通过对供应商交付件质量进行打分来评估其能力；要求 PCB 的供应商生产特定的 PCB 样品，以样品的测试结果为评判标准；等等。

7.2　合格供应商资源池

顾名思义，合格供应商资源池就是指企业从众多供应商中筛选、评估、整合出一定数量的合格供应商，形成一个资源库。根据实际需求，合格的供应商限于在允许的使用范围内使用。

可以按产品类别来建立合格供应商资源池，如表 7.1 所示。

表 7.1　按产品类别建立合格供应商资源池

供应商	被允许使用的产品
供应商 1	产品 1、产品 2、产品 3
供应商 2	产品 A、产品 B
供应商 3	产品 I、产品 II

还可以进一步细化，按加工工艺或规格参数来建立合格供应商资源池，如表 7.2 所示。比如可以根据规格来建立陶瓷电容器合格供应商资源池。

表 7.2　按加工工艺建立合格供应商资源池

供应商	CNC	电镀	压铸
供应商 1	√	√	√
供应商 2		√	√
供应商 3		√	

由于资源池会限制直接供应商对其上游供应商的选择，因此资源池的建立不应基于某个人的主观意见，应该非常慎重地对资源池的建立进行必要性分析。

建立合格供应商资源池是一个复杂且需要高度谨慎的过程，应制定详细的建立方案，明确进出规则，进行公开、公平和透明的评估。图 7.1 给出了资源池建立流程。

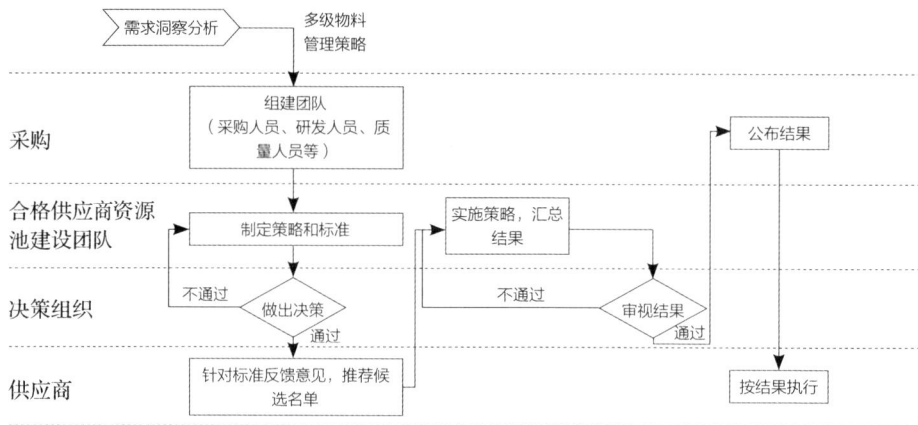

图 7.1　合格供应商资源池建立流程

资源池建立是一个高风险的业务活动，其中隐藏着较大的权力寻租的空间。企业需针对资源池建立的过程、后期的例行管理和进出资源池的规则制定周密的方案。

7.3　价格授权

价格授权（Approved Vendors Approved Price，AVAP）指买方越过直接供应商，直接与上游原材料供应商进行价格谈判，并将谈判所得的价格授权给直接供应商，应用于向买方供应的产品的成本。价格授权模式的基础是深入分析直接供应商的产品成本要素，识别并聚焦于其中几个成本关键物料。买方采取这一模式的前提是：相对于直接供应商而言，买方对上游原材料供应商拥有更强的议价能力，从而能够获得比直接供应商自行谈判更优惠的价格。

价格授权模式在管理上分为两种方法：一种是较为简单的价格管理策略，即买方仅关注价格谈判与授权环节，之后由直接供应商与上游供应商按照常规业务流程进行后续合作；另一种则是更为全面的介入方式，即买方不仅在价格上，还在研发、生产、质量控制等多个方面深度参与上游供应商的管理，甚至可能将符合条件的上游供应商直接导入自己的供应商体系。比如特斯拉对其电机核心原材料钕铁硼永磁材料的供应商即采用这种方法进行管理。

7.4 转卖和送料

在电子制造服务（Electronic Manufacturing Service，EMS）行业中，转卖（Buy and Sell，B/S）和送料（Consign）是两种常见的物料供应模式，它们均基于买方主导的设计决策，即买方确定所需物料的型号。

- 转卖模式。此模式下，买方首先进行采购，从物料供应商处获取所需物料，随后将这些物料转卖给一级 EMS 供应商，用于产品的制造。这一过程虽然增加了从物料供应商到买方的物流环节，但物流和信息流分离的策略可以有效优化该流程。具体而言，物料供应商可以直接将物料运送至一级 EMS 供应商的仓库，从而省去买方作为中转站的步骤，提高效率并降低成本。
- 送料模式。与转卖模式类似，送料模式也始于买方的采购动作。然而，在送料模式下，买方在所采购的物料交付后，不是进行转卖，而是直接将物料交付给一级 EMS 供应商，用于后续的生产过程。同样地，为了提升效率，可以采取物流和信息流分离的策略，允许物料供应商直接将物料运送至一级 EMS 供应商的仓库，减少不必要的中间环节和成本。

转卖和送料的差别在于买方将所采购的物料转移到一级供应商处所采用的方式。别小看这一点区别，它会造成多方面的差异，如表 7.3 所示。

表 7.3 转卖和送料的区别

序号	类别	区别
1	物权	转卖模式采用买卖的方式将物料转移到一级供应商，这会造成物权的转移，形成应收账款。如果设计业务规则时考虑得不够全面，在一级供应商发生财务风险时，买方可能会产生应收账款风险。而送料模式不涉及物权转移，也不会产生应收账款风险。 转卖模式模式下一级供应商先向买方采购物料，再将物料组装成产品卖给买方，相对送料模式，转卖模式会虚增一级供应商的营业额，使一级供应商的营业额表现较好，但同时也拉低一级供应商的利润率
2	库存管理	转卖模式下，物权通过买卖从买方转移至一级供应商，那么库存管理就由一级供应商负责，与库存相关的管理费、保险费等费用由一级供应商承担。如果采用物料直送一级供应商的方案，买方不会产生实物库存，无库存资金占用。 送料模式下物权仍属于买方，如果采用物料供应商将物料直送一级供应商的方案，则买方需要在一级供应商处建立中转仓库，形成实物库存，由买方对库存进行管理并承担相应的托管费、保险费等费用，带来库存物料资金占用

续表

序号	类别	区别
3	价格	转卖模式和送料模式的前提是买方具有更大的议价权，因此理论上物料的采购价格会低于一级供应商的直接采购价格。为了进行价格信息的保护，在转卖模式下，买方会以比真实采购价格更高的价格进行物料转卖，而送料模式不涉及物权转移，也不会涉及价格问题
4	发料逻辑	由于转卖模式下物料的转卖价格通常高于买方实际采购价格，且不需要和生产任务令进行挂钩，因此买方不需要控制一级供应商的采购数量和采购时间，也无须考虑一级供应商的生产损耗，除非产生供应短缺需要对物料进行管控。而送料模式下物料的发料通常由生产任务令驱动，生产任务令决定什么时间送料给一级供应商、送多少数量。同时由于物料属于买方，买方还需要对物料的生产损耗进行管理
5	和一级供应商的交易模式	转卖模式下，一级供应商和买方的生产排产系统可以完全脱钩，一级供应商可以根据自身的交付计划自由排产。在业务规则允许的前提下，可以削峰填谷，提前准备库存。因此买方和一级供应商的交易可以采用供应商管理库存（Vendor Managed Inventory，VMI）模式。送料模式下，一级供应商生产排产受买方发料的限制，无法自由排产和准备库存，很难采用 VMI 模式

　　转卖模式和送料模式各有优缺点，不同供应商基于风险偏好会有自己偏爱的模式。

　　转卖模式和送料模式与价格授权模式在交易流程上存在显著差异。在价格授权模式下，买方不直接参与对上游原材料的采购，而是通过价格授权的方式间接影响上游原材料成本；而在转卖模式和送料模式下，买方直接参与物料采购。这三种模式各有其独特的优势与局限性。表 7.4 详细对比分析了各多级物料管理模式的特点。

表 7.4　各模式特点

模式	对一级供应商的影响	买方对上游供应商的掌握程度	管理复杂程度
准入要求模式	小，买方只是在引入上游供应商时增加筛选项，不会影响一级供应商对上游供应商的选择，也不会削弱一级供应商对上游供应商的影响力	低，实际业务仍然由一级供应商运作	低，买方只需要制定标准由一级供应商实施即可
合格供应商资源池模式	中，一级供应商对引入上游供应商没有主导权，在具体项目的供应商选择中，一级供应商通常会偏向选择其中价格便宜但能力弱的供应商，造成资源利用失衡，也影响竞争氛围。一级供应商其往往会失去寻求新资源的动力，而将这个压力甩给买方	高，买方通过对上游供应商的引入和退出进行掌控来施加影响力	中，买方需要平衡一级供应商和上游二级供应商之间的利益，还需要对资源池的利用情况进行定期审视、管理和布局，保证资源充足和维持竞争氛围

续表

模式	对一级供应商的影响	买方对上游供应商的掌握程度	管理复杂程度
价格授权模式	如果买方在一级供应商 Open BOM 后做价格授权，那一级供应商还可以通过修改设计的方式掌握对上游供应商的控制权，该情况对一级供应商的影响较小。如果买方从设计、生产、质量等方面全面介入对上游供应商的管理，形成买方指定一级供应使用物料的局面，那么一级供应商就会完全失去控制权	如果买方仅仅做价格谈判，不做全面管理，则影响力取决于买方全局的采购量。如果全面介入管理，则影响力大，等同于转卖模式和送料模式	如果买方仅仅做价格谈判则管理复杂程度较低，如果全面介入质量和交付等管理，而未直接和上游供应商进行交易，不同时间点的价格会有差异，带来在途订单、库存品、在制品和成品价格核算和处理问题，管理复杂程度甚至高于转卖模式和送料模式，管理难度高
转卖模式	大，完全由买方主导，一级供应商无掌握权，只能向买方反馈物料的使用情况	高，买方全面管理	高，上游供应商转变为一级供应商
送料模式	大，完全由买方主导，一级供应商无掌握权，只能向买方反馈物料的使用情况	高，买方全面管理	高，上游供应商转变为一级供应商

　　不管是准入要求、资源池、价格授权、转卖模式，还是送料模式，其实际都或多或少干涉和影响了一级供应商选择上游供应商的权利，也会挫伤一级供应商的积极性和能动性，造成其直接"躺平"。特别是采用价格授权模式时，买方很难规避行业内不良风气；采用资源池模式时，买方也易卷入供应商内部各种利益纠葛，从而给实际业务运行带来不良影响。买方甚至有可能陷入不断"断公道"和介入管理的糟糕局面，浪费大量资源。因此，如非必要，慎选价格授权模式和资源池模式。

第八章

如何管理供应商

除了所采购的物料外，供应商是采购业务中另一个关键的管理对象。和物料类似，供应商也会经历导入、选择等环节。这个过程关系到采购的一系列活动能否有效开展，决定了采购所能取得的成效，是采购管理的重中之重。本章将详细介绍这个过程。

8.1　供应商导入

因需求大幅增加、企业进入新业务领域等原因，触发引入新供应商的需求。供应商导入的流程分为七个阶段，如图 8.1 所示。

图 8.1　供应商导入流程

8.1.1　确立供应商最低资质要求

1. 供应商类型

为了进一步细化供应商导入管理要求，提升引入的效率，控制引入供应商的质量，企业可将供应商细分为不同类型（见表 8.1），并针对各类供应商在搜寻、引入和后期使用等关键环节制定差异化的业务规则。比如可以设置一类简易供应商，企业在搜寻与引入此类供应商的流程上可进行适度简化，旨在加速响应市场变化，快速填补供应链缺口，实行"宽进"策略。

表 8.1　细分供应商类型

序号	供应商类型	说明	管理方案
1	正式供应商	主流供应商分类	按品类进行管理，执行完整的导入流程，对交易金额没有限制

序号	供应商类型	说明	管理方案
2	简易供应商	仅需要在少量场景使用，如其产品不进入企业的产品 BOM，只提供某些工程配套产品	按品类进行管理，可以对导入流程进行简化，签署必要的协议后即可导入，但对使用有限制，如交易金额、产品应用范围等方面的限制
3	项目型供应商	针对某一个或几个项目导入，常用于标前绑定或联合投标的场景	按项目和品类进行管理，可以对导入流程进行简化，签署必要的协议后即可导入，但对使用有限制（按项目和物料品类进行限制）
4	客户指定供应商	客户指定某些厂商成为供应商	按客户和品类进行管理，在客户或市场一线出具客户指定证据，签署质量、交付、付款等背靠背协议将供应商相关信息录入系统后即可导入，但对其使用进行限制
5	研发费用类供应商	用于支付委托开发费用等研发费用	完成供应商选择，签署相关协议，将供应商相关信息录入系统后即可引入，对其使用进行限制，不能下达物料采购订单
6	仅供支付类供应商	仅用于支付如政府机关的相关费用	将供应商相关信息录入系统后即可引入，对使用进行限制，不能下达物料采购订单

还有一些不常见的供应商类型，如"客户即供应商""收入分成类供应商"等，可以根据实际业务情况制定相应的管理方案。

然而，"宽进"策略同时伴随着风险，可能因引入过程被简化而导致引入的供应商质量参差不齐。因此，需对正式供应商之外的其他类型的供应商采取风险控制措施，对其使用范围、交易金额等进行限制，以区别于正式供应商，避免其成为"羊肠小道"绕过正常的供应商导入流程。

供应商类型的设置需要综合考虑企业的业务特点。可根据供应商对应的物料品类和供应商分类建立供应商导入检查表，如表 8.2 所示，将供应商导入流程标准化。

表 8.2　供应商导入检查表

序号	供应商类型	最低资质要求	准入审核	合同
1	正式供应商	按物料品类建立最低资质要求	按物料品类建立准入审核要求	签署全部协议
2	简易供应商	按物料品类建立最低资质要求	仅进行自评，不进行审核	签署采购主协议、保密协议等关键协议

序号	供应商类型	最低资质要求	准入审核	合同
3	项目型供应商	按物料品类建立最低资质要求	按物料品类建立准入审核要求	签署全部协议
4	客户指定供应商	无	仅进行自评，不进行审核	签署采购主协议、保密协议等关键协议
5	研发费用类供应商	无	无	签署采购主协议、保密协议等关键协议
6	仅供支付类供应商	无	无	无

企业可将不同类型的供应商的导入流程和使用规则固化到 SRM 系统等 IT 系统中，便于进行内控管理，确保管理的有效性。

2. 供应商最低资质要求

企业都期望与供应商建立长期稳定的合作关系。所以，企业在筛选供应商时会设定一系列关键要素作为门槛，以确保供应商能够长期满足企业的需求并保证合作质量。

因此，在搜寻供应商的初始阶段，需明确界定具备什么能力的供应商能够成为企业的合作伙伴。该阶段的考虑因素可能涉及供应商的多个维度，包括但不限于企业规模、从业经验、从业资格，以及其他能够反映其综合实力的方面，如表 8.3 所示。

表 8.3 对供应商的最低资质要求

序号	项目	内容	分类
1	企业规模	如：注册资金、营业额、发货量、人数（研发、生产人员）	基础实力
2	从业经验	如：从事该行业年限，某类产品具有批量发货经验	
3	从业资格	如：具备从业必需的资质，如环保资质等	
4	行业排名	如：在国内、全球该行业中的排名	
5	主要客户	如：主要的客户群体和应用领域	
6	设备和产能	如：关键仪器、设备能力和产能，必要的软件	

序号	项目	内容	分类
7	财务状况	如：财务风险评估、盈利要求等	运营管理能力
8	质量管理体系	如：IATF 16949、ISO 9000、TL 9000、CMMI 等	
9	社会责任	如：ISO 14000、SA 8000、OHSAS 18000 等	
10	信息安全	如：ISO 27001、ISO 27032 等	
11	技术能力	如：研发人员数量，设计、仿真、测试验证能力	

对于某些核心要素，企业可以设定量化标准，如要求研发团队人数不少于 30 人；而对于如技术能力这类抽象的能力，企业则需要通过供应商是否服务于行业顶尖客户、是否成功向市场批量推出高水平的产品等来间接评估。

对供应商的最低资质要求大致可以分为两类：一类是基础实力，即"家底"，它涵盖了企业规模（如营业额等）、行业排名等，主要反映企业的历史积累与当前情况，多数信息可通过审阅供应商的财务报表获得（后文将详细探讨如何深入解读财务数据获取相应信息）；另一类是运营管理能力，即"身体素质"，它涵盖了企业的各类管理体系，如质量管理体系等，这些体系不仅会影响企业内部管理的严谨性和高效性，也是决定企业未来能否在激烈的市场竞争中保持竞争力、实现可持续发展的关键因素。

企业在选择供应商时需综合考虑供需双方的博弈能力，对供应商最低资质要求的设定要恰到好处。若标准设置得过高，可能导致符合条件的供应商凤毛麟角，且这些供应商在行业内的地位可能远高于采购方，使得合作过程中采购方相对弱势。若双方合作的业务对采购方至关重要，但对供应商而言微不足道，双方就难以形成平等的合作关系。尽管行业顶尖的供应商很吸引人，但其未必能与采购方的需求完美契合。反之，若标准过低，则可能引入"家底"薄弱、"身体素质"不佳的供应商，其长期稳定性和服务质量难以保证，将为后续长期合作埋下隐患。

因此，企业在设定对供应商的最低资质要求时，应着眼于寻找那些与自身行业地位相当的合作伙伴。这种策略既保证了供应商具备基本实力，又避免了双方地位悬殊带来的合作风险，有助于构建更为均衡的合作关系。同时，企业应秉持"宽进严出"的原则，在初期保持开放态度，吸引更多潜在伙伴，但在后续的考察和审核过程中严格把关，确保识别出能长期、稳定合作的伙伴。

8.1.2　搜寻与筛选候选厂商

搜寻与筛选候选厂商是供应商导入的第二步。这一步主要是收集行业内厂商的信息，并和最低资质要求进行比较，将满足最低资质要求的厂商作为候选厂商。可通过一些常见的渠道来搜寻与筛选候选厂商。

（1）看行业分析报告。从行业分析报告中寻找行业优质厂商作为候选厂商。一般市场规模较大的行业都会有专门的行业分析报告。行业分析报告的来源如表 8.4 所示。其中，证券公司的研究报告中会罗列一些行业数据并注明数据来源，高质量的研究报告对企业了解行业上下游、核心厂商及其竞争优势有很大的帮助。

表 8.4　行业分析报告的来源

序号	来源	举例
1	行业分析机构	一些有名的咨询机构如 IDC、Gartner 和 Yole Group 等会针对某些行业发布行业分析报告
2	政府部门	美国能源信息署发布的 "Globe Supply chains of EV batteries"
3	行业协会	中国电子电路行业协会发布的中国电子电路行业排行榜
4	证券公司	光大证券的《电子行业年报总结》《被动元器件深度报告》等
5	第三方咨询机构	可以雇用第三方咨询机构（如邓白氏、德勤、IHS 等）进行专门的调查

（2）看对手资源。调研行业领先者使用了哪些供应商，并将之作为候选厂商。苹果和特斯拉等公司通常会通过官方渠道定期公布其关键供应商信息，这为其他企业提供了宝贵的参考。通过访问这些公司的官方网站，企业可以较为便捷地获取到它们的主要供应链合作伙伴名单，进而将这些厂商纳入自己的候选列表。

（3）看现有资源。深入分析对该品类物料供应商的核心能力要求，审视企业当前供应商库中的厂商，评估它们是否已具备这些核心能力。对于那些已经展现出企业所需核心能力的供应商，可将其纳入候选供应商资源池，以扩大双方合作的范围。同时，企业还应敏锐捕捉并审视核心供应商对发展新业务、拓展合作领域的诉求。若这些供应商恰好在企业的新需求上同样具备核心竞争力，那么将其视为潜在合作伙伴，不仅能够迅速响应市场变化，还能通过扩大合作范围，深化双方的业务联系，实现共赢。积极探索并扩大与现有核心供应商的合作范围,是企业进行供应商关系管理,优化供应链管理,提升市场竞争力的重要策略之一。

然而,企业也需认识到并非所有渠道的信息都易于获取或准确无误,市场上充斥着各种真伪难辨的消息。因此,在收集信息的过程中,企业必须保持高度的警觉性。针对从不同渠道收集到的信息,企业应采取多层次的验证策略。首先,对信息的来源进行审查,优先选择官方发布或权威媒体报道的信息;其次,通过交叉比对多个信息源,确保信息的准确性;最后,利用市场调研以及直接联系供应商等方式,进一步核实信息的真实性。通过这些措施,企业可以有效提升信息的准确性,为选择合适的供应商提供坚实的数据支持。

可采用向潜在厂商发放和回收请求信息(Request for Information,RFI)的方式进行正式的信息收集和反馈,将收集到的信息同搜寻阶段收集的信息进行比对,对存疑的问题进行说明。收集的信息除了要能涵盖最低资质要求中的内容,以便于判断相应厂商是否能成为候选厂商,还应涵盖一些其他关键内容。

- 公司名称:了解公司地址及工厂分布等。
- 注册资金、资产规模:了解公司是否有足够的资源支撑长期合作,承担风险。
- 公司股权结构:了解公司的所有者,是否和本企业内部人员存在利益冲突。
- 公司组织架构:了解公司的决策路径和关键人员。
- 主要产品及路标:了解公司的产品及未来发展规划,确认其与自身需求是否匹配。
- 销售数据:了解公司近三年销售额和销售数量,以及销售额按客户、产品、销售区域分类的情况,了解其产品的主要应用领域和主要客户,评估其是否有能力满足自身的需求。
- 产能:了解公司各工厂产能分布及交付覆盖范围;通过对关键设备、厂房等的调查,评估其是否有能力满足未来交付的需求。
- 近三年财报:对公司进行财务分析,评估其是否能长期连续提供满足自身要求的产品。
- 各类认证:了解公司具备的资质和已获取的各类证书等,评估其是否拥有从事该行业所必需的资质和条件。

● 订单要求：了解公司产品最小订货量、交货周期、付款账期等交易条款是否会影响后续双方交易。

通过详细的信息收集和筛选，将满足最低资质要求的厂商引入为候选厂商，必要时安排进一步的现场考察与交流。

8.1.3　现场考察与交流

在通过 RFI 及其他手段完成候选厂商的信息收集后，若有必要，可对厂商进行现场考察。此环节的重点在于核实前期收集到的信息，就各方关注的问题进行交流，澄清疑点，以确保信息的完整性和准确性。

首先，为了保证考察的效果，要组建团队。团队成员可包含采购、研发和质量等部门的人员，也可以包含财经等部门的人员。但要注意控制成员数量，避免人多嘴杂给对方留下不好的印象。

其次，要明确考察与交流的重点内容和问题，并在团队内部进行明确分工。无目的的交流和走马观花式的参观难以保证考察效果。因此，制定详细的考察计划和问题清单至关重要。

最后，在现场考察时，着重对关键内容进行确认，常见的需确认的内容如下。

● 厂商提供的数据与各个法人主体之间的对应关系。有些厂商可能会故意模糊相关数据，例如，在介绍营业额时，将多个主体的数据合并展示，以营造数据表现良好的假象。然而，这些主体之间可能仅存在弱股权关系，甚至只是由同一控股股东控制，在法律上并无直接联系。因此，在审查数据时，企业必须保持警惕，仔细甄别。

● 厂房、办公楼等固定资产的归属问题。有些宽敞大气的工厂和办公楼可能是租赁的，而非厂商自有的。在这种情况下，企业必须核实相关资产数据，以确保其真实性。如果信息调查显示厂商资产庞大，但厂房、办公楼等均为租赁，则需重复核实相关资产信息，避免被表面现象所迷惑。

● 仪器设备的使用年限。仪器设备的使用年限也是一个重要的考察点。使用年限不仅影响资产折旧，还可能对产品售价产生影响。如果仪器设备的使用年限过长，可能意味着厂商长期未进行固定资产投资。这种情况下，企业需了解其深层次原因，以便更全面地评估厂商的实力和潜力。

- 设备产能和稼动率。了解设备产能及当前产能的利用情况可用来判断其是否还有能力承接更多订单。

- 产线上正在生产的产品。观察产线上正在大量生产的产品，确认是否与信息调查中反馈的主流产品匹配。某些厂商号称是行业领先企业的供应商，其实是间接供应商或只提供很少的产品。

- 研发人数。根据研发人员数量、构成，判断厂商研发能力和同时能支撑开发的项目数量。

- 实验室软硬件。实验室的软硬件条件是影响开发过程中测试周期的重要因素。如果厂商拥有自己的实验室并能自主完成测试项目，那么测试周期通常相对可控；然而，如果需要委托外部进行测试，则可能会拉长测试周期，增加开发时间和成本。

- 生产现场管理水平。生产现场管理水平也是考察厂商的重要一环。通过深入工厂甚至仓库，企业可以直观地了解厂商的生产管理能力。模糊不清的数据记录、随处可见的不良品以及混乱的库存管理等都是明显的管理不善表现。尤为重要的是，需特别关注如果厂商被引入为供应商后，其计划投入使用的具体工厂或生产线。如果该厂商准备将部分工序外包，则对外包工厂的详尽考察同样必不可少，且需将外包工厂的变化纳入业务风险来考虑。

- 质量管理水平。质量管理水平是考察厂商的关键内容，如果现场考察发现厂商的质量管理水平无法满足企业的要求，那么该厂商就不应被纳入进一步考虑的范围。可以通过观察厂商近期的主要质量指标和问题改善情况来考察其质量管理水平。若质量指标长时间保持在同一水平，缺乏显著改善迹象，且问题在解决后频繁出现，这表明该厂商在持续改进方面存在不足。若根本原因分析仅停留于"员工未按要求操作，缺乏培训"，且最终解决措施限于员工培训，这往往意味着其质量改进措施未能触及更深层次的体系或流程问题。

- 服务能力。厂商的服务能力也是企业需要重点关注的方面。不同品类物料的采购，厂商提供的服务也会有所不同，软件产品和硬件产品之间存在较大差异。好的服务意味着能够快速、及时地处理异常情况，确保业务的顺畅进行。因此，在考察厂商时，企业需要对其服务能力进行充分的了解和评估。

● 信息化水平。信息化水平是考察厂商的重要方面。信息化能有效提升管理效率，信息共享也能促进双方的协作。

最好提前建立现场考察的检查表和考察报告模板，将考察内容标准化，便于操作，同时有利于将针对不同厂商的考察结果进行横向对比。

现场考察并不是必须执行的环节，是否执行取决于企业对候选厂商信息的掌握程度。现场考察只是信息收集和确认的一种手段，如果能通过其他方法收集并掌握准确的信息，可不执行现场考察。

8.1.4 综合评估与选择

经过细致的现场考察后，若满足要求的潜在供应商数量少于计划引入的新供应商数量，则这些潜在供应商将直接进入新供应商导入流程。然而，若满足条件的潜在供应商数量多于拟引入的新供应商数量，则需制定导入策略，以确保从众多候选厂商中精准挑选出与自身业务最为契合的厂商，使其顺利进入新供应商导入流程。常见的供应商导入策略有商务先行评估和多要素综合评估。

1. 商务先行评估

商务先行评估策略是一种高效的供应商选择方法，它以一个或多个真实存在的项目为标的，邀请所有潜在供应商参与竞标。通过综合评估各供应商的提案，按照设定的评分标准进行综合打分，最终将综合得分较高的供应商确定为拟引入的新供应商。

在商务先行评估策略下，基于真实项目，中标厂商在经过供应商导入流程及样品验证后，能够无缝衔接至正常项目交付流程，与现有供应商享有同等的业务待遇，并且其提供的方案将直接应用于未来的产品交付，这一机制有效遏制了潜在供应商为争取合作机会而进行非理性报价。同时，在激烈竞争的情况下，厂商往往会主动让渡部分利益，提供有竞争力的价格，使企业更易达到设定的成本目标。

若采用多个项目同时报价进行综合评估的策略，则需设计不同项目的权重，并确保这些权重在评估过程中保持高度机密，避免被潜在供应商提前获知并采取有针对性的报价策略，影响评估的公正性和有效性。

商务先行评估策略操作简单，经过周密安排，评估结果会客观准确，但其也有局限性。

（1）容易变成价格导向而忽视质量、交付和技术能力等其他方面的影响。

（2）不管是一个项目还是多个项目同时报价评估，在成为供应商的诱惑下，多数厂商会采取放弃短期利益换取长期利益的策略。而企业引入新供应商是一个长期的策略，可能存在策略冲突，造成无法选中符合企业长期策略的供应商。

2. 多要素综合评估

相对于商务先行评估策略更多考虑成本而言，多要素综合评估策略则是对厂商技术、质量、产能和成本等进行综合评估，按综合得分进行排序，如表8.5所示。

表8.5　多要素综合评估

序号	评估要素	评估项目
1	技术	行业主流产品和领先同类产品量产情况、发货数量、行业路标产品开发进展、研发工具和设备
2	质量	质量体系认证、研发人员的数量、制造执行系统（Manufacturing Execution System，MES）、追溯系统和能力、某些关键的检测设备
3	产能（交付能力）	现有产能、可用产能和设备、交货周期、最小订货量
4	成本	价格、账期和付款条款等

采用多要素综合评估，首先要确定评估要素，明确将哪些要素纳入综合评估，常见的评估要素有技术、质量、产能（交付能力）和成本。

其次是明确各评估要素的权重，建立评分表，并确定参与各要素打分的专家小组成员。各评估要素具体的打分规则可由专家小组成员集体讨论制定。打分应尽量基于客观的数据或事实，力求最大限度地削弱个人主观偏见的影响。打分规则需具备足够的区分度，以确保能够清晰地区分不同能力层次的厂商。

为确保评估的公正性与一致性，所有专家小组成员需共享信息，但独立进行评分。随后，收集各成员的评分结果，通过计算平均值来得出最终得分。在此过程中，若发现异常分数，应及时组织专家进行复核，避免由于误解导致评分偏差，进而影响整体评估结果的准确性。

至于成本评估，可以借鉴之前提到的商务先行评估策略，确保成本评估既全面又贴合实际，为整体评估提供坚实的数据支撑。

经过综合评估，被选中的候选供应商进入准入审核阶段，未被选中的候选厂商，以及后续在新供应商导入流程中因各种原因（如现场审核未通过）未能成功引入的候选厂商将被统一纳入潜在供应商资源池进行管理。该资源池将成为未来需再次引入新供应商时的资源库，供企业考察、评估与选择。

8.1.5 准入审核

准入审核是一个全面而系统的评估过程，审核的目的是评估候选供应商的综合实力，包括生产能力、产品质量等，以确保其能够为企业提供稳定、高质量的产品或服务。准入审核通常包括如下内容。

1. 企业资质

- 企业资质审核包括营业执照、税务登记证、组织机构代码证等证件的审核，以验证候选供应商是否具备合法经营资格。特殊行业还需审核是否具备国家、行业相关部门颁发的证书，如安全许可证、生产许可证等。
- 对供应商是否有涉诉、被行政处罚、重大质量和 EHS 事故等进行调查了解。

2. 管理体系

审核候选供应商的质量、环保和信息安全等管理体系，评估其质量等方面的管理水平是否符合要求。

3. 研发和生产能力

评估供应商的生产工厂、设备设施、人员以及供应商的加工制造能力、研发和服务能力等，以确定其产能是否能满足需求。

4. 财务状况评估

分析供应商的财务状况，包括固定资产、流动资金、应收账款、应付账款、库存水平等，以评估其持续经营能力。

如果部分工作已经在现场考察阶段完成，在审核阶段可省略，避免重复。准入审核通常包括以下步骤。

1. 明确审核标准

企业根据自身需求和行业特点制定相应的审核标准，并形成标准化的检查表或操作手册。

准入审核标准的重点如下。

（1）准入标准。

大部分企业对供应商的准入都制定了针对质量管理体系、环保管理体系、企业社会责任（Corporate Social Responsibility，CSR）、EHS、信息安全和财务等方面的要求。可以结合供应商的类型和物料品类两个维度制定供应商准入标准，如表 8.6 所示。这些标准有的明确落实到供应商最低资质要求中，有的则落实到相关业务管理规定里。

表 8.6　供应商准入标准

物料品类	正式供应商	简易供应商	项目型供应商	研发费用类供应商	仅供支付类供应商
品类一	参照物料品类一质量体系审核检查表审核得分 >70 分 参照物料品类一制程能力审核检查表审核得分 >70 分 财务得分 >70	提供 ISO 9000 证书，无须进行质量体系审核 财务得分 >70	无要求	不适用	不适用
品类二	参照物料品类二质量体系审核检查表审核得分 >60 分 参照物料品类二制程能力审核检查表审核得分 >70 分 财务得分 >60	提供 ISO 9000/TL 9000 证书，无须进行质量体系审核 财务得分 >60	无要求	不适用	不适用
品类三	参照物料品类三质量体系审核检查表审核得分 >65 分 参照物料品类三制程能力审核检查表审核得分 >70 分 财务得分 >60	提供 ISO 9000 证书，无须进行质量体系审核 财务得分 >60	参照物料品类三质量体系检查表审核得分 >65 分 财务得分 >60	无要求	不适用

（2）检查表。

在供应商的准入审核过程中，影响评判结果的关键因素包括评估标准的明确性以及审核员（即操作人员）的专业执行度。为确保评判的公正性、一致性和高效性，业界广泛采用建立详尽检查表的方法。这一工具不仅是衡量潜在供应商能力的标准，还指导审核员系统地开展审核工作。

一个优质的检查表，其核心在于各项要求的清晰界定与具体描述，旨在确保不同审核员在面对相同审核对象时能够基于统一、客观的标准进行评估，从而减少个人主观差异导致的评判偏差。检查表通过采用"是否具有……"等封闭式问题设计，进一步强化了评估的标准化与客观性，使得审核员仅需依据审核发现简单勾选"是"或"否"进行审核，有效削弱了审核员的主观判断对审核结果的影响，保障了准入标准的稳定与统一。

此外，为了提高审核的针对性和效率，检查表可根据具体审核内容灵活划分为多个评估模块，每个模块聚焦于特定领域的能力考察，确保审核的全面覆盖与深入。这种做法不仅有助于审核员更有条理地开展工作，也为潜在供应商提供了明确的改进方向，促进了采供双方的合作与交流。比如可参照 ISO 9000 的要求，将质量管理体系的检查表分为质量策划等模块。有些企业还将风险管理和业务连续性管理纳入检查表中。

在构建检查表的评估体系时，每个模块下应细化出具体的评估条目，并依据审核对象对评估标准的达成程度设定明确的得分标准。通常可以采用"完全符合"得满分，"不符合"则不得分的得分标准，以强化评估的明确性和可操作性。有的企业在"完全符合"和"不符合"之间设置"部分符合"选项，从笔者个人的经验来讲，笔者不赞成这样操作。因为难以精确界定符合程度，尤其是在审核资源有限的情况下，难以准确判断是更接近"完全符合"还是"不符合"。基于笔者的实践经验，笔者更倾向于在审核过程中发现任何一项评估项目存在"不符合"的情况时，即直接判定供应商在该评估项目上不达标，不予得分。这样做可以避免因模糊界定而导致评估结果存在主观性和不确定性，确保评估结果的清晰和一致性。

此外，为了更精准地反映不同评估条目的重要性，企业可以将评估条目划分为关键条目、重要条目等，并据此设定不同的得分权重或制定专门的业务规则。这样既能确保关键条目得到足够的重视，又能保持评估体系的灵活性和适应性。

对于审核发现的问题，一般可按影响度和严重程度从高到低分为四级。

- 致命问题：影响体系的完整性，导致体系运行出现系统性失效。
- 严重问题：给体系的有效运行带来严重影响，产生严重不合格现象，导致区域性失效。
- 一般问题：给体系的有效运行带来一般影响。
- 建议项：建议优化和改进的内容。

供应商检查表可参考表 8.7 所示样式。

表8.7　供应商检查表

审核内容	审核条目	重要度	审核结果	问题等级	审核得分	问题说明
质量管理体系	是否制定企业年度质量目标	关键问题／重要问题／一般问题	满足	/	满分	
			不满足	致命问题	不得分	
				严重问题	不得分	
				一般问题	不得分	
				建议项	不得分	

软件和硬件产品之间在管理方案的构建上存在显著的差异，需要采用不同的审核方法和要求。即便是在硬件产品领域内，技术密集型与劳动密集型产品在企业运营管理上的要求也不尽相同，这促使企业根据物料品类的特点来制定各类专门的检查表。制定检查表时应保持开放心态，认识到不同行业和企业在管理方案上具有多样性，着重关注措施的实际效果，避免陷入教条主义。

为了提高后续现场审核的效率，建议在审核前将不含具体评分标准的检查表预先发送给审核对象，要求其进行自我评估并提供相应的证据材料。这一步骤不仅能让审核对象对即将接受的审核有所准备，也为审核人员提供了初步了解审核对象现状的机会。通过审阅自评结果，审核人员可以识别出潜在的疑问点或关键领域，进而有针对性地规划审核计划，确定审核的切入点，从而显著提升后续审核的针对性和效果。

（3）财务评估方法

财务风险评估确实是评估供应商风险中不可或缺的一环，它对确保供应商的财务健康和稳定性至关重要。通过深入分析供应商的财务状况，企业能够及时发现潜在的持续经营性风险，进而采取有效的预防措施来规避或减轻这些风险可能带来的负面影响。

在进行财务风险评估时，可以运用一系列财务指标来全面、系统地评估供应商的财务健康状况。以下是一些常用的财务指标，它们有助于揭示供应商的财务稳定性和潜在风险。

①成长性指标

● 营业收入。营业收入指企业通过提供劳务、产品，转让无形资产或者销售不动产向对方收取的全部价款和价外费用。营业收入增长率体现了企业的成长性。关注企业的营业额是要关注其主营业务产生的营业额。如果一个企业营业额很高，但其营业额多属于主营业务以外收入，那它可能是一个"不务正业"的企业。

②偿债能力指标

● 资产负债率。资产负债率＝负债总额 ÷ 资产总额 ×100%。资产 = 负债 + 所有者权益。资产负债率反映企业的总资产中有多大比例是通过负债筹集得到的。常有报道说某企业资不抵债、濒临破产，即说明该企业的资产负债率超过100%。1 ÷（1- 资产负债率）即权益乘数，代表企业经营过程中的杠杆系数。从经营者的角度看，资产负债率越高，说明利用权益乘数撬动的资金就越多。企业通过举债经营，扩大生产规模，获取较高的利润。但站在债权人的角度看，企业资产负债率越高，那债务偿付的风险就越高，一旦资产负债率超过债权人的心理预期，债权人就不再继续向企业进行借贷。银行发放贷款前要求借贷人进行负债和信用评估也是这个原因。

● 流动比率（Current Ratio）。流动比率＝流动资产总额 ÷ 流动负债总额。流动资产是指企业可以在一年或者超过一年的一个营业周期内变现或者动用的资产，主要包括货币资金、短期投资、应收票据、应收账款和存货等。流动负债也称短期负债，是指在一年或者超过一年的一个营业周期内需偿还的债务，包括短期借款、应付票据、应付账款、预收账款、应付股利、应交税费、其他应付款、预提费用和一年内到期的长期借款等。流动比率用于衡量企业可以变现偿还到期负债的能力。流动比率 >2 是一个合理水平，代表企业即使有一半的流动资产无法快速转换为现金，仍然有偿付到期债务的能力。一般来说，流动比率越高，企业偿付到期债务的能力越强，但流动比率太高则表明流动资产过多，影响企业的经营和获利能力。流动资产中的存货不一定能快速转化为现金（比如在年末，某企业有价值 1000 万元的存货，其基本不可能快速转化为等值现金），因此衍生出另一个指标——速动比率。

● 速动比率（Quick Ratio）。速动比率＝速动资产总额 ÷ 流动负债总额。速动资产是指去除存货和预付款项之后的流动资产，主要包括现金、应收账款等。一般认为速动比率 >1 代表企业的资产流动性较好。在分析企业的速动比率时，要注意分析应收账款的分类和账龄，通常 3

年以上账龄的应收账款收回的可能性较低。

- 利息保障倍数。利息保障倍数＝息税前利润÷利息费用。企业财务报表中通常并未单列利息费用总额，所以常用财务费用代替利息费用作为分母来计算利息保障倍数。利息保障倍数反映企业经营收益是否能支付利息费用。如果一个企业的息税前利润还能支撑利息费用的支付，那么即使债务到期产生违约，债权人同意进行债务重组的可能性也较高。但如果连利息费用都无法支付，那么企业面临破产清算的可能性非常高。由于应收账款的存在，企业的息税前利润并不代表其能立即收到等值现金，因此，又产生现金利息保障倍数指标，指企业账上的现金对利息费用支付的保障程度。

- 长期债务与营运资金比率。一般情况下，长期债务不应超过营运资金。因为随时间推移，长期债务最终会不断转化为短期负债，需动用流动资产来偿还。

③盈利能力指标

利润是企业在一定营业周期内的经营成果，通常涉及毛利润、营业利润和净利润等概念。

- 毛利润率。毛利润＝营业收入－营业成本。毛利润率＝毛利润÷营业收入×100%。通过计算毛利润和毛利润率，可以了解企业在生产过程中获取利润的能力。毛利润率越高，说明企业盈利能力和成本控制能力越强。

- 营业利润。营业利润＝营业收入－营业成本－营业税金及附加－销售费用－管理费用－财务费用－资产减值损失＋公允价值变动损益（－公允价值变动损失）＋投资收益（－投资损失）。营业利润也可以表示为毛利润－费用（研发费用、销售费用、管理费用和财务费用）－营业税金及附加－资产减值损失＋公允价值变动损益＋投资收益。它体现企业在生产经营活动中获取利润的能力。分析企业的营业利润时，要区分非经常性损益等对利润的影响。因为非经常性损益等只是短期收益，不可长期持续。国内曾经出现过某些上市公司为了保"壳"而出售办公楼，从而使利润由负转正的情况，但很显然该公司不是每年都有办公楼可以出售。对于财报中出现非经常性损益、投资收益、公允价值变动收益等占营业利润总额比例过大的情况，分析者要特别关注。分析者不必弄清楚为什么会发生这些情况，但应该意识到"这不正常"并可能存在风险，最好绕开走。

● 净利润率。净利润 = 营业利润 – 所得税。净利润率 =（净利润 ÷ 主营业务收入）×100%。净利润率能综合反映企业的经营效率。

● 净资产收益率（Return On Equity，ROE）。净资产收益率 = 利润额 ÷ 股东权益 ×100%。该指标用于衡量企业运用股东投入资本获取利润的能力。ROE 的高低并不能完全反映企业获取利润的能力，杜邦分析法将 ROE 分解为三个主要因素：净利润率、资产周转率和权益乘数。后文将介绍杜邦分析法相关内容。

● 资产收益率（Return On Assets，ROA）。资产收益率 = 利润额 ÷ 资产平均总额 ×100%。该指标用于衡量企业运用所有资产获取利润的能力。

④经营性指标

● 总资产周转率（Total Assets Turnover Ratio）。总资产周转率 = 本期销售收入 ÷ 本期资产总额平均值。其中本期资产总额平均值 =（资产总额期初余额 + 资产总额期末余额）÷2。一般使用"资金周转天数"来表示总资产周转率。资金周转天数 =365÷ 资产周转率。总资产周转率体现了企业经营期间全部资产从投入到产出的流转速度，反映了企业全部资产的利用效率。

● 库存周转率（Inventory Turn Over）。库存周转率 = 本期营业收入 ÷ 存货平均余额。其中存货平均余额 =（存货总额期初余额 + 存货总额期末余额）÷2。一般用库存周转天数表示库存周转率。

● 应收账款周转天数（Days Sales Outstanding）。应收账款周转天数 = 应收账款 ÷ 当年总销售额 ×365。应收账款周转天数反映了一定期间内企业的应收账款转为现金的速度，但应收账款周转天数越少并不一定代表企业的经营管理越好。因为财务报表上列示的应收账款是已经提取减值准备后的净额，并不是真正的应收账款。提取的减值准备越多，应收账款周转天数越少。但这种周转天数的减少不是因为经营管理好，反而说明应收账款管理欠佳。所以应收账款分析应与销售额和现金流量分析联系起来。现金流量表中"销售商品、提供劳务收到的现金"代表当期接收到的现金总额，如果在多个时间点计算其与营业额的比率，分析比率的变化趋势一般就可了解该企业应收账款的变化情况。

- 应付账款周转率（Payables Turnover Ratio）。应付账款周转率 = 销售成本 ÷ 平均应付账款。其中平均应付账款 =（期初应付账款 + 期末应付账款）÷2。应付账款周转率是一种短期流动资金的衡量标准，能量化企业支付供应商欠款的速度。应付账款周转天数越多，说明企业支付供应商欠款的速度越慢，表明企业在大量占用上游供应商的资金，一般说明企业行业地位较高。应付账款周转天数越多并不一定表明企业经营越好，也有可能说明企业偿付能力下降或企业经营出现困难，因此要结合企业行业地位和同行业其他企业的数据综合进行分析。

⑤发展能力指标

研发费用比率。研发费用比率 = 研发费用 ÷ 营业收入 ×100%。虽然行业不同，对研发投入的需求天差地别，研发费用比率和企业当下的经营状况也没有直接关系，但通过企业在研发方面的投资来判断企业后续发展的潜力仍然有可取之处。一个企业如果在研发方面的投资太少，说明该企业所在行业的进入门槛不高，未来可能会面临同质竞争。

针对供应商五类财务指标以及对应的评估项目，可以分别设置评估权重和评估标准，对供应商财务进行评分。

⑥杜邦分析法

杜邦分析法以 ROE 为核心，自上而下分解为净利润率、总资产周转率和权益乘数三个主要因素。这三个因素代表三种不同的企业经营模式。

- 净利润率代表企业的盈利水平，净利润率越高，一般说明企业所处行业准入壁垒越高。
- 总资产周转率代表企业的运营效率。企业通过提高资金周转的速度，从而创造更多利润。沃尔玛就是靠高总资产周转率来获利的。
- 权益乘数代表企业经营的杠杆。企业通过负债扩大资产规模，从而获取更多收益。银行业就是典型的靠高杠杆获取利润的行业。

杜邦分析法如图 8.2 所示。

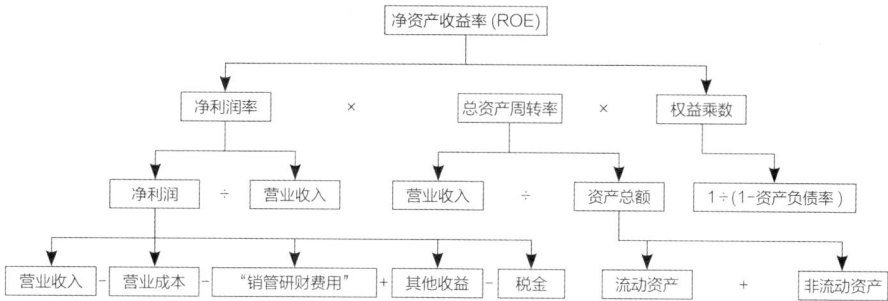

图 8.2　杜邦分析法

通过深入分析企业与行业内竞争对手在盈利能力、运营效率及资本结构（即杜邦分析法三要素）上的差异，可以清晰洞察企业的竞争优势所在。也可以纵向对比杜邦分析法三要素在不同时期的变化，深入理解企业经营环境的变迁以及经营策略的调整。

若观察结果显示，企业的净利润率随时间的推移而持续下滑，这往往预示着行业竞争加剧，新进入者增多，企业正面临日益严峻的市场挑战。为了维持或提升 ROE，企业通常面临两种选择：一是优化内部运营，提升效率；二是增大财务杠杆，即举债以扩大生产规模。然而，短期内显著提升运营效率并非易事，因此许多企业倾向于选择后者，即通过增大财务杠杆来寻求利润增长点。但这种策略伴随着风险，尤其是在行业下行周期中，过度扩张可能导致产能过剩，进而触发激烈的价格战，严重威胁企业的盈利能力和生存空间。

在重资产行业中，这种风险尤为突出。举债以扩大生产规模在市场需求旺盛时可能带来丰厚回报，但一旦行业不景气，高额的负债和闲置的产能将成为企业的沉重负担，使企业陷入进退维谷的境地。中国光伏产业"几起几落"便是这一现象的深刻写照，提醒企业必须谨慎评估风险，制定灵活且稳健的经营策略。

财务风险评估是一个多维度、动态的过程，它不局限于对供应商在某个特定时间点依据财务指标进行简单评分，更为关键的是，还需要从纵向的时间维度上，持续追踪并审视供应商各项财务指标的变化趋势，以此掌握其经营状况的动态演变和发展轨迹。同时，通过将供应商和同行业内的其他企业在各项指标上的差异进行横向对比，分析、识别供应商的优势和劣势，从而构建一个全面、立体的风险评估框架。

在这一框架下，采购方能够更准确地把握供应商的财务状况，及时发现潜在的风险点，并制定有针对性的风险应对策略。同时保持对供应商敏锐的洞察力，准确了解其经营状况，为后续供应商管理提供基础信息。

财务评估时，还需重点关注的内容有

（1）将企业营业收入增长率和行业增长率进行比对，如果企业营业收入增长率高于行业平均水平，说明企业竞争力较强；如果企业营业收入增长率低于行业平均水平，则说明企业竞争力较弱；如果行业停止增长，则可能出现激烈的行业竞争，行业企业将面临洗牌，二、三线的企业可能面临生存风险。

（2）企业营业收入结构要合理，如果某个客户占企业的销售额的比例超过40%，则有可能形成高依赖，一荣俱荣，一损俱损。

（3）如果财务报表中的"其他"（不管是其他应收款还是其他收益）占比过大，要特别关注，往往隐藏着"不可告人的秘密"。

（4）要将企业经营各项关联指标放在一起审视，通常营业收入、经营性现金流净额、营业成本和费用同步增减是合理的。如果营业成本率或费用率超过营业收入增长率，或者忽上忽下、大幅波动都说明存在异常。比如企业营业收入增长缓慢甚至陷入停滞，但费用率、应收账款周转天数和库存周转天数三个指标在不同报告期内逐步上升，说明企业经营陷入困境，只能寻找一些付款周期延长的客户。

（5）要重点关注现金流。如果企业经营活动现金流净额远低于净利润，甚至为负，则需要特别关注。有关现金流的各种场景如表8.8所示。

表8.8　现金流各类场景风险等级

场景	经营活动现金流净额	投资活动现金流净额	筹资活动现金流净额	说明	风险等级
场景1	正值且大于净利润	负值	负值	如果企业经营活动现金流净额＋投资活动现金流净额＋筹资活动现金流净额＞0，表明企业靠自身经营活动产生的现金流能够支撑企业的进一步投资并减少企业债务，非常健康	低
场景2	正值且大于净利润	负值	正值	如果企业经营活动现金流净额＋投资活动现金流净额＋筹资活动现金流净额＞0，表明企业靠自身经营活动产生的现金流和借贷能够支撑企业的进一步投资，这种情况一般出现在上升期的企业中。如果企业经营活动现金流净额＋投资活动现金流净额＋筹资活动现金流净额＜0，则需要注意投资是否会产生风险	低

场景	经营活动现金流净额	投资活动现金流净额	筹资活动现金流净额	说明	风险等级
场景3	正值	正值	正值	企业挣钱却在筹钱，又不投资，可能在积蓄力量准备转型	中
场景4	负值	正值	正值	利润无法转化为现金，收缩规模（投资）	中
场景5	负值	负值	正值	企业自身的造血能力已经无法支撑企业发展，但却持续对外投资，企业运营要靠借贷维持	高

（6）企业的短期债务远超长期债务是一个危险的信号。这通常表明企业经营出现风险，无法获得长期低利率的贷款，只能寻求短期高利率的贷款。如果企业有息负债利率超过行业平均水平，通常也预示着风险。

（7）有些企业会通过增加库存来提升利润率，但库存会带来减值和呆滞风险（茅台、五粮液等名酒除外）。

（8）财务报表会计准则的变化也是危险信号。如将资产折旧年限拉长、将以摊余成本计量的金融资产改为以公允价值计量等。

2. 审核团队

为了构建高效且公正的审核机制，需组建一个跨部门的审核团队，该团队应涵盖采购、质量和研发等部门的人员，并特别指定一名经验丰富的成员作为审核组长。

为确保审核组长的中立性，企业可以建立一个审核人员资源池，该资源池汇聚了企业内具备丰富审核经验的专家。每当有审核需求时，可从该资源池中随机抽取一名审核人员担任组长，执行供应商审核任务，以减少偏见，增强审核的公正性。

在审核团队内部，应基于各成员的专业背景和审核经验进行合理分工。经验丰富的审核人员可负责层次较高、较复杂的条目，如进行高层访谈、评估企业管理评审的有效性以及审查业务规划等战略层面的内容。而对于经验相对较少的审核人员，则可以分配执行层面的任务，比如核实各类证书的真实性和有效性。

为了促进新入职或缺乏审核经验的员工快速成长，可以先安排他们担任审核观察员的角色。在这一阶段，他们将有机会近距离观摩和学习有经验的同事如何进行审核，理解审核流程，掌握审核技巧。随着经验的积累，这些员工可以从简单的审核任务开始，逐步承担更复杂、更高级的审核项目，实现个人能力与团队效能的共同提升。

3. 制定审核计划

在审核开始前，应根据审核的范围制定详细的审核计划，包括审核时间、地点、人员、内容等，且就上述内容与被审核方进行沟通，以便被审核方提前准备相应资源配合审核。

有人可能会担忧提前告知审核计划和内容可能促使被审核方过度准备甚至造假。对此，企业应通过审核人员的专业素养、丰富经验和敏锐洞察力来识别和揭露造假行为。假的真不了，造假往往都有迹可循。比如崭新的流程文件或操作规范文档、墨迹未干的签名、大量雷同的数据和记录等。造假者很难在所有细节上都做到天衣无缝。在审核过程中，审核人员应保持高度警觉，对任何异常信号或小概率事件进行深入探究。一旦发现可疑之处，应顺藤摸瓜，将相关方面的资料进行全面梳理和比对，以查明事实真相。例如，若发现大量记录由同一员工签名，审核人员可以比对该员工的出勤表和签名时间，从而验证是否存在代签或造假行为。又如，如果发现某个关键参数的测试数据存在大量雷同，那可以检查被审核方对关键参数的统计过程控制（Statistical Process Control，SPC）管理。

当与被审核方就审核的安排达成一致后，最好通过邮件或其他书面形式将审核安排告知对方，再次明确审核要求。示例如下。

尊敬的 ×× 公司各位领导和同事：

感谢贵司前期抽时间与我司进行沟通和交流，现我司计划于 ×××× 年 9 月 1 日至 2024 年 9 月 2 日对贵司进行供应商准入审核。本次审核预计耗时 × 天，审核内容包括质量管理体系、CSR/EHS 和财务信息。本次审核安排如表 8.9 所示。

表8.9 审核计划

时间		工作计划	我方参加人员
9月1日	9:00~10:00	首次会议	审核团队全体成员
	10:00~12:00	质量管理体系审核 财务信息审核	张三——审核×××模块 李四——审核×××模块
		午餐	
	14:00~18:00	质量管理体系审核	张三——审核×××模块 李四——审核×××模块
9月2日	9:00~12:00	CSR/EHS审核	张三——审核×××模块 李四——审核×××模块
		午餐	
	14:00~17:00	CSR/EHS审核	张三——审核×××模块 李四——审核×××模块
	17:00~18:00	末次会议	审核团队全体成员

请贵司提前准备相关审核资料，安排审核对接人员。谢谢！

4. 实施审核

在审核过程中，首次会议是一个重要的环节，它标志着审核工作的正式启动。在首次会议开始时，审核组长或负责人简要介绍审核的目的和重要性，对对方接待人员表示感谢，营造正式而友好的会议氛围；向对方接待人员介绍本次审核的内容、时间安排、我方审核团队成员和各成员分工，强调审核的要求和注意事项；明确告知在审核过程中将对涉及的敏感信息和数据严格保密，以保护双方的合法权益。

在会议过程中，审核人员应始终保持专业态度，尊重被审核方的意见和权益。对出现的意外情况或变化，应灵活应对，及时调整会议安排或审核计划。

首次会议通常要邀请对方公司领导参加。公司领导是否参加首次会议往往表明对方对本次审核的重视程度。

首次会议的顺利进行可以为后续的审核工作奠定良好的基础。首次会议材料包括审核计划、审核团队成员介绍和审核的原则和要求等，示例如下：

我方审核团队成员如下。

组长：张三。

组员：李四、王五。

审核原则如下。

● 本次审核是第二方审核，审核参照×××标准，但与×××标准可能存在差异。

● 本次审核如果涉及保密信息，按双方签署的保密协议进行处理。

● 审核对接人员提供审核所需的资料并对审核发现的问题进行现场确认。如果需要拍照作为证据，由审核对接人员进行拍照记录。

● 除非有特殊原因，在审核过程中，如果审核对接人员超过30分钟仍无法提供审核所需的资料或证明材料，则按"无资料或证明材料"进行问题记录。

在进行审核时，审核人员应秉持客观公正的原则，准确、详尽地记录在审核过程中观察到的事实。因为它不仅是审核结果的重要体现，也是后续问题追踪、整改及闭环管理的基础。例如，"存在××厂商于××××年××月××日被正式引入为供应商时，尚未通过ISO 9000质量管理体系认证的事实，这一事实直接违反了《供应商导入流程》（版本1.1，文档编号：×××）中3.2.1条所规定的'供应商应通过ISO 9000质量管理体系认证'的明确要求。"

通过"存在××事实"+"不满足××要求"的表述模式，审核人员能够清晰、无歧义地描述审核发现，有效避免个人主观臆断和情绪色彩的介入。若审核记录中掺杂主观色彩，不仅可能会引发争执，还可能削弱审核的权威性和公信力，进而影响整个审核流程的有效性及问题改进措施的顺利实施。因此，审核人员需时刻保持高度的专业性和客观性，确保审核发现的准确性和公正性。

审核过程中，针对具体评估项目，大体可能存在5种不同的情况，如表8.10所示。

表8.10　供应商审核结果分类

情况	情况描述	归类
情况1	有规则，规则合理，且实际业务中严格遵守并达到预期目标	完全符合
情况2	有规则且实际业务中严格遵守，但规则不合理，需要优化	规则不合理
情况3	有规则，但实际业务中存在不遵守的情况	有规则而不遵守
情况4	有规则，但并没有达到预期的效果	遵守了却未见成效
情况5	无规则	无规则

"无规则"或"规则不合理"均为根植于认知层面的缺陷，前者的问题更严重。这两类问题本身并非难以解决。当供应商展现出"有规则即能严格遵守"的特质时，这不仅是其执行力强的体现，也预示着供应商具备持续改进的能力。只需准确指出改进的方向，便能促成问题的解决。

相比之下，更为棘手的是供应商存在"有规则而不遵守"或"遵守了却未见成效"的情况。前者反映了供应商执行力的薄弱，若此现象长期且广泛存在，则意味着违背规则已成为供应商内部文化的一部分；后者则揭示了规则执行可能已沦为形式主义，仅具表象而无实质效果。以质量问题为例，若每次分析解决后问题依旧频繁复发，便是规则成为形式主义的直观体现。

在审核过程中，首先判断供应商是否有明确的规则存在。这一步通常较为直接，可以查阅供应商质量手册、规章制度或操作规范等文件迅速得出结论。其次判断规则是否被严格遵守。这一步要求审核人员对照既定的规则，通过仔细审查历史数据、执行记录以及询问相关人员等方式，进行深入的核对与分析，查明规则在实际操作中是否得到遵守。最后，还需要审视规则本身的合理性，这一步需要基于实际运行效果、技术进步、行业的最佳实践等多方面的因素进行考虑，以确保规则既符合实际情况又能与时俱进，可有效指导行动。

在审核过程中，建议采取零容忍政策：一旦发现有不遵守规则的案例，即直接记录为"不符合"，该项目将不得分，并且后续不再对该项目进行进一步的审核，从而显著提升审核效率。

可能有人质疑这一政策过于严厉，特别是在面对大量样本时，一个不遵守规则的案例就导致整个项目失分。然而，从另一个维度看，供应商的项目众多，且外部审核往往只能触及冰山一角，只能通过有限的抽样来评估整体情况。更重要的是，基于统计学原理，样本的表现往往能够反映整体的趋势。在有限的抽样中发现一个不遵守规则的案例也足以说明在该样本范围内不遵守规则的行为的比例可能不低。审核人员无法获知这个案例是个例还是冰山一角。在这种情境下，若审核人员仅凭主观感觉评分，那么审核结果的客观性和公正性将大打折扣，可能导致结果出现显著偏差。因此，一旦在审核样本中发现存在不遵守规则的案例，即认为该项目未达标是合理且必要的。这样的做法确保了审核结果的严格性和一致性，同时也对供应商起到了强有力的警示作用，促使其严格遵守既定规则。

每日审核工作结束后，审核团队应开展总结会议，对当日的审核发现进行集中、深入的讨论、汇总与总结，促进团队成员间就审核结论达成共识，为审核完成时召开末次会议奠定基础，确保在会上就审核问题展开高效、清晰的沟通，共同推动问题的解决。

审核结束时，举行一次末次会议全面回顾并详细描述在整个审核过程中所发现的问题、亮点，并提出改进建议。末次会议为审核双方提供了一个沟通平台，确保双方就审核结果达成清晰一致的理解。然而，尽管会议中会对审核发现的问题进行深入交流并寻求共识，如表 8.11 所示。但正式的审核结果不应在现场直接公布。审核团队往往需要进行内部汇报，与决策层共同分析讨论后得出正式审核结果，并对外公布。

会议材料如下。

表 8.11　审核发现汇总表

项目			审核发现	
优点			×××	
不足			×××	
序号	管理体系	模块	审核发现	严重等级
1	质量管理体系	管理评审	例，未制定公司年度质量目标	致命问题
2	质量管理体系	研发	例，×× 项目无设计验证评审记录，未通过无设计验证评审即转入新产品导入环节	严重问题
3	质量管理体系	采购	例，供应商准入审核时，未对财务评估结果制定准入标准	一般问题
4	质量管理体系	业务连续性	例，未针对风险应对方案进行演练	建议项

5. 审核结果

审核组长负责收集并汇总各审核人员在审核过程中发现的具体问题及相应的打分结果，编制审核报告。审核小组集体对审核报告进行审阅与会签，以确保报告的准确性得到审核团队集体确认。完成会签后，此报告被提交至决策组织，以供其对审核结果进行确认和审批。

一旦审核结果获得决策组织的正式批准，审核组长即将审核过程中遗留问题清单提交给内部对应的联络人。此清单随后将被发送给被审核方，作为指导其进行针对性改进与闭环管理的依据。

若被审核方最终被成功纳入采购方的供应商体系，那么相应的管理责任人将承担起跟踪这些遗留问题直至完全闭环的责任；反之，若被审核未成为供应商，则相关人员通常无须进一步进行遗留问题的跟踪管理。

8.1.6　供应商导入决策

在完成对潜在供应商的最低资质要求的核对、现场审核、合同风险以及财务风险评估后，采购经理将收集到的所有信息整合汇总形成一个供应商导入综合评估报告，如表 8.12 所示。此报告将被作为决策依据提交给相应的决策组织进行审议，决策组织将对是否将潜在供应商导入为正式供应商做出最终决策。

表 8.12　供应商导入综合评估报告

序号	项目	包含内容
1	最低资质要求	最低资质要求的符合程度 不符合项目、风险及规避措施
2	现场审核	审核得分 流程要求符合程度 意见和建议
3	合同风险	流程要求符合程度 风险及规避措施
4	财务风险评估	财务得分 流程要求符合程度 意见和建议 风险及规避措施

若发现潜在供应商在综合评估过程中出现如质量得分较低等特定风险项目，但出于业务实际需求或战略考量仍需将其引入为正式供应商，则应针对识别出的风险点为其量身定制风险管理措施，并确保这些措施得到有效落实。在措施得到充分执行与验证之前，建议企业对供应商的使用实施一定限制，以防其"带病上岗"。这样做既能保障企业的利益不受损害，又能促进供应商的自我改进与提升，最终实现双赢。

8.1.7　发布供应商信息

将通过审批的供应商信息正式录入企业供应商管理系统，包括基本信息、资质证书、评估报告、合同文件等。

将未通过本次引入流程但表现良好的供应商纳入潜在供应商资源库，未来有新项目或扩展需求时，优先考虑从潜在供应商资源库中筛选合适的合作伙伴。

经过上述六个步骤，将行业厂商逐步筛选，最终导入成为正式供应商。

8.1.8　供应商手册

当一个新的潜在供应商被引入为正式供应商后，其通常都会经历一段磨合期，逐步理解和适应采购方的各种业务流程、标准以及特定要求。为了加速这一过程，提升双方的合作效率，采购方可以编制一份类似于产品使用说明书的手册，即供应商手册。该手册旨在全面而详尽地介绍供应商所需了解的基础知识与必须满足的要求，涵盖合作流程、质量标准和服务规范等多个方面，从而帮助供应商高效完成与采购方的业务合作。供应商手册常见的内容如下。

- 公司推崇的价值观和要求。例如亚马逊供应链标准手册详细介绍了在亚马逊商店销售或向亚马逊提供产品或服务的任何第三方所必须遵守的标准和要求。其中包括如工资福利、健康和安全、工作时间等要求，同时也详细说明了审计的要求、审计的范围以及审计的方式（代管审计）。
- 公司的采购政策和导向。如诚信廉洁政策，对聚餐、旅游、会议和纪念品等的要求，对不当行为给予明确界定。
- 绩效考核的标准和要求。如各项绩效指标的计算方式、权重和考核的周期以及对绩效结果的应用策略等。
- 质量的要求。对供应商质量管理的要求包括质量体系的认证，对供应商从产品开发到交付等各环节质量管理活动的要求，对供应商审核或评估的方法及说明，对供应商日常质量管理、响应及反馈的要求，等等。例如特灵公司全球供应商质量手册结合了 IATF 16949 标准，阐明了在质量管理方面对供应商的要求。
- 交付的要求。如物料的包装、标识，订单交付的预约、送货、验收，发票和付款等具体操作，退换货的流程，等等。
- IT 系统的使用。如 SRM 系统中订单接收、供应能力回复、报价、合同签署等具体操作指导。
- 联络矩阵以及信息反馈渠道和窗口。明确什么类型的问题在企业内部应该由哪个角色负责，需要哪些角色参与以及问题反馈的渠道和窗口等。

8.2 选择供应商

完成供应商导入后，新加入的供应商即具备资格参与具体的物料寻源和选择项目。然而，即使在一个品类范畴内，也并非所有供应商都能无差别地参与所有类型的物料寻源和供应商选择活动。采购方需要依据供应商的分类以及既定的采购策略对本书 4.3 章节中介绍的寻源地图进一步细化来精确界定哪些供应商最适合参与哪一类项目。本书将在后文中深入探讨供应商分类的标准以及采购策略的制定与实施。

在确定好参与寻源的供应商范围以后，采购方即可按前文介绍的供应商选择流程和方法进行具体项目或器件的供应商选择。

8.3 如何给供应商打分

经过供应商选择程序后，采购方将与被选中的供应商展开业务合作。为确定合作效果，采购方需建立一套定期评估机制，用于评价特定时间段内各供应商的表现。采购方将借助供应商纠正措施要求（Supplier Corrective Action Request，SCAR）和季度业务回顾（Quarterly Business Review，QBR）等形式，将评价结果反馈给供应商。针对评估中发现的不足之处，双方将共同制定措施进行改进，以此形成持续改进的良性循环。

采购方在评估供应商的表现时，可以从技术（Technology）、质量（Qualiy）、交付（Delivery）和成本（Cost）等多个维度进行评估。同时，部分企业还会增设响应速度（Response）和网络安全（Cyber Security）等评估维度，以更全面地评估软件类供应商的综合表现。

8.3.1 质量绩效

质量绩效评估是常见的供应商绩效评估项目，常见的评估要素有 RIDPPM、FDPPM 等。采购方首先需要对要考核的质量指标进行定义，将对自身影响大的质量指标纳入考核范围。

采购方需针对各个评估要素设置绩效权重和相应的计分规则。若计分规则较为复杂，可以编制 KPI 字典，对计分规则进行详细解释和说明，以确保评估的准确性和公正性。供应商质量绩效评估表见表 8.13。

表 8.13　供应商质量绩效评估表

指标	计分规则	权重	供应商实际值	得分
RIDPPM				
FDPPM				
PONC				
批次质量问题	出现一次批次质量问题扣 × × 分 当个季度批次质量问题数≥ × 时不得分			质量
市场投诉	每出现一次质量问题引发的市场有效投诉扣 × × 分			
质量事故	一级事故扣 × × 分 二级事故扣 × × 分			

- RIDPPM（Received Incoming-Material Pefective Pieces Per Million）：每百万个产品中被拒绝的产品数量，通常用于描述来料的缺陷率水平。

- FDPPM（Factory Defective Parts Per Million）：每百万个产品中存在缺陷的产品数量。

- PONC（Price of Non Conformance）：不符合要求的代价，指由于质量问题而造成的成本损失。

- 批次质量问题：在同一批次产品中失效品的数量大于一定数量或 FDPPM 大于设定阈值时，定义为批次质量问题；可以分品类制定批次质量问题标准。

- 市场投诉：指客户在交易或使用产品、服务的过程中对产品质量服务水平不满意而向产品或服务的提供方表达诉求的行动。

- 质量事故：指在产品或服务使用过程中，由于各种原因导致产品或服务质量不符合标准和要求，从而造成损失或不良影响的事件。具体质量事故的定级标准可以在质量保证协议中进行约定。

为激励供应商积极主动地发现并处理产品质量问题，采购方对于主动召回且未造成实际影响的质量事件，可以给予豁免，不进行扣分处理。

质量绩效的评估频率可以设定为月度或季度，采购方应根据自身的业务量来合理确定评估周期。但需注意，时间周期不宜设置得过长，以免影响评估的时效性。

8.3.2 交付绩效

交付绩效是评估供应商在量产阶段交付能力的重要指标，它主要聚焦于需求满足率、承诺满足率、VMI 覆盖率以及退货授权（Return Material Authorization，RMA）处理及时性等方面。此外，对于供应商在特殊情况下的行为，如接到订单后的例外取消、积极配合缩短货期等，可以视为加分项，促使其保持灵活性。鉴于样品研发阶段的需求变动较为频繁，为了更准确地评估供应商在此阶段的交付能力，可将样品交付及时性纳入技术绩效而非交付绩效的评估范畴，以全面评估供应商在产品开发方面的表现。

- 需求满足率：在一定时间段内，供应商承诺的交付数量占采购方采购需求总量的比例。
- 承诺满足率：在一定时间段内，供应商实际交付的数量占供应商承诺交付数量的比例。
- RMA 处理及时性：供应商在服务水平协议（Service Level Agreement，SLA）范围内处理相关活动的比例。
- VMI 覆盖率：供应商支持 VMI 模式的物料在供应的所有物料中所占的比例。

需求满足率与承诺满足率之间存在微妙的平衡，这一方面促使供应商提升承诺的供应数量以满足潜在需求，另一方面又强调其承诺的严肃性，避免不切实际的承诺。然而，采购方自身需求的变动会对供应商的承诺满足率造成直接影响。因此，在进行绩效评估时，有必要对因采购方自身原因造成的特定场景下的异常数据进行合理剔除或调整，以确保评估的公正性。例如，当采购方原需求数量为 100 pcs，供应商据此承诺供应相同数量，但随后采购方需求量减至 80 pcs 时，理想的处理方式是供应商调整交付量至 80 pcs，以避免库存积压。在此情况下，若单纯以实际交付量计算承诺满足率，显然对供应商不公。因此，评估时应考虑剔除此类由采购方需求变动导致的对供应商绩效产生影响的数据，或采用更为灵活的评估方式。

RMA、订单处理和需求响应的及时性直接反映了供应商的服务质量和响应速度。为了明确双方的期望和责任，建议采购方与供应商之间就 SLA 进行详细约定，明确各项服务的响应时间、处理流程、标准及违约责任等，以此作为评估供应商服务水平的重要依据。

8.3.3　技术绩效

技术绩效主要评估供应商对采购方需求在技术上的满足度。主要的评估指标有符合技术规格的项目比例、测试一次通过率和量产进度满足率，对于汽车行业的供应商，可以增加如工装样件认可按时通过率和生产件批准程序按时通过率等评估指标。

- 符合技术规格的项目比例：评估周期内供应商能提供满足技术要求产品的项目数量占参与评估的项目总数的比例。
- 测试一次通过率：评估周期内，供应商提供的产品一次性通过所有测试的项目占参与的项目总数的比例。
- 量产进度满足率：评估周期内，供应商提供的产品能按项目要求的时间计划量产的项目占参与评估的项目总数的比例。

在技术绩效评估中，要充分考虑评估周期内项目的总数量。较小的样本量可能导致绩效指标出现较大波动，从而无法真实反映供应商的技术表现，因此在评估时应确保有足够的项目数量作为支撑。若项目数量有限，为避免评估结果失真，可以将评估周期适度延长至季度或半年度，以便更真实地评估供应商的技术能力。

为鼓励供应商进行新技术分享和交流，采购方可以将新技术分享次数、举行 CTO 交流会的次数、举行技术开放日活动的次数和产品路标交流会的次数等列为评估指标。

8.3.4　绩效评估通用原则

在划分供应商绩效等级时，常分为 A、B、C、D 由高到低四个等级作为标准，以便后续的应用和管理。划分等级的方法主要有两种：直接依据供应商的实际得分进行划分，或者将实际得分换算为相对得分后再进行划分。这两种方法各有其利弊。

直接按实际得分划分等级，其优势在于直观明了，能够直接反映供应商在绩效指标上的表现。然而，当供应商得分普遍接近或差异不大时，这种方法可能难以有效区分供应商的绩效档次，导致评估结果缺乏足够的区分度。

采用相对得分划分等级虽然能够解决供应商得分相近时难以区分的问题，能够体现供应商的相对优势，但其缺点在于缺乏一个固定的、绝对的绩效标准作为参照。这意味着，即使某供应商被评为 A 级，也可能仅仅是因为其在同品类或同行业中的相对表现较好，而非其绩效已经达到了很高的标准。因此，这种方法可能无法完全真实地反映供应商的绩效表现，尤其是在行业整体水平较低的情况下。

因此，在选择划分供应商绩效等级的方法时，需要根据实际情况和需求进行权衡。若追求直观性和绝对性，可倾向于按实际得分划分；若需提升区分度和相对性，则可考虑使用相对得分的方法，并辅以其他评估手段来确保评估结果的准确性和全面性。抑或是将两种方法结合起来使用。

综合评估法固然是绩效评估中常用且全面的方法，但它并非唯一途径。为了更有效地管理和激励供应商，企业还可以针对某些关键绩效指标设立"高压线"机制，即一旦这些关键指标触及预设的负面阈值，供应商的绩效等级将直接受到严重影响。

以网络服务供应商为例，企业可以明确规定：若网络中断时间超过 1 小时，无论供应商在其他方面的表现如何，其质量绩效将直接被判定为 C 类，以示警告；若网络中断时间超过 2 小时，则其质量绩效将直接被判定为 D 类，作为严重违规的惩罚。这种"高压线"机制能够迅速且明确地反映供应商在关键服务上的稳定性和可靠性，确保供应商对关键绩效指标给予足够的重视。

同样地，评估交付绩效也可以采用类似的"高压线"机制设定。比如，若供应商连续两次未能按时交付产品或服务，或者延迟交付时间超过特定天数，其交付绩效同样可以直接被判定为较低的等级。

通过引入"高压线"机制，企业可以更加精准地管理和激励供应商，确保其在关键绩效指标上保持高水平的表现，从而维护整个供应链的稳定性和效率。

在构建绩效评估体系时，传统上多数指标属于扣分项以对供应商实施负向处罚，但适度引入正向激励项目同样重要。这些正向激励项目旨在鼓励供应商超越基本标准，展现卓越表现。然而，为确保整体评估的公正性和客观性，应审慎设置正向激励项目的得分权重，通常应使其不超过总权重的 5%，确保"好钢用在刀刃上"，精准激励真正优秀的供应商。在引入加分项时，为了减少个人偏见对绩效评估结果的影响，建议建立严格的加分案例评审机制，确保每一笔加分都基于明确的标准和公正的评判，从而提升评估的透明度和公信力。

如果需要将月度或季度绩效汇总为年度绩效，真实地反映供应商的长期表现，可以采用时间权重法。即根据时间由远及近的顺序，逐步增加各时间段的绩效权重，使近期的绩效对年度绩效产生更大的影响，这有助于引导供应商改善绩效表现。

供应商绩效管理的逻辑很简单，实际操作难点无疑在于相关数据的记录、收集与及时反馈。在这方面，企业数字化系统的应用显得尤为重要。通过数字化手段，企业可以实现绩效评估数据的格式化保存，便于快速检索和汇总。如果 IT 系统能够自动从各个数据源抓取相关数据，并基于预设逻辑生成供应商绩效评估报告，将极大提升评估效率和准确性，为企业的供应链管理决策提供强有力的支持。

8.3.5　供应商绩效的应用

供应商绩效评估的核心目的在于引导供应商持续向企业期望的目标与标准迈进，促进双方共赢。绩效评估的结果应通过定期的业务回顾会议或其他高层交流会议等正式沟通渠道直接传递给供应商的管理层。在绩效沟通中，企业不仅要提供供应商当前的得分情况，还应深入分析其历史得分的变化趋势，对比标杆供应商，明确指出得分差距及其原因。同时，利用雷达图等可视化工具，直观展现供应商的优势、短板及与标杆供应商的差距，以便双方共同确定改进方向。

高层间的绩效沟通不仅能够传递信息，更是驱动供应商主动改进的关键。通过深入讨论，明确待改进项，制定具体的改进计划与时间表，并持续跟踪改进措施的执行情况与成效，形成闭环管理。这种高层互动不仅促进了双方的战略协同，也提升了供应商改进的动力与执行力。

但仅仅是将绩效结果告知供应商驱动力不足，需要将绩效结果应用贯穿整个业务过程，构建绩效导向的业务合作模式。具体而言，应将供应商的绩效表现直接与其业务合作机会挂钩。一方面，为绩效优异的供应商提供更多业务合作机会、优惠条件及资源支持，作为对其卓越表现的认可与奖励；另一方面，对于长期绩效不佳、无显著改善的供应商，则采取限制合作、减少订单量或淘汰等措施，以维护供应链的整体健康与高效。通过这种"胡萝卜加大棒"的激励机制，激发供应商改善绩效表现的积极性。

在采购业务中，供应商绩效结果可用于具体项目的供应商选择、现有采购项目的执行、参与新项目的机会、供应商年度分类组合管理和采购策略制定。

- 具体项目的供应商选择。将绩效结果用于项目供应商选择是最常见的应用之一。在进行具体项目的供应商选择时，对质量、交付领域等赋予一定权重，甚至在某些条件下直接对这些领域高绩效的供应商授予一定的中标份额，从而使供应商绩效结果能够实质性地影响供应商选择结果。正如在供应商选择策略中所强调的，关键在于如何通过科学设定权重和评估标准，有效拉大不同绩效表现的供应商之间的差距，从而避免无法有效激励供应商通过改善绩效来争取更多业务合作机会。另外，还可以执行质量优先或交付优先策略，对于在质量或交付方面表现尤为突出的供应商，不仅可以在项目中预留一定的业务份额作为奖励，还可以赋予其标后议标或额外谈判的机会。这种做法不仅能够直接激励供应商在关键绩效领域持续精进，还能在供应商群体中树立标杆，营造良性竞争氛围，最终达到通过业务结果牵引供应商自主改善绩效、提升整体供应链效能的目的。

- 现有采购项目的执行。在现有采购项目的执行过程中，依照供应商绩效来调整采购量（即采购份额）是有效运用绩效结果、促进供应商持续改进的重要手段。具体而言，企业应当增加对绩效表现优异的供应商的采购量，以作为对其持续努力的认可；相反，对于绩效不佳的供应商，则适当减少采购量。为了明确这种挂钩机制，企业可以设定具体的绩效门槛与采购量调整规则。例如，针对某个绩效表现为 C 类或 D 类的供应商，在其绩效达到既定标准之前，企业可在特定项目中将对该供应商的采购份额限制在 30% 以下，以此作为促使其积极采取改进措施、提升绩效水平的驱动力。这种做法不仅能够直接影响供应商的经济利益，激发其改进动力，还能在供应商群体中形成鲜明的绩效导向，推动供应商群体向更高标准发展。

- 参与新项目的机会。将供应商绩效表现和新项目投放挂钩。对于绩效优异的供应商，应积极提供多样化的合作机会，包括但不限于跨品类发展的可能，以此作为对其卓越表现的认可与奖励；对于绩效较差的供应商，应审慎评估其参与新项目的资格，必要时采取限制措施，促使其专注于现有业务的改善。通过"以未来合作机会牵引绩效提升"的策略，激励供应商持续追求卓越，也能确保新项目与新业务由具备高能力、高意愿的供应商承接，从而降低风险，提升整体业务质量。

● 供应商年度分类组合管理和采购策略制定。在进行供应商年度分类组合管理与采购策略规划时，企业应全面审视供应商在技术、质量、交付及成本等方面的绩效表现，基于这些关键绩效指标，制定差异化的供应商关系管理策略和品类采购策略。企业应坚决淘汰那些长期绩效不佳、无法适应企业未来发展需求的供应商，通过优胜劣汰的机制，保持供应商队伍的竞争活力。这一过程需确保公平、透明，既要体现企业对供应商绩效的严格要求，也要为供应商提供清晰的改进路径，以维护双方的长期合作关系。

将绩效结果直接应用于某个项目的供应商选择，影响往往较为直接且会在短期内显现。然而，将绩效结果纳入供应商年度分类组合管理与采购策略制定考虑范畴的影响则更为深远和持久。这种方式不仅促使供应商持续努力提升自身表现，以争取更高的分类等级和更多的合作机会，还促使企业基于供应商的长远发展潜力与绩效表现来构建更加稳固、高效的供应商关系，有效管理供应商队伍，保持其竞争活力与创新能力，为自身的长期发展提供坚实的供应链保障。

8.4　供应商关系管理

笔者曾听到某些企业的采购人员说："我们和某家供应商高层频繁进行聚餐、交流，我们和这家供应商关系很好。"还有的人认为企业导入了供应商关系管理（SRM）软件就进行了供应商关系管理。将供应商关系管理简化为频繁的聚餐与交流，或仅仅依赖于 SRM 软件进行供应商关系管理，都是对这一领域的片面理解。

什么才是真正的供应商关系管理？供应商关系管理是一种深层次的、战略性的管理理念和业务流程。它不局限于企业与供应商之间的日常互动，而更着重于在企业内部跨部门构建对供应商的一致认知和统一策略，并以此为基础与供应商建立长期、紧密且相互信任的伙伴关系。供应商关系管理强调双方的深度合作与协同，旨在通过共享信息、推动技术创新和流程改进，共同提升业务绩效。它超越了简单的交易关系，不仅关注降低成本、提高效率等短期目标，更着眼于共同探索新市场、开发新产品、解决复杂问题来应对市场变化，抓住新兴机遇，从而获得长期的竞争优势，最终实现双赢。

虽说供应商关系管理的核心理念是希望和供应商建立长期、紧密的合作伙伴关系，但这并不意味着对所有供应商采取无差别的管理方式。由于企业资源的有限性，必须采取策略性的分配方式，将宝贵资源集中投入于对企业业务具有重要性和战略价值的供应商。

8.4.1 供应商的分类

在商业运营中，面对有限的资源与业务发展的实际需求，企业不可避免地需要对供应商进行评估与分类，进行差异化管理。这种分类基于供应商在采购方供应链中的战略价值、发展潜力和绩效表现等。

通过对供应商进行分类和差异化管理，企业能够更有效地配置资源，确保业务机会优先向那些能够为企业带来更高价值、更强协同效应的关键性的供应商倾斜。这种策略性的供应商分类不仅有助于提升整体供应链的效率和竞争力，还能促进企业与关键供应商之间建立更加紧密、互利的合作关系，从而实现更高水平的业务产出与可持续发展目标。

8.4.2 品类分级

品类分级是基于不同物料在采购方产品中的独特性质，深入评估这些物料对采购方产品质量、成本控制、市场竞争力以及供应链可持续性的贡献度，进而识别出对采购方生产经营具有关键影响的物料类别。为了有效实施分级策略，可将卡拉杰克矩阵（Kraljic Matrix）应用到品类分级中。

卡拉杰克矩阵通过两个核心维度——物料的重要程度（如采购金额占比、对利润的贡献程度等）和物料的获取难度（即市场供应的难易程度、风险性），将采购品类划分为四类：战略品类、杠杆品类、瓶颈品类和一般品类。这一矩阵为采购人员提供了清晰的视角，使他们能够深入理解所管理物料或供应商的特性与面临的挑战，进而制定出更加精准、高效的管理策略。通过应用卡拉杰克矩阵，企业可以优化在不同物料品类中的资源配置，加强与关键品类供应商的合作，同时有效管理潜在风险，确保供应链的稳健运行，为自身的长期发展奠定坚实基础。

企业可以采用平衡计分卡这一综合评估工具（见表8.14），通过设定一系列与品类相关的关键指标来全面评估各品类的重要程度和获取难度，各品类的综合得分将作为确定其在卡拉杰克矩阵中位置的依据，企业进而科学地完成品类分级。

表8.14　品类分级平衡计分卡示例

序号	维度	项目	评估内容举例
1	重要程度	使用的频度 / 范围	是被所有产品使用还是被部分产品使用 使用的产品是否为公司主要产品
2		对成本的影响	在产品中的成本占比 品类采购金额占公司采购金额的比例
3		对技术先进性的影响	是否影响产品的功能、性能 创新的频度 是否存在颠覆性创新
4		对产品销售的影响	是否为产品显性化卖点 是否能促进产品销售
5	获取难度	行业资源情况	市场上可供应资源数量 市场集中度（CR4>40%、CR8>40%） 未来 1~3 年供应紧缺程度（供过于求 / 供需平衡 / 供小于求）
6		货期	货期 <30 天 30 天≤货期 <60 天 60 天≤货期 <90 天 货期≥ 90 天
7		可持续供应性	可供应资源在某一个区域 / 地区的集中度 主要供应源（大于 60%) 是否处于不稳定地区（如战乱地区、自然灾害频发地区） 物料是否受管制或需要许可证才能获取

在确定各品类在卡拉杰克矩阵中的位置后，进一步将采购金额作为一个因素生成气泡图。这种结合了卡拉杰克矩阵与品类采购金额的气泡图即为品类分级地图（见图8.3），能够为企业提供一个清晰、直观的视角，以便企业更好地理解和管理不同品类的采购策略。

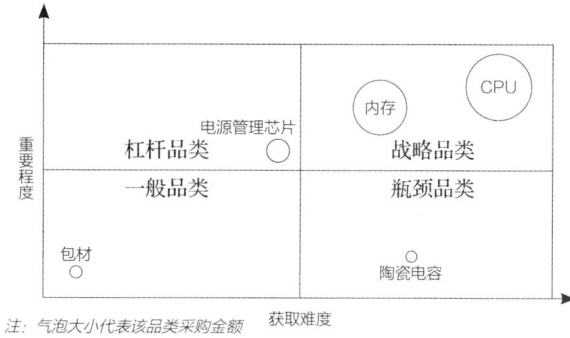

注: 气泡大小代表该品类采购金额

图 8.3 品类分级地图

- 战略品类：获取难度大，重要程度高。这类物料往往处于寡头型市场，如计算机 CPU 等。在这样的市场中，短期内难以显著拓展供应资源。因此，与供应商建立长期、稳固的伙伴关系成为关键，重点聚焦于管理物料的可获得性，并致力于构建和维护相对竞争优势，确保可供应性和竞争力。

- 杠杆品类：重要程度高但获取难度小，通常涉及标准物料。针对这类物料，采购策略应侧重于在增加供应资源的同时维护健康的竞争环境。通过向优质供应商集中采购，企业可有效地利用规模优势获得更具竞争力的价格和服务。

- 瓶颈品类：重要程度不高，采购金额虽小但获取难度大。为了应对这类物料的供应风险，保持一定水平的库存是必要的。此外，积极将瓶颈品类的供应商发展为跨品类合作伙伴，通过增加业务合作促进双方的关系，有助于企业在关键时刻获得更及时、可靠的供应支持。长远来看，从产品设计的角度出发，探索替代方案或优化设计以减少对瓶颈物料的依赖，是根本的解决之道。

- 一般品类：重要程度低，获取难度小，其供应风险相对较低。因此，在管理上应追求简化和高效，避免在此类物料上投入过多精力和资源。通过简化采购流程、降低管理成本，企业可以更加专注于关键品类的管理，提升整体运营效率。

8.4.3 供需方博弈矩阵

在完成品类分级之后，企业可以运用供需方博弈力矩阵对战略品类、杠杆品类和瓶颈品类的供应商进行全面评估。这一方法通过深入分析供应方与需求方之间的博弈力量，明确双方在合作中的相对地位。基于评估结果，可以将供应商进行分类，识别战略供应商，以便实施更加精准和有效的供应商关系管理。

供需方博弈力矩阵是一个综合性的评估框架，该框架将需求方博弈力作为横坐标，将供应方博弈力作为纵坐标。为了全面反映供需双方的博弈态势，需要将一系列关键因素纳入平衡计分卡中。这些因素可能包括但不限于：需求方的采购规模与份额、供应商的市场地位与份额、供应商的技术创新能力、供应商的产品市场紧缺度等，如表 8.15 所示。对这些因素进行量化评分和综合分析，可以清晰地描绘出供需双方在博弈中的力量对比，为后续的供应商分类和管理决策提供有力支持。

表 8.15　博弈力平衡计分卡示例

序号	博弈方	项目	评估内容	举例
1	需求方博弈力	需求方的市场影响力	需求方在该领域的采购额占市场总规模的比例	<5% 5% ≤ 采购额 ≤ 15% >15%
2			需求方的发展前景（采购额增长率）	年增长率 >30% 30%> 年增长率 >15% 无增长
3			需求方采购量在供应方的客户中的排名	第 1 名 第 3 名 第 5 名 其他
4		需求方对供应方的帮助	需求方可以提升供应方的何种能力	
5			供应方是否可以通过为需求方提供服务来提升自身形象	
6			需求方是否能和供应方一起驱动创新	
7		供应方的客户转换成本	供应方的客户转换成本	
8			供应方的客户转换难度	

续表

序号	博弈方	项目	评估内容	举例
1	供应方 博弈力	供应方的市场地位	行业中可用的供应商数量	
2			供应方在行业中的地位	参考 Gartner 魔力四象限：领导者、有远见者、挑战者和特定领域者
3			供应方的市场份额	
4			行业供应资源的集中度（CR4、CR8）	CR4>40% 可认为市场是寡头型市场
5		供应方被替代的难度	市场中是否有合适的替代产品	完全替代，替代比例 <50%
6			替代的技术难度	是否有技术或专利壁垒
7			替代周期	大于 1 年 3~12 个月 小于 3 个月
8			替代费用	
9		供应方被替代的影响	替代对产品销售和市场推广的影响	替代是否影响产品的卖点 替代是否影响产品的销量（比如布雷博的卡钳有助于车型的推广）
10			替代对成本的影响	替代是否有利于获得成本的相对竞争优势
11			替代对质量的影响	替代是否影响产品质量
12			替代对资源布局、掌控的影响	替代是否更有利于掌控行业优质资源
13		供需情况	市场上产品的供需情况，是否会发生供应紧缺	供大于求 供需平衡 供小于求

　　完成供需方博弈力分析后，结合相应的采购金额数据，采购方可以绘制出一张针对特定品类的供需方博弈力地图，如图 8.4 所示。这张地图不仅展示了各供应商在供需博弈中的相对位置，还直观地反映了各供应商在品类中的重要度。通过这张地图，采购方可以更加全面地了解供应商的综合实力与地位，为制定更加精准和有效的供应商关系管理策略提供依据。

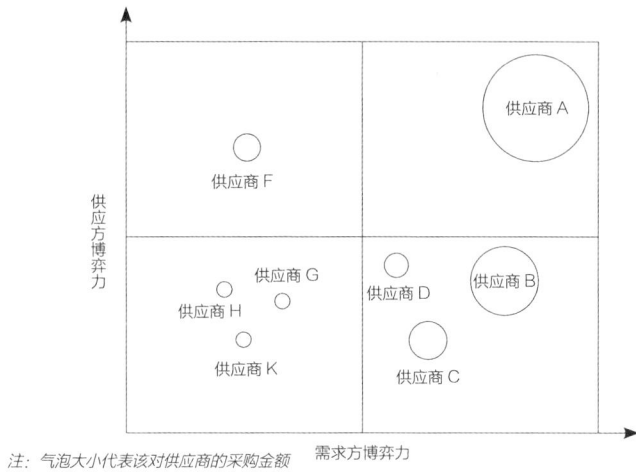

注：气泡大小代表该对供应商的采购金额

图 8.4　供需方博弈力地图

8.4.4　识别战略供应商

　　战略供应商通常来自战略品类，位于供需方博弈力地图右上角的供应商即为战略供应商，这一位置象征着供需方的博弈力均处于高水平，双方形成了相互依赖的紧密关系。战略供应商可替代性极低，市场竞争中难以找到完全等效的替代品，呈现出"打不过"也"离不开"的态势。

　　可能有人会问：为什么只有右上角的才是战略供应商？相比之下，左上角的供应商的需求方博弈力更弱，左上角的供应商也应该是战略供应商。然而，是否将左上角的供应商也视为战略供应商，还需根据具体情况深入分析。

　　对于左上角的供应商，采购方可以转换视角，站在供应商的角度，利用麦肯锡矩阵（McKinsey Matrix，也被称为 GE 矩阵或业务评估矩阵）来分析供应商在现有业务上可能采取的对策，如图 8.5 所示。

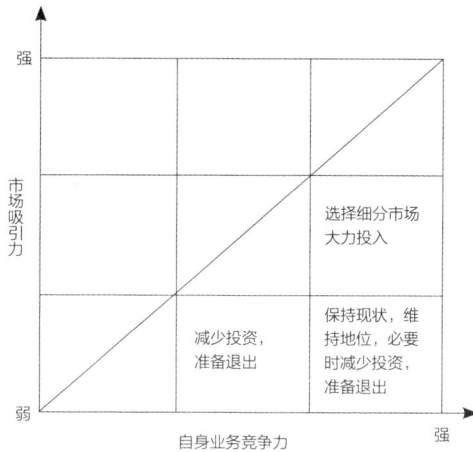

图 8.5　麦肯锡矩阵

站在供应商的立场，如果采购方吸引力（博弈力）弱而自身实力（博弈力）强，这时应该采取维持自身市场地位（如维持现有价格和服务体系不变，保证利润率）的策略。当从客户端获取的收益变少时，要减少在现有业务上的投资甚至退出。这意味着供应商不会针对采购方进行资源倾斜或额外的投入。在此情境下，如果把左上角的供应商作为战略供应商，可能会形成"一个巴掌拍不响"的局面，难以长期维系和发展真正的战略伙伴关系。

战略合作并非采购方单方面将供应商视为战略供应商就能实现的，它要求双方相互认同，共同致力于构建一种超越传统交易关系的深度合作模式。在这种模式下，不仅是采购方将供应商视为战略合作伙伴，供应商也同样将采购方视为战略客户，双方基于相互信任、尊重与共赢的理念，共享信息、资源、技术和市场机会，通过协同创新和流程优化，不断提升合作效率与竞争力，共同探索并创造出"1+1>2"的双赢局面。

8.4.5　其他供应商分类

除了战略供应商以外，企业还需综合考虑供应商在技术、质量、交付和TCO等关键绩效指标上的表现，并结合其在供需方博弈力地图中的位置，进一步将供应商细分为优选供应商、合格供应商、待发展供应商、限选供应商及拟淘汰供应商等多个类别，旨在通过对不同类别的供应商实施差异化的业务管理措施，引导并促进各类供应商在绩效上的持续改进。

在进行分类时，企业应基于自身的实际情况和战略需求，灵活调整技术、质量、交付和 TCO 等各项指标的权重，形成合适的供应商分类标准，以确保分类结果能够准确反映企业的期望。其他供应商分类计分表样例如表 8.16 所示。

表 8.16　供应商分类计分表样例

项目	优选供应商	合格供应商	待发展供应商	限选供应商	拟淘汰供应商
技术	80	70	60	60	<60
质量	80	70	70	60	<60
交付	80	70	60	60	<60
TCO	70	70	70	60	<60
总得分	310	280	260	240	<240

除了以绩效得分作为供应商分类的依据外，企业还应设立一系列关键指标门槛，比如质量得分若低于 70 分，则将供应商直接排除在优选供应商之外。

另外，必须合理控制优选供应商的数量，以引导业务资源向真正表现卓越的供应商倾斜。即便某个品类下所有供应商的总得分均超过了设定的优选供应商的标准，也并不意味着它们都能进入优选供应商行列。因为优选的本质在于稀缺性和优越性，若人人皆优，则优选失去意义。若出现上述情况，企业应重新审视并适时调整优选供应商的评估标准，确保其既具有挑战性又符合实际业务需求。

对于那些在供应链中重要程度较高的供应商（如位于供需方博弈力地图左上角的供应商），即便其当前绩效不佳，也应采取审慎的态度，可先将其归类为待发展供应商。随后，深入分析其绩效不佳的根源，为其量身定制供应商发展计划，并在其绩效得到改善后，重新进行分类评估。

对于新引入的供应商和交付量非常少的供应商，由于没有绩效数据可供参考或绩效数据不全，可以直接将其分类为合格或限选供应商。

前文已经介绍过评估供应商绩效表现的方法。对于供应商的战略潜力，采购方可以从四个方面来进行评估。

1. 影响度

● 品类影响：评估供应商的市场地位、产品质量和采购方需求满足度，以及在供应链稳定性等方面对该物料品类采购业务的影响。

● 采购金额：分析供应商发展带来的成本节约、效率提升等如何影响总体采购金额，包括是否有可能通过规模效应降低单价。

● 对风险的改善：考察供应商在应对供应链中断、质量风险等方面的能力，以及减少或消除对采购方业务运营的高风险影响的能力。

2. 成长性

● 未来需求匹配：评估供应商的技术创新能力、产能扩大计划、产品线扩展计划等是否与采购方未来业务发展规划相契合，能否持续满足或超前满足采购方的采购需求。

● 市场适应性：考查供应商在快速变化的市场环境中的适应能力，包括应对新技术、新材料、新标准的能力，以及调整产品策略和服务模式的灵活性。

3. 意愿

● 合作态度：观察供应商在合作过程中的响应速度、问题解决效率、沟通透明度等，判断其对双方合作的重视程度和投入度。

● 长期承诺：评估供应商是否愿意与采购方建立长期稳定的合作关系，共同面对市场挑战。

● 双赢思维：考察供应商是否具备双赢的合作理念，是否能够在合作中寻求双方利益的最大化。

4. 能力

● 技术或服务创新：评估供应商在技术研发、产品创新、服务升级等方面的能力，特别是其是否具备引领行业发展的前瞻性技术和解决方案。

● 质量管理：考察供应商的质量管理、EHS 管理体系是否完善，能否确保产品质量的稳定性和可靠性，以及是否具备持续改进的能力。

● 供应链整合：分析供应商在供应链上下游的整合能力，包括供应商管理、库存管理、物流配送等方面的效率和效果，以评估其整体运营水平。

通过对这四个方面的综合评估，采购经理可以更加准确地判断供应商的战略潜力，制作供应商关系管理模型，并根据供应商在模型中的不同位置开展供应商关系管理。

在 TrueSRM 模型中，普通类型的供应商包括收获型、改善型和维持型三类。普通类型的供应商战略潜力不大，采购方要在不投入过多资源的情况下发挥其价值，这主要依靠供应商自身的力量。

- 收获型供应商绩效表现好但缺乏战略潜力，对于这类供应商，只需要"顺其自然"，确保其保持优异的绩效表现。

- 改善型供应商缺乏战略潜力，绩效表现不如收获型供应商。采购方未来和改善型供应商扩大合作的机会渺茫。这类供应商通常数量较多但占据的采购份额较少。比较理想的情况是改善型供应商意识到自身的不足并加以改善，成为收获型供应商。然而，若改善型供应商的绩效持续下滑，在不得已的情况下，采购方需要考虑淘汰改善型供应商。如果需要寻找新的供应商替换改善型供应商则需谨慎，因为寻找新供应商需要额外的资源投入，而且新供应商经磨合后绩效能否达到原有供应商的水平也未可知，这可能导致采购方资源的浪费。

- 维持型供应商有一定战略潜力，但其在行业中的客户也较多，不局限于采购方，但维持型供应商多数缺乏足够的潜力发展成为影响型供应商。采购方与维持型供应商的沟通频率需比改善型供应商和收获型供应商更高。通过沟通，明确指出供应商存在的不足，期望能帮助它们成为行业一流的供应商。至于维持型供应商是往影响型供应商还是往收获型供应商发展取决于供应商的竞争情况。如果已经存在多个影响型供应商，竞争氛围足够，则应引导维持型供应商提升绩效，往收获型供应商发展；反之则应引导其向影响型供应商发展。

问题型的供应商有三类：规避型、发展型和救助型。

- 规避型供应商存在严重的绩效问题，采购方需要和该类供应商沟通客观事实，让其认清面临的严峻形势：不改善就出局。对于这类供应商，采购方必须马上采取行动，避免造成更大的麻烦。

- 发展型供应商战略潜力较大，有成为标杆供应商的机会，但绩效表现不佳阻碍其发挥竞争优势。相对于维持型供应商，发展型供应商的客户较少，如果能帮助其解决绩效问题，就能将其发展为采购方重要的供应资源。目前许多国产化替代厂商就属于发展型供应商。

- 救助型供应商战略潜力非常突出，但在某些方面存在严重的问题，比如存在财务危机。采购方需要深入分析问题的根本原因，谨慎地评估帮助救助型供应商所需的资源投入。救助型供应商的潜力和风险都极大，采购方若能争取在供应商演变为救助型供应商之前发现问题并加以解决，或许能帮助其迅速转变为投资型供应商。

关键性的供应商有三类：影响型、联盟型和投资型。这三类供应商都有极大的战略潜力，是供应商关系管理的重点，企业需要尽量多地将资源投向这三类供应商。

- 影响型供应商可能有多个和采购方市场地位相当的客户，影响型供应商会同时向这些客户推荐其创新技术和产品，看哪个客户能更快地做出反应。该类供应商也会根据客户对新技术推广应用的市场前景来挑选客户。采购方对影响型供应商的影响力不如对联盟型供应商的影响力大。
- 联盟型供应商和影响型供应商的区别在于联盟型供应商和客户的市场地位相当，彼此都是对方产品的唯一的选择。这种关系常见于供需双方都聚焦于某个细分领域的场景。
- 投资型供应商和救助型供应商的共同点在于都陷入某些困境中，区别在于采购方要对其进行改善以达到自身要求所需要投入的资源不同。对于投资型供应商，采购方可能只需要在设备等局部进行投入即可；而对于救助型供应商，采购方需要投入更多，极端情况下甚至不得不参与供应商的破产重组。

可以把上述两种供应商分类的方法相结合，将 TrueSRM 模型中九种类型的供应商划分为战略供应商、优选供应商等类型的供应商，如图 8.6 所示。

图 8.6　利用 TrueSRM 模型对供应商分类

供应商分类并不是机械地套用模型公式,也可根据实际情况对供应商的分类进行调整,为后续供应商关系管理打下基础。

8.4.6 供应商分类的应用

完成供应商分类只是开始,将供应商分类结果应用于业务实践才是供应商分类的目的。根据供应商的分类,实行差异化管理策略,企业可以更加精准地管理供应链,优化资源配置,提升整体运营效率。

- 战略供应商。企业应和战略供应商建立长期、稳定、全方位的合作关系,加强沟通与协作,共同应对市场变化和挑战。在业务分配、技术支持、信息共享等方面给予战略供应商更多的支持,以确保其能够持续提供高质量的产品和服务,满足企业的核心需求。后文将详细介绍如何进行战略供应商关系管理。

- 优选供应商。优选供应商和战略供应商类似,企业应该加大采购力度,在某些情况下赋予优选供应商一定程度的优先权,扩大合作范围,鼓励其尽量参加更多的项目,持续创新。同时,企业可以保持对其绩效表现的持续监控和评估。通过定期回顾和反馈机制,激励优选供应商不断提升自身能力,发挥引领作用。

- 合格供应商。企业可让合格供应商参与所有新项目,与其保持稳定合作关系,同时关注其潜在提升空间。但合格供应商不享有优先权。

- 待发展供应商。待发展供应商由于在某些方面存在不足,不能参与所有项目,否则会耗散企业的资源。企业要针对其不足提供必要的指导,帮助并促进其改善绩效。在新项目投放时,聚焦在可以锻炼和提升其能力的方向,帮助其提升。

- 限选供应商。企业应严格控制限选供应商的合作范围并督促其改善,仅在特殊领域向限选供应商开放新项目合作的机会。向限选供应商投放项目属于不得已而为之,需要有清晰明确的限制条件和边界。随着时间的推移,如果限选供应商无法创造价值,其可能演变为拟淘汰供应商。

- 拟淘汰供应商。企业应果断采取措施,不给拟淘汰供应商提供参与新项目的机会,逐步退出合作,避免给供应链带来风险和损失。

供应商分类作为供应商关系管理策略的核心组成部分,对企业的长期发展至关重要。供应商关系管理策略需要综合考虑多方面的影响因素,企业无法套用程式化的处理方式，需要具体问题具体分析。

8.4.7 像对待客户一样对待战略供应商

战略供应商的重要性不言而喻，它们通常都是行业的领导者，它们所提供的技术和服务被采购方及同行业的竞争对手所需要，一般不太愿意接受排他性条款。它们在研发领域持续投入巨资，以维持并扩大其技术领先优势。市场上能够提供同等质量与服务水平的替代资源少。对战略供应商的管理，企业应当做到以下几点。

- 构建并维护互信关系。双方需建立起信任基础，保持高度的透明度。企业应通过定期沟通，向战略供应商详细介绍自身的业务运作、战略规划及发展目标，同时也倾听并理解供应商的关注点与愿景。
- 协调与对齐目标。将战略供应商的目标与企业目标进行深度协调与对齐，通过制定并执行符合双方利益的策略，促进双方价值的最大化，实现双赢。
- 绩效反馈与持续优化。建立有效的绩效反馈机制，及时向战略供应商提供翔实、客观的绩效数据，共同分析并识别改进空间。通过持续的沟通与协作，驱动供应商不断优化流程、提升效率、改善绩效、促进创新，向更加理想的发展方向迈进。

通过上述三点，争取到战略供应商创新技术或产品的首发或先发机会，企业可以加速自身产品和业务的创新步伐，推动产品或服务的升级迭代，以满足市场需求，并在整个产品生命周期内拥有相对竞争优势，提升竞争力，帮助自身实现设定的业务目标。

将战略供应商管理上述三点要求分解落实到四个主要活动中，形成系统化的管理方法。

- 组织对接
- 供应商洞察
- 策略制定
- 效果反馈

1. 组织对接

组织对接构建双方沟通桥梁，旨在搭建一个高效的信息交流平台。通过这一平台，双方能够深入交流业务活动、发展目标、当前状况、面临的挑战与潜在机遇，确保信息的高度透明与共享。组织对接不仅促进双方在企业层面上的协同，更在各部门、各层级之间架设了直接沟通的桥梁。高层交流确定双方共同的目标；中层沟通制定达成目标所采取的策略；基层沟通具体的业务问题。这种直接的沟通机制极大地加深了双方对应部门人员之间的理解与合作，使得细节信息的流通更为顺畅，从而使采购方能够更精准地挖掘合作潜力，制定更为科学合理的决策。

然而，组织对接也伴随着挑战，即采购方如何确保内部从上至下保持一致。面对这一难题，采购方需对供应商进行深入洞察，强化内部沟通与协调，确保各个层级、各个部门在战略供应商管理策略方面达成共识，形成统一且明确的目标与行动计划，确保对外信息的统一性和准确性。

2. 供应商洞察

除了通过组织对接获悉战略供应商的业务目标等信息外，对供应商进行深入的洞察也尤为重要。深入洞察不仅能帮助企业更全面地理解供应商的运营状况、技术实力及市场地位，还能使企业在此基础上挖掘出双方潜在的合作机会点，特别是那些能够促进共同创新、实现互利共赢的领域。通过精准把握这些机会，双方可以携手开展技术创新、产品升级或市场拓展等合作项目。供应商洞察包括如下等多方面内容。

- 经营业绩
- 商业模式
- 近期动向
- 战略与策略
- 决策链分析
- 合作风险和价值点

（1）经营业绩。

对供应商经营业绩的全面分析涵盖了多个关键维度，包括但不限于各业务板块的销售额、占比、增长率，产品销售区域分布，主要客户群体，市场份额，毛利润率，净利润率，主要利润来源，成本结构，投资性支出，负债状况，现金流动态以及产能利用率，等等。这些信息大多可直接从财报中提取，为分析提供了可靠的数据基础。

通过对经营业绩指标的综合分析，企业能够准确地识别供应商的核心业务板块，特别是那些贡献主要收入与利润的业务，以及那些增长乏力、逐渐边缘化的业务。同时，将供应商的毛利润率、净利润率及成本结构与行业内的竞争对手进行横向对比，能够揭示供应商的竞争优势与潜在挑战。

可再进一步分析供应商的现金流状况与资本性支出变化，洞察其当前处于业务扩张阶段还是收缩调整阶段。现金流是否稳定与充足是评估供应商财务健康度的重要指标，而资本性支出的增减则反映了供应商对未来发展的规划与投资重点。

此外，对产能利用率的持续监控同样至关重要。高产能利用率通常意味着市场需求旺盛；而低产能利用率则可能预示着产能过剩或市场需求不足，此时供应商可能会采取更加激进的市场策略，如降价促销、增加产品线等，以刺激销售并提升业绩。

以苹果公司为例，其销售数据如图 8.7 所示[1]，2023 年硬件产品线的营收普遍出现负增长，而服务业务却保持增长态势，这表明苹果公司的硬件产品市场趋于稳定或饱和，服务业务可能会成为其未来重点发力的领域。若未来硬件产品的营收与销售数量继续下滑，苹果公司可能会通过推出低价产品、加强服务创新等措施来应对市场变化，以期维持并提升整体业绩。

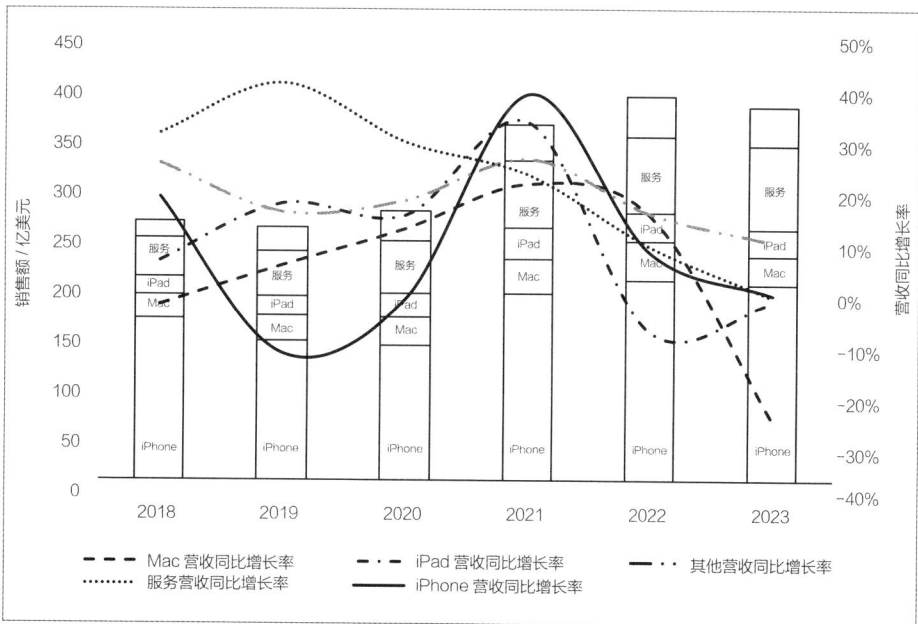

图 8.7 苹果公司销售数据

---

1 数据来源：苹果公司财报。

总之，对供应商经营业绩进行分析，可以了解供应商的现状和发展方向，推测其后续可能采取的经营策略，为制定双方的合作策略提供依据。

（2）商业模式。

分析供应商的商业模式，是深入理解其盈利途径与核心竞争力的关键。不同供应商可能依赖于产品销售、服务提供或知识产权授权等多种方式来实现盈利。这些盈利模式的优势往往体现在设计的创新、高效的生产制造、精准的销售策略、强大的品牌影响力或广泛的分销渠道等方面。

以京东自营为例，其构建了一个集成的电商交易平台，不仅整合了多个品牌的物流和售后服务，还为用户提供了一站式的购物体验。京东自营的核心竞争力在于其对用户的深度掌控，通过加快物流速度、提升售后服务质量等，吸引并留住大量用户，进而拥有与品牌商谈判的筹码，通过为品牌商提供服务（如平台推广、仓储管理等）获取收益。

航旅纵横则展示了另一种商业模式，它专注于提供航班信息服务，通过会员订阅费用和广告展示来获取利润。其核心控制点在于数据的精准性与实时性。只有掌握了详尽且准确的航班数据，其才能吸引用户关注并将其转化为付费会员，同时吸引广告主投放广告，实现获利。

宁德时代作为动力电池领域的领军企业，其商业模式为直接面向车企销售高性能动力电池产品。宁德时代的核心竞争力体现在从电池研发、原材料采购、生产工艺到售后服务的全产业链控制上。通过不断优化产品性能、降低成本、提升生产效率，宁德时代能够满足汽车制造商对动力电池的高要求，从而稳固其在行业中的领先地位并获取丰厚利润。

不同供应商的商业模式各具特色，其核心控制点也各有侧重。无论是良好的用户体验、数据优势还是全产业链控制，都是供应商在激烈市场竞争中脱颖而出的关键所在。采购方要通过供应商管理，发挥供应商的核心能力，强强联合，优势互补，从而创造更大的价值。

（3）近期动向。

供应商近期的重大动向，如并购活动、股权转让、法律诉讼等，为外界提供了一个窥探其当前战略与未来规划的重要窗口。例如，若供应商频繁启动知识产权诉讼，这往往预示着其正在积极采取法律手段以抵御竞争对手的攻势，旨在巩固并扩大自身的市场份额。此类诉讼的频发，往往反映出市场增长速度已不及供应商的扩张速度，导致行业间竞争日益激烈。

另外，供应商若选择向上游进行并购，实现后向一体化整合，这通常是为了更好地控制供应链上游的关键资源，确保原材料或关键零部件的稳定供应，并且增强议价能力，降低生产成本，获取竞争优势。

（4）战略与策略。

基于对供应商经营业绩、商业模式及近期动向的深入分析，采购方能够较为清晰地勾勒出供应商的经营战略与经营策略轮廓。

以宁德时代为例，其推出神行电池、麒麟电池等创新产品，显然是为避免陷入同质化竞争的泥潭和价格战的漩涡。通过持续的技术创新，宁德时代力求打造具有差异化竞争优势的产品，从而维持并提升产品线的利润率。同时，通过加大在消费市场的品牌推广力度，宁德时代旨在强化其在消费端（C 端）的品牌影响力，进而利用这种影响力间接影响汽车制造商（B 端）的采购决策。

此外，宁德时代还采取与主机厂合资的合作方式，降低客户的采购成本，巩固与客户的长期合作关系，在不降低自身 ROE 的基础上稳定市场份额。因此，期望宁德时代将产品价格降至与行业内其他厂商相同的水平可能并不现实，除非存在外部环境的重大变化或其他特殊因素。

若希望与战略供应商建立良好的合作关系，采购方应深入理解并顺应其经营战略和经营策略，寻找双方在技术、市场、供应链等方面的契合点，与其共同探索合作机会，实现互利共赢。

（5）决策链分析。

分析供应商的组织架构与决策链是理解其内部运作机制、识别关键利益相关人及决策者的有效途径。这一过程旨在明确在供应商内部，不同事项是如何被不同角色所影响的，确保采购方在合作中能够精准对接关键人物，实现与供应商的高效沟通与合作。鱼骨图作为一种直观的分析工具，在供应商决策链分析中尤为适用，它能够帮助企业系统地梳理并展示决策链上的各个环节、角色及其相互关系，如图 8.8 所示。

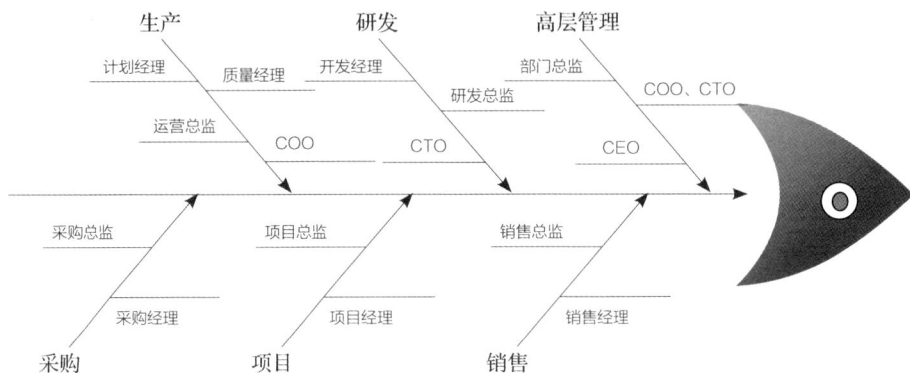

图 8.8　使用鱼骨图进行供应商决策链分析

尽管这些方法和工具可能起源于销售领域，但采购部门同样可以采纳并灵活运用它们。在采购活动中，企业需要识别其决策流程中的每一个利益相关人对合作方案的态度，如表 8.17 所示。采购方应精准把握供应商内部的各利益相关人的诉求与决策逻辑，使合作方案更容易在供应商内部获得支持和通过。

表 8.17　供应商利益相关人态度识别

分类	利益相关人	教练，支持并协助解决问题	排他性支持	支持，但可能会发生变化	中立	不认可
评估者						
影响者						
参与者						
决策者						
批准者						

（6）机会与风险点。

通过对战略供应商进行全方位的洞察与深入分析，采购方得以深入理解其业务模式、市场地位、技术实力、财务状况、组织架构及决策流程等。同时，结合企业自身的业务需求、市场战略及发展目标，采购方能够更加精准地识别出双方之间潜在的合作机会与潜在风险点，从而制定战略供应商管理策略。通过精准把握双方的优势与需求，采购方能够在合作中充分发挥协同效应，与供应商共同应对市场挑战，实现共赢。供应商洞察汇总如图 8.9 所示。

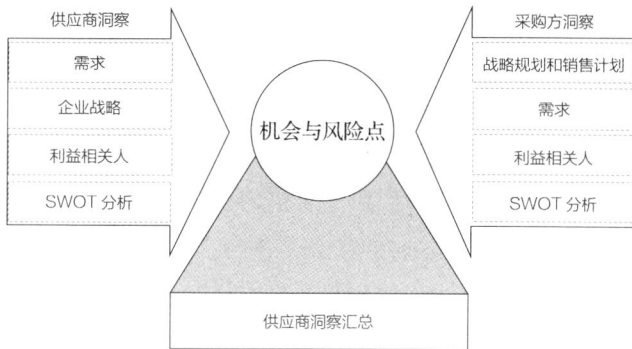

图 8.9 供应商洞察汇总

3. 策略制定

通过供应商洞察，明确了双方企业及其利益相关人的需求，并识别出合作的机会与风险点。下一步就是制定合适的策略，以确保双方能够携手合作，实现各自的业务目标，实现双赢。制定策略时，应围绕以下几点展开，并在企业内部达成一致。

- 明确合作目标。企业需要明确合作的具体目标，这些目标应该是可量化、可衡量的，并与双方的战略紧密相关。例如，提升产品质量、降低成本、扩大市场份额、共同开发新技术等。

- 设计合作模式。根据合作目标情况，设计适合双方的合作模式。这可能包括长期合同、共同投资、技术授权等多种形式。合作模式的选择应充分考虑双方的利益诉求和风险偏好。

- 匹配资源与能力。根据合作目标和合作模式，评估并匹配各自的资源与能力，确保具有充足的资源支撑策略的执行。这可能涉及技术研发、生产制造、市场营销、供应链管理等多个方面。

- 制定实施计划。制定详细的实施计划，明确合作的各个阶段的任务分配、时间节点、责任主体等。

- 风险管理。针对识别出的风险点，制定有针对性的风险管理措施。这可能包括建立风险预警机制、制定应急预案等。

通过实施这种基于深入洞察的战略供应商管理策略，双方可以更加高效地开展合作，共同应对市场挑战，实现双赢，为未来的长期合作奠定坚实的基础。

4. 效果反馈

与战略供应商之间建立定期的合作成果评估、沟通和协调机制是确保合作成功与持续发展的关键。在这些机制下，双方可以更加紧密地合作，共同应对市场挑战，实现互利共赢。

为确保双方合作顺畅与高效，应设置定期会议机制以全面沟通合作事宜。双方至少每半年应举行一次高层会议，深入审视合作成果，坦诚交流存在的问题与挑战，共同探讨潜在的合作机遇与未来发展方向。此外，双方各层级及对应职能部门之间亦需建立例行沟通会议制度，如 QBR、月度交付会议、质量专项会议等，聚焦于具体业务领域的问题解决与策略优化。这些会议确保从高层到基层，各层级间都有明确的沟通渠道，通过及时的信息共享与问题讨论，有效应对日常业务中的挑战，不断优化合作方案，并挖掘深化合作的契机。同时，建立问题升级流程，若遇复杂难题在低层级难以解决，双方将尝试在内部升级处理，必要时可提交至高层会议，以集合更高层面的智慧与资源寻求最佳解决方案。

教练式（Coaching）的 GROW 模型对提升会议效率大有裨益。在会议筹备阶段，首要任务是明确目标（Goal）并评估现状（Reality），随后共同探寻改进或拓展的机会点（Opportunity），并据此列出可行的行动方案或可选项（Options）。基于双方意愿（Willingness）与共识，选择最合适的方案付诸实施。

无论是高层间的会议还是职能部门间的例行沟通会议，会议结论达成一致并经双方确认后，应指派专人负责跟踪执行进展。对于会议中遗留的问题，需定期在双方内部进行进展通报，确保问题得到关注与及时处理，直至最终解决。这样做能够构建起一个持续改进的 PDCA（计划—执行—检查—处理）循环，从而不断优化合作流程，持续提升双方合作的效率与效果。

总之，对战略供应商的管理要做到"事成，人爽"。

"事成"是合作的基础，强调双方需在共同认可的领域内携手并进，秉持团结一致的理念，共绘发展蓝图。同时，采购方应急供应商之所急，与其相互扶持。当供应商遭遇困境时，采购方应选择与供应商并肩作战，帮助其解决问题。比如当遇到有其他厂商可以以更低的价格提供同样的产品时，优选方案是与战略供应商共同深入分析，探索成本优化的路径，而非轻易转向价格更低的厂商。在价格相同或相差不大的情况下，仍然优先选择继续和战略供应商合作，至少给战略供应商优先选择的机会，而不是直接替换。

在合作实践中，坚持"人爽"的原则。当供应商团队中的成员因双方合作的成功而获得个人成长与晋升（比如一线销售经理晋升为销售副总裁）时，这样的经历无疑会加深他们对双方合作价值的认同。未来，在资源分配或有新技术需选择合作伙伴等关键时刻，他们自然会倾向于选择那些曾给予他们支持与成长机会的伙伴，这将巩固和深化双方的合作关系，形成良性循环。

如果未能与战略供应商建立起良好的合作关系，采购方需深入反思并回答以下几个问题。

（1）采购方为战略供应商创造了什么价值？

这个问题促使采购方审视自身在合作关系中是否通过提供稳定的订单量、及时付款、提供技术支持、共同创新或优先合作等方式，为供应商创造独特的价值。如果答案是否定的，那么采购方需要重新评估并调整合作策略，以确保双方都能从合作中获益。

（2）在同等或相似条件下，企业是否优先选择和战略供应商合作？

这个问题关乎采购方和战略供应商的长期合作。在面临多个选择时，采购方是否始终将战略供应商视为首选。如果答案是否定的，采购方需要反思并加强双方的沟通与信任，确保彼此成为对方的首选合作伙伴。

（3）在战略供应商需要帮助的时候，企业是否为其提供及时的支持和帮助？

这个问题检验了采购方对战略供应商的支持和响应程度。当战略供应商面临挑战时，采购方是否及时伸出援手，共同寻找解决方案？采购方的态度与行动是否让战略供应商感受到了合作的温暖与力量？如果采购方在这一方面有所欠缺，那么行动起来，展现出合作诚意与责任感。

（4）战略供应商的人员是否因为双方的合作得到奖励？

采购方是否通过正面反馈、表彰或提供新的合作项目等方式，让战略供应商团队成员感受到合作带来的正面影响，促进战略供应商团队成员的职业发展、技能提升或绩效提高？如果答案是否定的，采购方需要考虑如何激发战略供应商团队的积极性与创造力，从而推动双方合作的持续深化。

那战略供应商是不是多多益善呢？答案是"不是"。战略供应商的数量并非越多越好。战略供应商之所以被赋予"战略"地位，一方面是因为它们具有稀缺性，另一方面是因为其能与采购方在特定领域形成高度契合，双方通过紧密合作能够实现共赢，任何一方的单方面行动都可能对合作造成不利影响，即"合则两利，斗则双输"。

然而，这并不意味着在采购过程中应完全摒弃竞争。在采购同质化产品时，让供应商进行适度的竞争依然是一种有效的策略，它可以促使供应商提供更好的价格、质量和服务。即使是战略供应商，其产品线中也可能包含一些可替代性较强的产品。对于这些产品，通过竞争来优化选择是完全合理的。但是，可在竞争的同时给予战略供应商一定的优先权。

8.5 供应商发展

供应商发展是指采购方为了强化供应链的稳定性和竞争力，针对那些对自身经营发展至关重要的关键供应商，在其存在能力短板或有待提升的领域，主动采取一系列支持性措施。这些措施包括但不限于向供应商提供必要的培训指导、资金支持、技术、设备以及引入激励机制等，旨在帮助供应商提升产品质量、增强创新能力、优化生产效率、提高管理水平，促进双方长期合作关系的深化。

供应商发展可以分为 5 个步骤。

1. 确定关键供应商

供应商发展通常聚焦于战略供应商和优选供应商，它们对采购方的业务稳定性和竞争力具有显著影响。采购经理在规划供应商发展项目时，需深入分析业务痛点，对战略品类、瓶颈品类和杠杆品类的供应商进行细致评估。通过分析各品类的供应商的现状与潜力，洞察供应商的短板与优势，识别出那些具备发展潜力，且其能力提升将直接惠及采购方的业务运营的供应商。

在科尔尼公司的 TrueSRM 模型中，供应商发展项目对象来自救助型、投资型和发展型三类供应商。

2. 组建供应商发展团队

供应商发展是一个多维度、跨领域的项目，涵盖技术革新、质量提升、运营效率优化等多个方面。因此，采购方需组建一支由采购、运营、质量、成本及供应管理等多部门精英组成的供应商发展团队。在组建团队时，应充分考虑成员的领域经验和专业能力，确保团队能高效、准确、深入地开展工作。同时，还应注重培养团队成员的沟通协调能力和团队协作精神，以应对评估过程中可能出现的各种挑战和困难，推动供应商发展项目沿着既定的目标前进。

在正式启动供应商发展项目之前，采购方内部需就项目愿景、具体目标及期望成果达成高度共识，这一步是项目成功的基石。

项目经理是成功的关键，他们不仅是项目规划与执行的舵手，更是团队士气与效率的催化剂。好的项目经理是项目成功的一半。

确定项目目标后，项目经理应积极促成采购方与供应商高层管理团队的会面，通过深入沟通确保双方对项目目标、发展规划及实施要求有清晰且一致的理解。此过程旨在赢得供应商高层的全力支持与配合，促使其派遣核心团队参与项目，保障必要的资源投入。为增强项目的正式感与双方的承诺感，可策划项目签字启动仪式，以此作为项目正式启航的标志，进一步提升双方对项目的重视程度与参与度。

3. 供应商评估

在获得供应商最高管理层的支持之后，供应商发展项目团队应参照行业最优实践对供应商进行端到端的全方位评估，识别改进的机会点和可能性。评估的维度包括但不限于以下多个方面。

- 从战略到执行。
- 产品开发。
- 质量管理。
- 成本管理。
- 交付管理。
- 业务连续性管理。
- 风险管理。

每个供应商，即便是同一品类的，也因其独特的运营环境、技术能力和市场策略差异而有着不同的业务痛点。因此，采购方应当采取灵活的策略，为不同供应商量身定制评估维度和评估方案。在制定评估方案时，应聚焦于直接关联业务成果的关键领域，确保评估工作具有针对性。对于那些短期内对业务结果无显著影响的非核心领域，可以灵活调整评估优先级，以便将资源和精力更加集中地投入关键改进点。可以参考供应商审核检查表制作供应商评估表，以提高评估效率。

供应商评估的本质是追求真实、客观，旨在全面、准确地了解供应商的现状，包括其优势与劣势，以及与行业最佳厂商的差距。供应商评估是一种合作机制，这一机制要求双方保持开放和诚实的态度，共同识别问题、探讨解决方案，并制定出切实可行的改进计划。供应商评估（Assessment）不是审核（Audit），要避免与供应商产生对立情绪，否则可能形成"猫捉老鼠"的局面，从而影响评估的准确性。

执行供应商评估的团队应由具备对应领域丰富经验的成员组成。这些成员深谙行业规则、市场动态、技术趋势，具有敏锐的洞察力。他们能够快速理解供应商的业务运作逻辑，掌握其业务痛点，为供应商提供切实可行的建议和改进方案。更为重要的是，经验丰富的评估团队成员还具备良好的沟通协调能力。他们懂得如何以事实为依据，以数据为支撑，客观公正地呈现评估结果，并引导双方就改进方向、实施步骤及预期成果等方面达成一致意见。这不仅能够增强供应商的参与感，还能够为后续的改进工作奠定坚实的基础。

4. 确定改进项目

在完成供应商评估后，与供应商最高管理层的沟通是至关重要的一步。这不仅有助于确保双方对评估结果有相同的理解，还能增强供应商对发展方案的认同感。在沟通过程中，明确发展机会的可行性、投入产出以及具体的实施细节，是确保项目成功的关键。

供应商发展项目的相关工作必须 SMART [S 代表 Specific（明确性）、M 代表 Measurable（可衡量性）、A 代表 Attainable（可达成性）、R 代表 Realistic（相关性）、T 代表 Time-based（时限性）] 化，双方需要就判断项目成功与否的指标、验收方法和实现目标的具体措施、里程碑达成一致，确保项目目标的明确性、可衡量性和可达成性。

在确定改进项目、目标和具体措施后，充足的资源投入是确保项目按计划达成目标的关键。在此过程中，应优先考虑那些能够快速改善关键指标的快赢措施，并优先为其分配资源。快赢措施的实施不仅能够迅速展现项目成果，提升双方的信心和合作动力，还能为后续的深入改进奠定良好的基础。

如果涉及共同投资，双方可基于公平、合理的原则，充分协商，就成本分摊和收益分配比例达成共识。合理的成本分摊和收益分配比例能够激发双方的积极性和合作意愿，为项目的成功实施提供有力保障。

5. 监控项目状态，根据需要调整策略

供应商发展项目启动后，双方团队应保持高度的沟通和协作精神，及时分享信息、交流意见并共同解决问题。项目经理负责监控项目的日常进展，确保各项工作按计划有序进行，定期向双方利益相关人通报项目状态，包括取得的成果、面临的挑战以及下一步的计划。这种透明化的沟通机制有助于增强双方的信任和理解，确保项目在双方的共同关注和支持下顺利推进。

与其他项目管理一样，在供应商发展项目运行过程中，随着新情况的不断出现，项目经理和双方团队可能需要共同评估这些变化对项目的影响，并据此做出相应的调整。这可能包括变更项目范围以更好地满足实际需求，优化资源配置，或修改原定计划以应对突发的风险和挑战。这种动态管理的方式能确保项目始终保持在正确的轨道上，朝着预设的方向前进。

当供应商发展项目圆满结束时，双方高层出席结案庆典无疑是对项目团队辛勤付出的肯定，也是巩固双方合作关系的重要里程碑。通过结案庆典，双方可以共同回顾项目的历程和成果，总结经验教训并展望未来合作的前景。这有助于进一步巩固双方的合作关系，为未来的合作奠定更加坚实的基础。

总的来说，在供应商发展过程中，企业需要投入一定的资源，包括时间、资金、人力等，但供应商发展结束后，竞争对手也可能会享受到发展的成果。供应商发展不是目的，它是通过供应商选择无法实现业务目标时的补充手段。如果有优质的供应商能在创新、质量、交付、成本和服务等方面满足企业的需求和期望，直接选用它们而非进行供应商发展是更好的选择。

8.6 供应商的变更

供应商从引入到退出的整个生命周期中，不可避免地会发生一些变更。常见的供应商的变更包括供应商更名、分立和被并购以及终止运营。面对这三种不同的业务场景，因其涉及的影响面不同，采购方需采取不同的管理方案。

1. 供应商更名

供应商更名常见于供应商进行股份制改造，将 ×× 有限责任公司改为 ××

股份有限公司。虽然法律实体名称及组织架构形式有所变更，但这种变更不涉及核心业务、产品质量、交货能力、价格条款以及双方合同权利和义务的实质性转移，那么对采购方来说，主要的工作就是更新系统中的供应商信息和相关财务资料。

（1）收集证明文件：要求供应商提供完整的工商变更记录、新的营业执照副本、税务登记证、银行信息变更函等文件，用于确认供应商身份变更的合法性和真实性。

（2）审核与验证：对收到的证明文件进行审核，必要时可通过官方渠道（如国家企业信用信息公示系统）进行验证。

（3）系统更新：对信息确认无误后，采购人员在 SRM 系统中更新供应商的名称、新的银行账户信息及其他可能受影响的字段，确保数据的准确性和一致性，避免因信息错误导致财务问题或付款延误。

2. 分立和被并购

（1）分立。

分立指一个公司依照法定的程序和条件，通过分立协议和股东会决议，无须经过清算程序分成两个以上的公司的行为。分立可能会带来采购方交易主体和债权债务等的变化。

供应商发生分立后，产生两个或多个相互独立的运营主体。短期内，采购方可以选择维持与原供应商的交易关系，由原供应商与分立出的新公司之间进行关联交易，以确保供应链的连续性和稳定性。对采购方而言，这种策略避免了直接变更交易主体的复杂性，提供了一种相对简便的过渡方案。然而，从长远考虑，采购方需要将交易主体变更为分立出的新公司。

如果分立出的新公司资质尚可，能满足采购方对供应商的最低资质要求，则采购方需注意以下几点。

首先，通过正式签署协议将与原供应商签订的所有与业务相关的协议顺利转移至分立出的新公司。这一转移过程需明确新公司继承原协议中的权利和义务，以确保合同的法律效力和双方权益。

其次，关于历史订单及对应款项的处理，采购方需与原供应商及新公司协商并制定详细的解决方案。例如，可以设定一个明确的时间点，在此之前未完成的订单继续由原供应商负责交付，而已交付但尚未支付的采购款项则按约定的时间和方式支付给原供应商。对于约定的时间之后的所有未交付订单，建议采取取消原订单并重新向新公司下单的方式进行切换，以确保交易的清晰和准确。

最后，对于尚未完成的维保等售后服务，从维护客户利益和服务连续性的角度出发，通常应由承接相关业务的新公司全面承担相关责任，确保客户体验不受分立影响。

如果分立出的新公司的资质或能力尚不足以满足采购方的要求，采购方有权要求原供应商对新公司的履约能力提供担保。这种担保可以是财务保证、履约保函或其他双方认可的形式，旨在降低因新公司资质不足而可能给采购方带来的风险。同时采购方要从长远角度考虑是否要维持和新公司之间的合作关系。

（2）被并购。

如果供应商整体被并购，但仍作为独立的法人主体存在，只是股东发生变化，则具体的处理方案可参照供应商更名。

如果是只和采购方相关的部分业务被并购，这部分业务可能会被装载到一个新的法人实体，则可参考分立的场景进行操作。

在部分业务被并购场景下，如果原供应商提供某些担保，当其业务被并购时，需要由收购方承接由原供应商承担的担保责任。如果收购方资质较差或因其他原因无法承担担保责任或承担担保责任有风险，采购方可要求由原供应商继续履行担保责任。

分立和被并购与单纯的供应商更名在业务层面上存在显著差异。对采购方而言，分立和被并购往往意味着交易伙伴的实质性变化，可能直接导致一个新的交易主体进入供应链体系。因此，采购方必须审慎评估这一新主体的综合实力，包括但不限于其注册资本的规模、技术创新能力、质量管理体系的有效性等关键要素，以确认其是否仍然能维持或超越原有供应商的能力和水平。

基于上述评估结果，采购方需灵活调整策略，采取必要的应对措施。具体措施包括：

● 按供应商准入流程对该新主体进行全面深入的尽职调查与审核。

● 重新谈判并签订采购合同，明确双方的权利与义务。

● 加强对新供应商的绩效监控与评估，及时识别并解决潜在问题，确保采购活动的顺利进行。

总之，对于分立和被并购带来的供应商主体变更，采购方要保持高度警觉，积极应对，以确保供应链的稳定和安全。

3. 终止运营

这里所描述的终止运营，特指供应商在业务运营正常、财务状况稳健的前提下，基于对未来市场趋势的深入分析与预测，主动做出的关于停止公司某项特定业务的战略决策。这一行为并非由资不抵债、经营不善等因素导致企业倒闭，而是供应商为优化资源配置、聚焦核心业务或应对市场变化而采取的主动策略。相对而言，若供应商因资不抵债、经营风险增加等原因出现经营困境，则其应当被纳入供应商管理策略，采购方应主动规划退出管理相关安排。

当接收到供应商终止运营的通知后，采购方应该做到以下几点。

（1）审视和供应商签署的相关协议，全面梳理并统计供应商所承担的各项责任与义务。在后续的谈判过程中，务必确保这些责任和义务能够得到履行、合理转移或妥善处理。若需将部分责任和义务转移至第三方，应明确各方权益，并正式签署包含原供应商、采购方及第三方在内的三方协议，以确保协议的法律效力和执行的顺畅度。

（2）深入评估供应商终止运营对采购方供应链稳定及经营活动的潜在影响。特别是那些作为唯一供应源的供应商终止运营时，采购方应立即启动应急响应机制，与供应商协商，要求其在合理且必要的时间段内继续维持生产并交付产品，以保障自身有足够的时间完成供应商切换工作，从而减轻对业务连续性的冲击。同时，采购方也应加快备选供应商的寻找、评估与认证进程，以降低对单一供应商的依赖风险。

（3）全面排查与供应商之间的历史订单及合同执行情况，包括已完成付款的情况与未结事项的详细清单。与供应商保持紧密沟通，共同确认所有未结订单或合同的后续履行方案，并全面评估潜在的履行风险。一旦发现存在履行风险或可能增加后续管理复杂性的情况，应积极寻求解决方案，优先考虑将正在执行的合同或订单平稳转移至其他可靠且符合要求的供应商，以确保供应链的稳定性和业务的连续性。除非遇到特殊且无法避免的情况，一般应立即关闭向该供应商下单的权限，避免继续向其下达新的订单，以防止风险进一步扩散。

（4）处理质保和维保等售后服务，必要时进行技术托管。如果涉及质保和维保等售后服务，需要供应商提供后续售后服务的履行方案，通常是买断或转移给具备服务能力的第三方。不管供应商采用哪种方案，采购方必须深入评估未来是否能持续获得具备提供这些服务能力的资源。尤为重要的是，要考虑到供应商运营中断或终止可能带来的风险，特别是技术资料的遗失或无法访问，这可能会严重阻碍其他服务商提供必要的支持。技术托管是解决这一问题的行之有效的策略。技术托管要求供应商将其关键技术资料交由独立的第三方托管代理人进行安全保管。在合同约定的特定条件下，如供应商破产、解散或无法继续提供服务时，第三方托管代理人将根据协议将托管的技术资料移交给指定的接收方。为了确保售后服务和技术托管等被持续履行，建议在与供应商签订合同时，约定扣留部分款项作为服务保证金。这些保证金将在相关售后服务得到妥善处理、技术资料顺利交接，且接收方能够继续提供必要的技术支持和服务后，再支付给供应商。这样既能保障采购方的权益，也能激励供应商积极履行其售后责任。

（5）保密信息的清理。在处理供应商终止运营的过程中，保护采购方的保密信息至关重要。采购方应主动要求供应商对涉及自身的所有保密信息进行全面清理，包括但不限于技术文档、客户资料、合作协议中的敏感条款等。若因实际情况无法立即完成清理，双方应共同制定并执行一套有效的保密措施，确保在供应商终止运营后，这些保密信息仍能得到妥善保护。

在供应商终止运营前的过渡阶段，采购方应与供应商积极沟通，共同商讨应对策略。采购方可和供应商协商先暂停付款，直至双方就保密信息处理、合同解除条件、剩余货物或服务交付，以及确保双方保密信息在供应商终止运营后继续得到有效保护等关键问题达成一致意见。通过这样的协商机制，双方可以在确保各自权益的同时，顺利完成合作关系的终止。

8.7 供应商退出

当供应商在技术能力、产品质量、交付准时性以及成本控制等方面持续无法达到采购方的既定标准，或显现出持续经营的显著风险时，其最终退出采购方的合格供应商资源池便成了一个不可避免的趋势。这种变化并非一夜之间发生的，而是经年累月问题逐渐累积的结果。因此，采购方可以通过细致观察供应商在关键绩效指标上的发展趋势，结合其他风险预警信号的演变，来预判并做出相应准备。在每年的采购策略规划中，采购方应将这种预判纳入考虑，制定出包括供应商分类、风险应对、备选供应商培养等在内的全面规划，以确保供应链的稳定性和持续性。供应商退出一般涉及如下几个步骤。

1. 全面评估供应商退出的影响

- 识别并确认该供应商是否为某关键物料的唯一或主要供应源。若是，则需立即启动替代供应商寻找和评估程序。

- 统计并分析合同履行情况、当前订单数量、备料责任量以及潜在的风险敞口等数据，以全面评估该供应商退出对供应链稳定性的影响。

- 基于评估结果，制定详细的供应商退出计划，包括时间表、责任分配情况、风险缓解措施等。

2. 停止新项目合作

为避免增强退出的复杂性和延长退出周期，应停止所有新项目的投放。

3. 有序完成历史订单交付

监控订单执行情况，及时解决可能出现的问题，确保所有已下达的订单能够按时、按质完成交付。

4. 完成财务结算与关闭供应商账号

- 在所有历史订单交付完成且验收合格后，完成财务结算。

- 检查并确认对供应商的付款完成情况，然后正式关闭供应商账号。

供应商退出是一个需要精心策划和执行的过程。在供应商退出过程中，采购方应通过合适的渠道向供应商解释退出原因，保持与供应商的开放、透明和友好的沟通。即便在合作关系结束后，采购方也应努力维护与供应商的良好关系，为未来可能的合作留下空间。

8.8　供应商满意度调查

"以人为镜，可以明得失"，这句古语深刻地揭示了通过不同视角审视自我、改进自身的重要性。在采购管理中，同样可以将这一智慧应用于供应商关系管理。通过供应商满意度调查来评估自身业务表现是一种实事求是的做法。供应商满意度调查的作用如下。

- 发现不足：了解供应商对合作过程的看法，有助于采购方识别采购流程和具体业务工作中的不足，识别和供应商的合作中存在的问题。
- 促进改进：通过对问题的改进，提高采购效率，改善交付质量，推动供应链整体能力的提升。
- 稳固合作关系：通过倾听供应商的声音，展现对供应商的重视与尊重，积极反馈供应商提出的问题，有助于建立稳固和互信的合作关系，提升供应商的忠诚度。

供应商满意度调查可以由采购方自己操作，也可以委托益普索（Ipsos）等第三方咨询和调研机构进行。第三方机构有着广泛的数据来源，能够更全面地了解行业趋势和竞争对手情况，为采购方提供更加有价值的参考信息。同时，其能科学地设计调查问卷，保证专业性与中立性，在调查中保持客观中立的态度，减少采购方内部可能存在的偏见和主观性，使调查结果更加接近事实。不管由谁来操作，让供应商敞开心扉是有效的供应商满意度调查的必要条件。

可以从三个方面来进行供应商满意度调查问卷的设计，可参考附件附表。

（1）业务对接的体验。此维度聚焦于收集业务对接过程中采购方的表现。问卷对应的问题以客观的指标为基础，具体包括需求的变动率、预测准确率等客观数据。这些数据直接反映了采购方在需求管理、信息传递及计划执行方面的表现。通过量化分析这些指标，采购方可以客观评估业务对接的顺畅程度及潜在改进空间。

（2）业务的感知。此维度侧重于对企业文化、价值观及合作氛围等的主观感受的收集。它不仅关注业务操作的硬实力，更强调双方在合作中展现出的软性竞争力，如诚信、沟通效率、相互尊重等。这些主观感受对建立长期稳定的合作关系至关重要，因为它们直接影响供应商对采购方及整个合作环境的整体评价。

（3）合作的意愿。此维度旨在收集供应商对未来合作的态度。通过询问供应商是否计划增加或减少对合作的投入，以及其认为采购方在哪些方面进行改善后会更加愿意增加投入，采购方可以深入了解供应商的需求与期望。

为了确保收集到全面且深入的反馈，需要将调查问卷分发给供应商的基层业务人员、中层管理者以及高层领导，以获得来自不同层级、不同视角的宝贵意见。在信息收集过程中，要特别关注战略供应商和重要供应商的声音，因为这些合作伙伴对采购方的业务稳定性和长期发展具有举足轻重的影响。

完成问卷调查后，对收集到的调查信息进行系统的整理与分析。首先，采购方将本企业的得分与同行业竞争对手进行对比，旨在明确自身在市场中的相对位置，识别出与竞争对手相比的优势与不足。将本企业的表现与行业特定竞争对手进行横向对比分析，有助于本企业更全面地把握自身在供应商心中的位置，从而制定更具针对性的合作策略。

其次，采购方还需要将本企业在不同时间点的得分进行纵向对比分析。通过追踪历史数据，采购方能够清晰地看到本企业在各个问卷调查维度上得分的变化趋势，从而评估自身的进步与成长，以及是否存在需要特别关注的问题。

为了进一步挖掘细节和问题产生的原因，必要时可安排与供应商相关人员进行详细访谈。访谈内容将围绕通过问卷调查发现的关键问题展开，特别是针对合作意愿的调查结果。深入探讨并理解什么因素增强了供应商的合作意愿，什么因素可能阻碍了其投入资源或导致合作意愿的减弱。通过直接倾听供应商的反馈，采购方能更加精准地识别问题所在，并据此制定有效的改进措施，以巩固和提升双方的合作关系。

通过供应商满意度调查，采购方能够全面剖析本企业在采购业务管理中存在的优缺点，更加清晰地认识到自身的处境，明确未来改进的方向和重点，为企业的持续健康发展奠定基础。

8.9 SRM 系统

在采购订单履行与供应商管理的全过程中，采购方与供应商之间需进行频繁且关键的信息交互。传统上，这种交互依赖于邮件、电话、微信及 Excel 表格等工具，然而，这些方法往往面临效率低下、难以保证准确性以及信息同步不及时等诸多挑战。为解决这些问题，引入 SRM 系统成了一个高效且先进的解决方案。

SRM 系统是采购方与供应商之间信息交互的 IT 门户，从供应商管理、供应商选择到采购执行和付款等一系列业务活动，都可由 SRM 系统承载。SRM

系统通过集中化、自动化的方式,极大地优化了与供应商相关的业务活动管理流程。

SRM 系统不仅提供了一个统一的平台,还可以与其他系统进行数据交互和集成,有效避免了信息孤岛和信息不同步的问题;能让采供双方实时共享订单状态、库存水平、交货日期等关键信息,确保了数据的准确性和一致性;有利于提升采购业务数据的实时性和透明度,打造数字化供应链,提升协作的效率。SRM 系统其他系统的关系如图 8.10 所示。

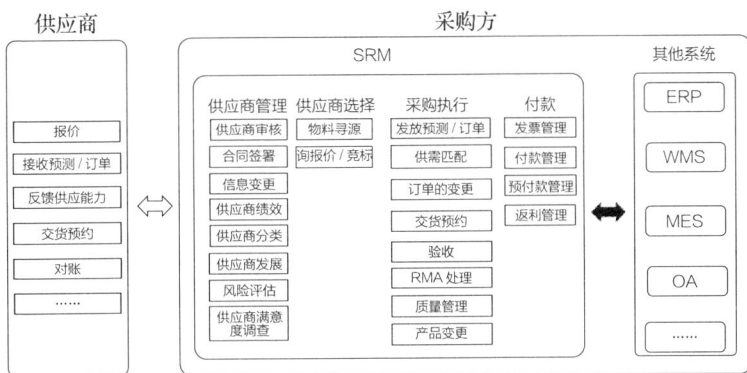

图 8.10　SRM 系统和其他系统的关系

可能有人会问:"为什么已经有了 ERP 系统还需要 SRM 系统呢?两个系统如何分工协同?"ERP 系统与 SRM 系统不是相互替代,而是相辅相成的关系。ERP 系统是企业内部管理的核心,它集成了企业内部的各个业务流程,如财务、生产、库存、销售等,旨在优化资源配置,提升整体运营效率。ERP 系统更多地关注企业内部管理的一系列业务活动,虽然能够处理一部分与供应商相关的数据,但在处理复杂多变的供应链协作方面的数据时显得力不从心。而SRM 系统专注于采购方与供应商之间的沟通与协作,通过提供一个专门的平台来管理订单、合同、交货、质量反馈等关键环节,确保双方信息准确、及时同步。ERP 系统与 SRM 系统之间通过数据集成实现紧密协作。SRM 系统从 ERP系统中接收采购订单等基础数据,SRM 系统中生成的供应商价格等数据也会反馈回 ERP 系统,供如财务结算、库存管理等其他业务模块调用。这种双向的数据流动确保了企业内外部信息的无缝对接,提升了整个供应链的透明度和协同效率。

随着供应链管理重要性的日益凸显，市场上涌现出了众多 SRM 产品，以满足不同规模和行业的企业的需求。Oracle、SAP 等行业巨头凭借其强大的技术实力和丰富的行业经验，在 SRM 产品领域占据了重要地位。同时，国内的金蝶、用友、携客云等公司也凭借对国内客户的深刻理解，推出了各具特色的 SRM 产品，为企业提供了更多选择。

在选择 SRM 系统部署方式时，企业需要根据自身的规模、业务特点以及 IT 基础设施状况来综合考虑。私有化部署虽然能够为企业提供更强的数据安全性和产品定制化能力，但同时也伴随着较高的投资成本和运维复杂度。相比之下，基于公有云的 SRM 系统则以其高度灵活性、低成本和快速部署等优势，成了众多中小企业的首选。

第九章

有据可依的采购合同

采购合同指交易双方经过协商达成一致后订立的法律性文件，其核心作用在于明确双方的权利、义务和责任，确保交易过程的透明度和可预见性。通过签署采购合同，双方不仅能够确立合作的法律基础，还能为后续的业务活动提供清晰的指导。

9.1　采购合同的架构

在采购合同中，按照不同的合同类型，可将合同分为基础协议、专项协议和项目采购协议三类。

- 基础协议。基础协议包括采购主协议、保密协议、电子交互协议、诚信廉洁协议等。
- 专项协议。专项协议包括产品变更协议、赔偿协议等，赔偿协议可进一步细化为质量问题赔偿协议、交付问题赔偿协议、供应商管理库存协议等。
- 项目采购协议。项目采购协议包括询价书（RFQ）、规格书和工作说明书（SOW）等。

基础协议和专项协议通常在供应商引入阶段进行签署，项目采购协议则在采购业务履行阶段签署。

协议层级不同，协议的履行优先顺序也不同。有时在协议中可以看到对协议优先顺序的说明："当协议内容与采购主协议发生冲突时，以采购主协议条款为准。"在实际操作中，建议在签订协议时在协议中明确约定各协议的优先级，确保交易各方的权益得到保障。

9.2　采购合同的构成要素

一个完整的采购合同包括如下内容。

（1）签约主体。签约主体包含签约主体全称、注册地址和邮编等信息。如"××科技有限公司是根据中华人民共和国法律注册的企业，注册地址位于深圳市福田区红荔西路8×××号，邮编为518×××"。如果合同同时适用于签约双方的关联企业，需要对此进行明确定义和说明。当合同适用于关联企业时，为了控制合同风险，建议在合同中明确关联企业是否承担连带责任。

（2）生效日期。合同常见的生效日期是双方签署之日。如果在合同条款中注明具体的合同生效日期，不管这个日期是在双方签署之日前还是签署之日后，合同经双方签字确认后即按合同约定的日期生效。

（3）签约的目的及适用范围。如果合同签约主体之间涉及众多业务，建议在合同中明确说明适用的业务范围。

（4）合同的标的（对象、数量），示例如表9.1所示。

表9.1　合同的标的示例

产品名称	型号	生产厂商	单位	数量
单节锂离子电池电量计	BQ27Z746EVM	德州仪器	pcs	1000

（5）合同的对价及付款方式。一般都会在合同中约定含税、不含税价格和支付方式（电汇、信用证等）。在这部分有几个常见的问题需要重点关注。

- 税率变动。合同涉及的税率有可能会发生变动，建议在合同中对税率变动情况下的含税和不含税价格加以说明。比如我国就曾在2018年和2019年两次调整增值税税率，造成含税价格的变动。

- 代扣代缴所得税。根据《企业所得税法》规定，非居民企业未在中国境内设立机构、场所，其取得的来源于中国境内所得，以支付人为扣缴义务人代扣代缴企业所得税。如果合同涉及未在中国境内设立机构、场所的境外主体在中国境内所得并向其支付相应款项时，则需在合同中明确合同金额、代扣代缴所得税税款金额和税后需要支付的金额，以便后续进行税务备案。

- 研发费用加计扣除。国家为鼓励企业投入研发，针对中国境内的企业提供了研发费用加计扣除的税收优惠政策。委托开发同样享受此项税收优惠，该政策会影响企业所得税。因此，在委托开发类合同中需要明确注明被委托方对委托开发的项目完成科学技术局注册并获取回执的义务和未能获取回执的违约责任（如扣除合同金额的 15% 或 25%）。

- 付款比例。对于一些委托开发类的合同，若分里程碑交付，需明确各个里程碑对应的验收条款和付款比例。

- 账期。有些企业也称为"赎期"。如果有付款账期，则应明确账期的起算点甚至双方对应收款项、应付款项的对账机制。

（6）履约方式、期限和地点。一般采用实物交付时，合同中应明确交货的时间、地点和贸易术语。需要注意的是，对知识产权、软件等非实物交付件，要对交付件及其形态、履约方式进行明确的约定。不管是实物交付还是非实物交付，合同中都需要对交付后的验收方式和验收期限进行必要的说明。未约定验收期限是工程类合同容易导致争议和纠纷的地方。

（7）质量和售后服务要求。合同中应注明对产品质量和售后服务的要求，明确适用的协议和标准等。约定好产品质量保证期，并明确在产品质量保证期内和产品质量保证期外出现的质量问题的处理方式。

（8）合同的变更。合同中应约定合同变更的具体操作方式和责任归属。

（9）违约责任（含不可抗力）。合同中应约定合同违约方所需承担的责任。不可抗力条款实质是对违约责任的排外条款。

（10）合同的终止。合同中应约定合同终止的条件或展期的相关要求。

（11）法律适用及争议的解决方法。合同中应明确合同适用的法律、争议的解决机制和管辖法院。如果未约定管辖地，则合同签约地法院具有管辖权。对于涉外合同，优先选择中国境内法院。

部分项目采购协议还可能涉及知识产权的归属、协议的转让和分割以及对履约情况进行审计等条款。如果合同内容中术语较多，还可以增加术语定义章节。

9.3　采购合同的签订

通常合同的签订需经过双方评审（业务评审和专业评审）、审批、签署盖章和归档这四个步骤。采购合同的签订流程如图 9.1 所示。

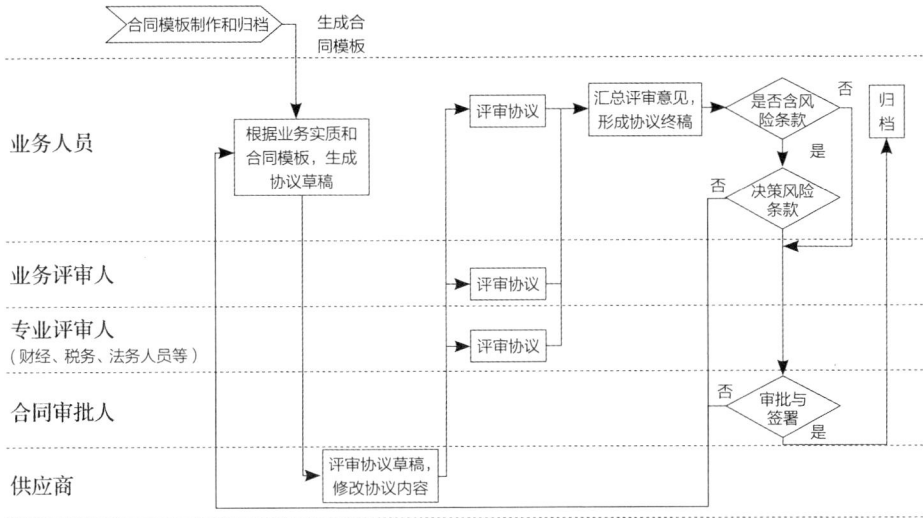

图 9.1 采购合同的签订流程

　　业务评审是业务人员对合同条款中的标的、数量、付款条款和双方的权责等内容进行评审，确保其符合业务实质。

　　专业评审包括财经、税务和法务等方面的专业人员评审。

- 财经评审人评审的内容聚焦收付款条款及其相关条款的准确性，包括收付款金额、验收条款、收付款里程碑、币种、收付款周期，重点关注预付款及其风险。合同条款对财务报告准确性的影响也是财经评审人重点关注的内容。比如合同条款中将委托开发费用分摊到产品价格中，则原属于研发费用的相关金额会被计入产品成本，进而影响财务报告准确性。那么财经评审人应对条款提出具体、可行的修改意见。

- 税务评审人重点关注合同中与税务相关的各项条款，包括税率及税率变更处理方式相关条款、委托开发合同中的研发费用加计扣除条款和涉外合同中的代扣税条款等，以确保企业的税务合规性。

- 法务评审人的核心任务在于确保合同条款的合法性、合规性，并通过专业的法律语言表述来规避潜在的法律风险，从而最大限度地维护企业的合法权益。法务评审人不仅会全面审查合同内容，查找任何可能违反法律法规、行业规范或公共政策的条款，还会对合同的完整性、清晰性和可执行性进行评估。在发现不符合法律要求的条款时，法务评审人会提出修改建议，确保合同内容符合相关法律法规的规定，减少法律纠纷的发生。为了进一步提升合同的专业性和针对性，一些企业还会将法务评审进行细分。例如，对于涉及知识产权的合同条款，企业会特别邀请专业的知识产权律师来进行评审，以便能更准确地识别合同中的知识产权风险。

尽管多数企业都设立了合同评审流程，但在实际操作中，其往往对合同风险条款的定义、识别和管理存在不足，很多时候需依靠业务人员个人的经验。这种情况可能导致企业在签订合同后面临未预见的风险，进而影响企业的合法权益甚至正常运营。常见的风险条款有：

- 担保条款；
- 预付款条款；
- 对关联企业的连带责任条款；
- 无上限赔偿条款；
- 承担开发费用，但知识产权归对方所有的相关条款；
- 经营限制、招聘限制、准入限制和其他排他性条款；
- 对业务进行审计的条款；
- 一些过高的或超过法律范围（如贸易管制）的责任和义务相关的条款；
- 可能会影响企业经营的其他合同条款。

在合同签订过程中对风险条款进行系统性识别、决策和跟踪管理，有利于管理企业的合同风险，避免影响企业的持续经营。

完成合同评审和风险条款决策后即进入审批签署环节。根据《中华人民共和国民法典》关于书面合同的成立的相关内容，合同可以由企业法定代表人签字，也可以由法定代表人的授权代理人签字，为了谨慎起见，对于非法定代表人签字的场景，建议查验签字人的授权委托书。

对于合同用印，可能存在对方企业在合同中加盖公章、合同章、法定代表人名章、财务章或分公司印章等情况。在国内，一般盖章优于签名。

- 公章。公章是企业最高权力的象征，通常用于企业最重要的文件。在合同上加盖公章，表示该合同是企业的真实意思表达，具有法律效力。
- 合同章。合同章是专门用于合同签订的印章。在签订合同时，合同章和公章具有同样的法律效力。
- 法定代表人名章。法定代表人名章是法定代表人的个人印章，通常用于需要法定代表人签字或盖章的文件。如果单独使用则代表法定代表人自己，如果与公章一同使用就代表企业。

● 财务章。财务章主要用于与财务相关的事项，通常用于发票、收据、和银行间的业务往来票据。财务章一般不用于合同文本，它不直接代表企业的签约意愿。

● 分公司印章。分公司印章是分公司为了开展业务而刻制的印章。分公司不具备法人资格，如果合同采用分公司印章，一定要审查总公司对分公司出具的授权委托书，明确总公司是否授权分公司对外签订合同，以及授权的额度，否则会影响合同的法律效力。一般情况下，不建议在合同中使用分公司印章。

在合同的签订过程中，如果遇到对合同文本的手动修改，应由双方在修改的地方签名和用印确认。为了防止合同内容在签订过程中被篡改，可以采用数字水印技术对合同内容进行鉴别。

9.4 采购合同的签署方式

在采购合同的签署过程中，存在多种签署方式，如纸件签署、电子签署和网页签署等，每种方式都有其特点和适用场景。纸件签署是常规的签署方式，而电子签署和网页签署则是信息时代的新方式。

1. 纸件签署

纸件签署是最传统也是最常见的合同签署方式。双方通过纸质文件交换并签字或盖章来达成协议的正式确认。纸件签署的优势在于其物理存在性和法律上的传统认可度。其法律效力强、风险小，但存在需要打印纸件和邮寄、效率低、合同归档和查找不方便等缺点。由于合同内容未电子化，相关人员无法对合同内容进行快速检索，影响合同条款向下游环节交底。

2. 电子签署

随着信息技术的发展，电子签署逐渐成了一种广泛使用的合同签署方式。电子签署通过电子签名技术，如数字签名、生物识别等，来实现合同双方对电子文档的认证和授权。电子签署的优势在于便捷、安全和法律效力强。它不仅克服了纸件签署效率低的缺点，提高了签署效率，还使合同内容电子化，便于后续快速检索。目前电子合同在很多国家和地区都得到了法律上的认可。

从法律角度来说，一份有效的电子合同必须同时满足两个条件：①签署方经过实名认证；②使用可靠的电子签名技术。可靠的电子签名可以锁定签约主体的真实身份，有效防止文件被篡改，精确记录签约时间。银行使用的 U 盾就是一种电子签名技术。

商务部颁布了《电子合同在线订立流程规范》，鼓励大家采用第三方平台签订电子合同。第三方平台是独立的第三方机构，不受当事人立场影响，具有相当程度的中立性。当发生合同纠纷时，与当事人自行收集、固定的电子证据相比，由第三方平台收集、固定的证据，在其经手的环节中被篡改的可能性低，有更高的可信度。需要注意的是，如果第三方平台的提供方不在境内，一旦在境内发生诉讼程序，其所存储固定的证据除了要满足技术保障要求外，还可能要满足民诉法所要求的境外证据所需的公证认证等形式要求。

由于电子合同在发生合同纠纷时需花费时间和精力去证明电子签名的真实性和完整性，举证复杂，且不同国家或地区之间关于电子合同的规定不同。因此，一些重要的协议（如采购主协议）和跨国（地区）协议不建议采用电子签署方式。同时，《中华人民共和国电子签名法》第三条明确规定，电子签名不适用于以下文书：

- 涉及婚姻、收养、继承等人身关系的；
- 涉及停止供水、供热、供气等公用事业服务的；
- 法律、行政法规规定的不适用电子文书的其他情形。

3. 网页签署

网页签署是电子签署的一种特殊形式，它允许用户直接在网页上完成合同的签署过程。它首先需要对签约主体进行意愿认证，用户通常需要通过输入密码和验证码、人脸识别或使用其他身份验证方式来确认自己的身份，并在网页上留下电子签名或确认标记。

网页签署的便捷性在于它无须用户下载或安装额外的软件，只需通过浏览器即可完成签署。然而，对于网页签署的安全性和法律效力，用户需要仔细考虑并选择可靠的签署平台。

网页签署的合同往往是单向性的，缺少双方协商修改达成一致的过程，因此面向企业的采购合同不建议使用这种签署方式。但采购业务活动中的一些单方面的知会、告知、承诺书等可以采取这种签署方式。一些面向消费者的合同也可以采用网页签署，比如互联网企业的用户协议。

另外，在签署采购合同时，需要特别注意各国或地区对离岸合同签署的特定规定和要求，以确保合同的合法性和有效性。

（1）了解当地法律与规定。在签署离岸合同之前，务必对合同签署地以及合同双方所在国或地区的法律进行深入了解，包括了解合同签署人的资格（如是否需要工作签证）、合同内容的合法性、合同语言、合同格式等的要求。

（2）设定合适的签字人和签约流程。根据所在国或地区的法律要求，选择合适的签字人以适当的方式进行合同签署。比如有的国家或地区规定合同签字人需要持有当地的工作签证。在某些情况下，可以聘请当地律师或专业机构来协助完成签约流程，以确保所有步骤都符合当地法律要求。

（3）关于签约地点的处理。通常情况下，离岸合同不应体现签约地点。然而，如果由于适用法律的要求而必须在合同中明确签约地点，则应将其设定为签约主体的注册地所在国家或地区。

总之，在签署离岸合同时，由于离岸合同的复杂性和法律要求的不同，建议在签署前咨询专业律师或法律机构，以确保合同符合相关法律要求，并最大限度地保护双方的权益。

9.5　采购主协议

采购主协议是一种在采购方与供应商之间建立的长期性、通用性协议，旨在确立并统一双方在技术规格、质量标准、服务要求等方面的基准，明确界定双方在采购活动中的权利、义务与责任。此协议的核心目的在于确保采购方能持续获得符合预期标准的产品或服务，同时为供应商提供稳定的市场需求与可靠的付款机制，促进双方合作关系的长期稳定发展。

作为双方合作的框架性和基础性协议，采购主协议不仅涵盖一般合同中包含的签约主体等基本要素，更侧重对双方业务合作中普遍适用的条款与条件进行规范，而非针对单一具体产品的详细交易条款进行逐一约定。它为后续的采购订单、交货、验收、支付等各个环节提供了统一的指导原则，提升了合作的透明度和效率。该协议包含的主要通用条款有：

- 预测信息、订单的释放与接收规则；

- 备料的责任划分；

- 产品质量保证；

- 通用的产品包装和运输的要求；

- 产品交付和验收的要求；

- 服务和响应的要求；

- 付款条款。

另外，采购主协议中还需要明确采购主协议与专项协议、项目采购协议、补充协议等协议和文件之间的关系以及优先顺序。这有助于在合同履行过程中减少争议，确保各方权益得到合理保护。

第十章

上兵伐谋，策略为先

　　当今市场变化迅速，为了赢得市场竞争，每个企业都在努力寻找构建竞争优势的机会，将其产品或服务与竞争对手区分开来，构建自身独特的竞争优势。供应链是企业构建竞争优势的非常重要的一环。当前企业间的竞争很大程度上是供应链之间的竞争，全球化就是供应链竞争的产物。鉴于优质供应资源的稀缺性，企业能否有效整合并管理供应链上的资源成为决定其能否实现战略愿景、构建竞争优势的关键因素。因此，采购方通过制定科学合理的采购策略，以实现资源的有效整合显得尤为重要。

　　采购策略的制定基于对行业的深入洞察和对企业内外部环境的全面分析，包括市场需求、技术趋势、竞争对手动态以及政策法规等。通过这一过程，企业能够清晰地识别出采购领域中面临的机遇与挑战，进而有针对性地制定采购策略和行动计划，包括对供应商的分类管理、成本控制、风险管理、质量保障以及可持续发展等方面的内容。通过实施采购策略，采购方不仅能整合优质资源、促进创新、降低运营成本，形成独特的竞争优势，还能保障供应链的安全性和灵活性，从而为赢得市场，实现自身的战略构想提供坚实的后盾。

　　制定采购策略包括行业洞察、策略制定和行动计划三个阶段，如图 10.1所示。

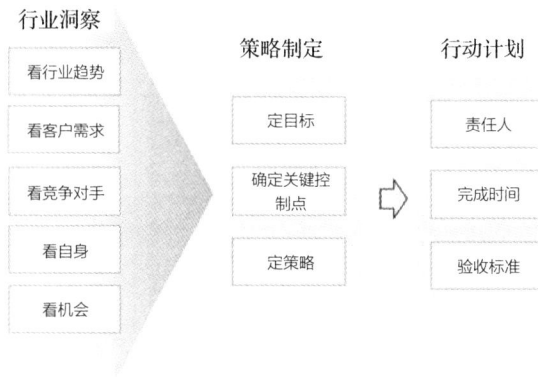

图 10.1　制定采购策略

10.1　行业洞察

什么是"洞察"？洞察即看透事物的本质。通过分析已经发生的事件，从中提炼出规律与趋势，同时，结合当前正在发生的变化，运用逻辑思维和想象力，对未来可能发生的状况进行有根据的预测和判断。

洞察不仅仅是信息的收集与整理，更是对信息背后深层次原因、动力及影响的挖掘与理解。它要求观察者具备敏锐的洞察力、丰富的专业知识、宽广的行业视野以及良好的分析能力。借鉴 5W2H 分析法，可将洞察分为三个层次，如图 10.2 所示。

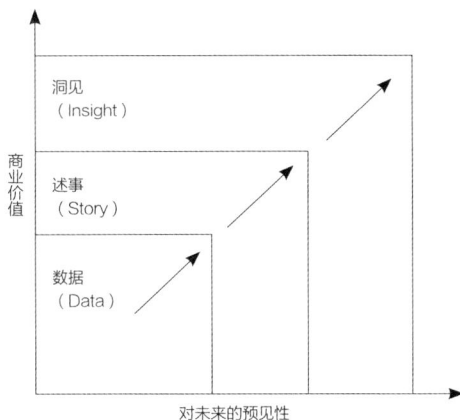

图 10.2　洞察的层次

第一层：数据（Data）。提供关于某一现象或事件的直接记录，是未经处理的原始事实或观察结果，能回答发生了什么（What）。

第二层：述事（Story）。经过加工、整理和解释数据，揭示数据之间的关联、趋势和模式。通过逻辑推理、因果分析，描述数据变化背后的原因和故事，回答为什么会发生（Why）。

第三层：洞见（Insight）。它超越了数据和述事层面，基于深入分析和理解，能够预测未来可能会发生什么（What is next？ When？ Who？），并给出建议——企业应该怎么做（How），做到什么程度，投入多少（How much）等。

华为企业战略管理中的看行业趋势、看客户需求、看竞争对手、看自身和看机会的"五看"洞察分析法是很好的行业洞察方法。

10.1.1　看行业趋势

行业洞察是对外部宏观环境及产业链内部发展变化的深刻分析，旨在理解已发生的事件，并预测未来可能发生的趋势与变化。这种洞察不仅关注当前的状态，还着眼于长远的演变趋势。行业洞察可以帮助企业了解市场需求、竞争态势以及技术和社会变革给行业带来的挑战和机遇。行业洞察的意义在于帮助企业预测市场走向，并为企业的战略规划和决策提供依据。

1. 外部宏观环境洞察

外部宏观环境对产业链的发展变化影响深远。当要深入分析并洞察某个行业时，必须将外部宏观环境纳入洞察范围。如经济政策的变化、劳动力市场的波动、大宗商品价格的变动、社会趋势以及法律法规的调整等外部因素，都会直接或间接地影响产业链的结构、效率和竞争力。通过综合评估这些因素，企业可以更准确地预测市场趋势，识别潜在的商业机会和风险，从而制定出更加灵活和具有前瞻性的发展战略。只有这样，企业才能够更好地应对市场的变化，在竞争中抢占先机，实现可持续发展。

PESTLE 分析法是一种成熟的外部宏观环境洞察方法，它从政治、经济、社会、技术、法律、环境等 6 个维度看外部宏观环境给行业带来的影响，如图 10.3 所示。

政治	经济	社会
政治经济体制 大国博弈 产业政策 税收政策 公共关系 利益集团	经济规模 / 增速 货币政策 利率 / 汇率 / 股市 大宗商品 投资 全球化 贸易壁垒	人口 / 收入分布 劳动力 / 教育 消费模式 消费观 社会保障 习俗
技术	**法律**	**环境**
新材料 颠覆性技术 专利与发明 技术转化 技术普及度	法治环境 法律监管 垄断 / 竞争 网络安全 隐私保护 消费者保护	环境变化 环境保护 社会责任 可持续发展

图 10.3 外部宏观环境洞察

- 政治因素（Political Factors）。评估与政府、政策和政治环境相关的因素对企业或组织的影响，包括政府政策、税收政策、政治稳定性等。比如各国新能源汽车发展路线图、补贴政策等会给动力电池行业的发展带来直接影响，美国贸易管制政策对半导体芯片产业链的影响，等等。

- 经济因素（Economic Factors）。评估与经济相关的因素带来的影响，包括国际贸易、投资、经济增长、通货膨胀率、汇率变动、就业水平等。考虑这些因素有助于了解市场趋势和商业环境的变化。

- 社会因素（Social Factors）。评估与社会相关的因素带来的影响，这包括人口统计数据（出生率、各年龄阶段人口比例等）、消费行为、社会价值观、文化差异等。比如分析中国汽车出口前景就需要洞察汽车主要市场（欧洲和美国）消费者的人口数据、消费习惯等社会因素。

- 技术因素（Technological Factors）。评估与技术相关的因素带来的影响，包括技术普及度、新技术等对产品研发、生产、销售和市场竞争等的影响。

- 法律因素（Legal Factors）。评估与法律相关的因素带来的影响，包括新颁布的法律、法制环境等，了解法律对组织或项目的要求和限制。比如关于 L3 级自动驾驶的法规的发布对自动驾驶行业和汽车行业的影响。

- 环境因素（Environmental Factors）。评估与环境保护、可持续性和社会责任相关的因素带来的影响，包括环境变化和可持续发展的要求等。环境因素有时以法律法规的形式产生影响，有时则以某些非政府组织的社会活动的形式产生影响。

2. 产业链内部发展变化洞察

产业链内部发展变化洞察指深入剖析特定行业的产业链结构，揭示未来的发展趋势与潜在的商业机会。这一过程不仅要求细致考察行业内产业链的转移、供需变化，还需紧跟技术创新的步伐，掌握竞争动态。全面的洞察能使企业更为敏锐地感知行业风向，灵活调整策略以应对变化，提前布局并规避潜在风险，从而在激烈的市场竞争中占据有利位置，实现长期稳定发展。

对产业链内部发展变化的洞察主要包含六个方面的内容。

- 产业链结构
- 市场需求与供给
- 市场竞争格局
- 创新
- 投资并购与整合

● 跨行业的影响

（1）产业链结构。

随着技术进步和市场需求的变化，产业链的上下游环节可能会发生调整。一些传统环节逐渐被淘汰或边缘化，而新兴环节则崛起并占据重要地位，与此同时，产业链不同环节的市场空间、利润水平等也在发生变化，进而带来投资强度的变化，最终影响供需。对产业链结构的洞察和分析可以从产业链上下游及其变化入手。

①产业链上下游。

产业链主要包括上游原材料厂商、中游的产品生产厂商和下游的应用领域三个环节。比如锂电池产业链上游为原材料，包含从矿产精炼为电池正负极原材料；产业链的中游为锂电池制造，将正极、负极、电解液、隔膜等加工后形成锂电芯，并将锂电芯和电池管理系统等包装制成锂电池包；下游是锂电池应用，主要涉及汽车、储能、消费电子、电动工具等领域，最后是锂电池的回收利用见图 10.4。

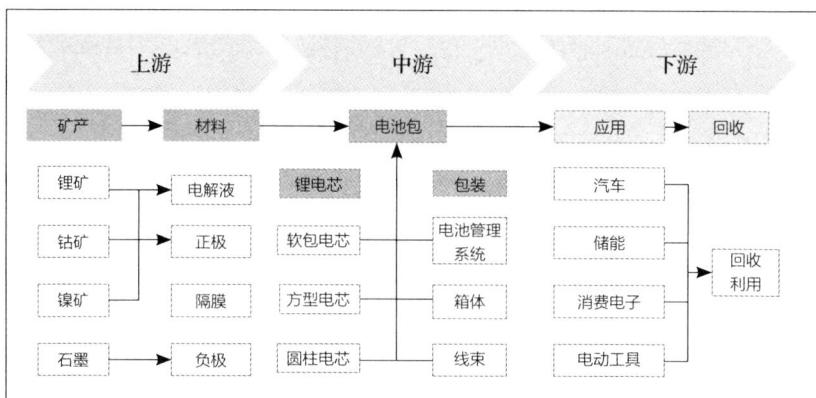

图 10.4　锂电池产业链洞察

如果要分析碳酸锂行业，就需要对锂盐的三大来源（锂辉石、盐湖和锂云母）进行研究。对不同来源的碳酸锂的生产成本、市场供应和需求等进行统计、分析和洞察。当外部环境或市场内部供求发生变化时，需预判这些变化会给碳酸锂行业带来何种影响。

②产业链价值领域转移。

产业链价值领域转移通常表现为产业链中某些环节的价值创造能力得到提

升或下降。这种转移可能由多种因素引起，如技术进步、市场需求变化、政策调整等。要判断产业链价值领域是否发生转移，需要综合考虑产业链上下游的市场规模、利润规模、毛利润率和净利润率等指标的变化情况。如果发现某个环节的市场规模快速扩大、利润水平显著提高、毛利润率和净利润率持续上升，那么可以初步判断该环节的价值创造能力得到了提升，产业链价值领域可能正在向该环节转移。

（2）市场需求与供给。

市场供需变化趋势是产业链内部发展的重要驱动力。随着需求的不断演变和升级，市场需求呈现出多元化和快速变化的趋势。为了适应这种变化，供应方应调整其生产能力，包括产品线、产能规模及技术创新等方面，以确保能够及时、准确地满足市场需求。但牵一发而动全身，市场供给和需求的变化会带来产能利用率的波动，进而影响产品价格。磷酸铁锂的均价明显与其开工率存在一定程度的相关性，如图 10.5 所示。

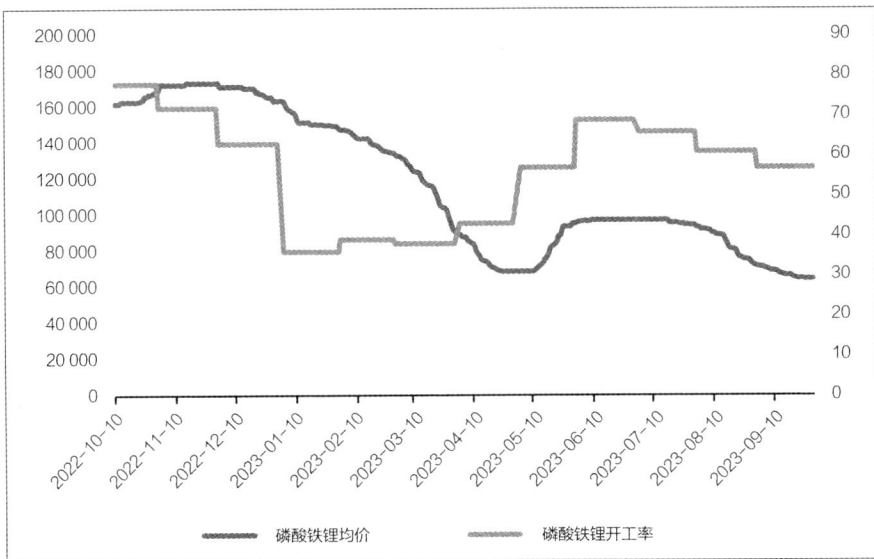

图 10.5　磷酸铁锂均价和开工率

因此，采购方必须加强市场调研，运用先进的数据分析工具和方法，提升对市场供需变化的预测能力。通过精准的市场预测，采购方能够预判市场趋势，把握采购时机，优化库存管理，有效规避供需失衡带来的风险。同时，精准的市场预测也为采购方提供了抓住市场机遇降低成本和提高采购整体效益的契机。这要求采购方不仅要具备敏锐的洞察力，还需要有强大的执行力和应变能力，以快速响应市场变化。

（3）市场竞争格局。

行业主要厂商的经营业绩是反映市场竞争力的重要晴雨表。这是因为经营业绩不仅体现了企业自身的管理能力、技术实力和市场响应速度，还直接反映了企业在市场中的竞争地位和市场份额。随着市场竞争的加剧，一些企业通过技术创新、品牌建设等手段不断提升竞争力，从而扩大市场份额，而一些竞争力较弱的企业则可能面临市场份额下降的风险。可以通过行业主要厂商市场份额的变化、行业集中度和价格战与利润率等方面来分析市场竞争的情况。

①市场份额变化。

市场份额变化能反映企业在市场中的表现、市场需求的变化、技术创新和产品升级、经济环境、营销策略的有效性和客户满意度与忠诚度等多个方面的信息。行业主要厂商经营业绩的波动往往伴随着市场份额的增减。当一家企业的业绩显著提升时，可能意味着它成功地扩大了市场份额，增强了市场竞争力；反之，业绩下滑可能意味着其市场份额被竞争对手侵蚀，市场竞争压力增大。因此，可通过分析企业市场份额的变化，了解行业变化趋势，识别这些变化带来的挑战和机遇。

由图 10.6 所示全球动力电池主要厂商市场份额的变化情况可知，宁德时代的市场份额整体呈上升趋势，但从 2022 年开始趋于稳定；比亚迪的市场份额大幅增加；日韩厂商的市场份额逐年减少，减少值与比亚迪和宁德时代的增加值相当，表明日韩厂商面临激烈的市场竞争压力。

②市场集中度。

市场集中度是反映市场竞争程度的一个重要指标，它主要描述了市场上主要企业的市场份额占比总和。市场集中度可以通过多种计量指标来衡量，其中最常见的是行业集中度（Concentration Ratio，CR）指数，将市场上前 n 家企业的市场份额相加即可得到 CR_n 指数。CR_n 指数越高，表示市场集中度越高，市场竞争性相对较弱。反之，CR_n 指数越低，则市场集中度越低，市场竞争性相对较强。企业常用 CR3 和 CR5 来判断市场的集中度。中国新能源汽车厂商的市场集中度，如图 10.7 所示。

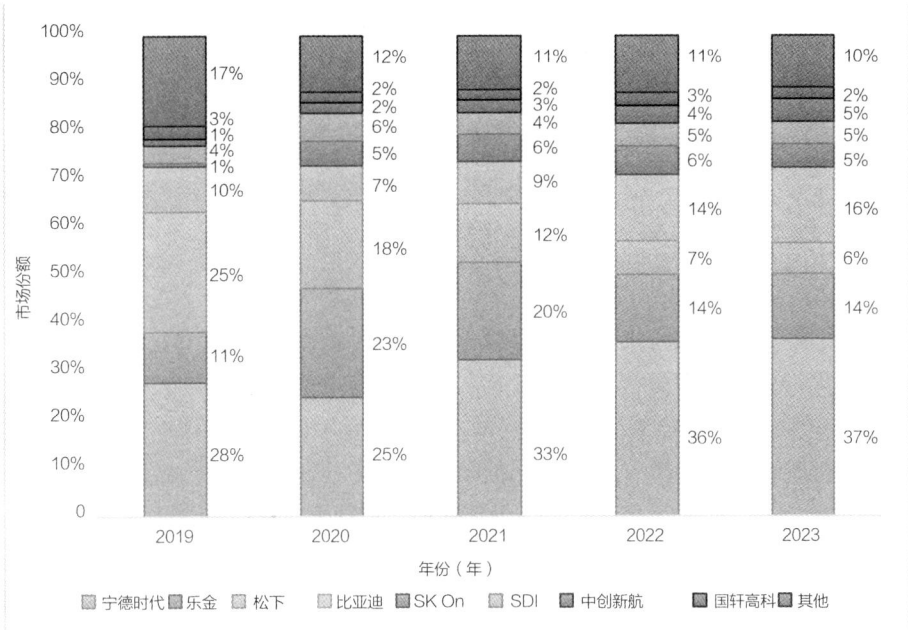

图 10.6　全球动力电池主要厂商市场份额

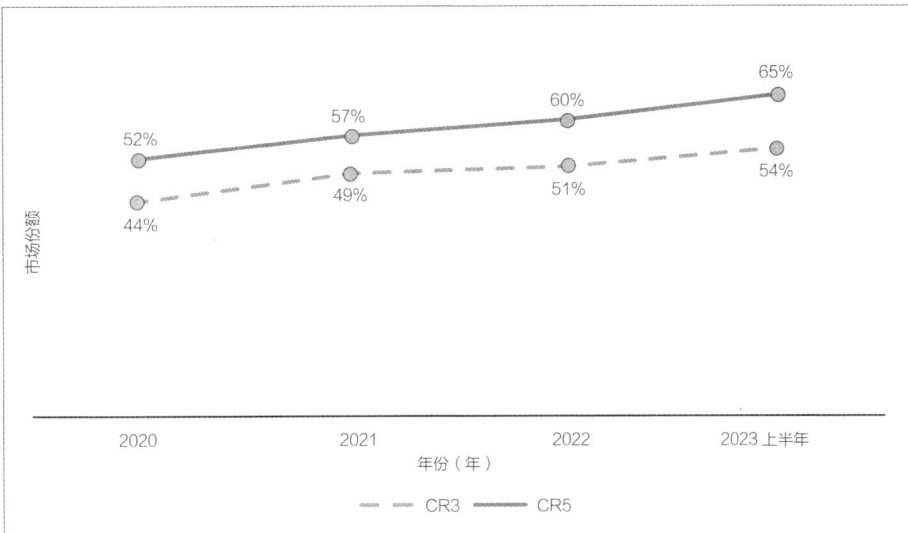

图 10.7　中国新能源汽车厂商市场集中度

根据美国经济学家贝恩和日本通产省对市场集中度的划分标准，将产业市场结构分为寡占型（CR8 ≥ 40%）和竞争型（CR8<40%）两类。其中，寡占型又细分为极高寡占型（CR8 ≥ 70%）和低集中寡占型（40% ≤ CR8<70%）；竞争型又细分为低集中竞争型（20% ≤ CR8<40%）和分散竞争型（CR8<20%）。根据上述划分标准，2023 年全球动力电池市场 CR8 指数为 90%，属于极高寡占型市场。

③价格战与利润率。

在激烈的市场竞争中，价格战是常见的竞争手段。行业主要厂商的经营业绩，特别是利润率的变化，可以反映出市场是否处于各主要厂商打价格战的状态。如果行业整体利润率下降，可能意味着市场竞争加剧，企业为争夺市场份额而不得不降低价格，压缩利润空间。从主要动力电池企业利润率数据（见图 10.8）可以看出，主要动力电池企业利润率整体呈下降趋势，反映了市场竞争加剧。

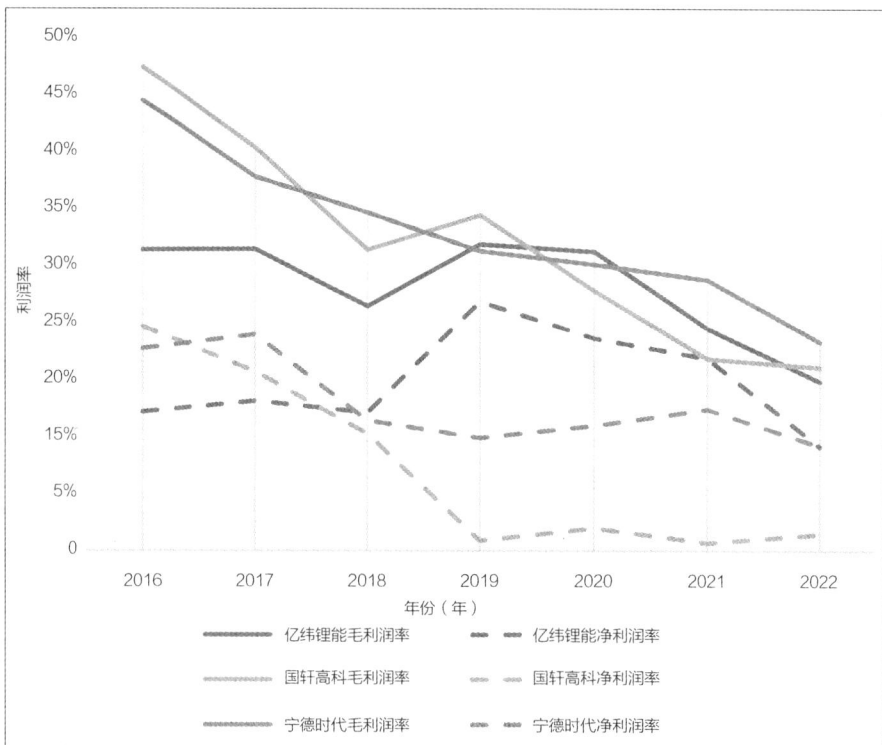

图 10.8　主要动力电池企业利润率

（4）创新。

行业的创新与变革是当代经济社会发展的重要驱动力，它们不仅推动了企业自身的成长与升级，也深刻影响了整个行业的发展。行业的创新分为以下几个方面。

①技术创新。技术创新是推动产业链内部发展的重要力量。要实现技术创新，需要通过引进新技术、新工艺和新设备等手段不断提升产品性能和质量水平；同时还需要加强自主研发和创新能力培养，以掌握核心技术并实现自主可控。

②产品与服务创新。产品与服务创新是企业提升竞争力的关键途径之一。企业需要关注消费者需求的变化趋势并不断创新产品和服务以满足市场需求；同时还需要加强品牌建设和创新营销策略以提升品牌影响力和市场份额。

③商业模式创新。商业模式创新也是推动产业链内部发展的重要手段之一。通过创新商业模式，企业可以实现资源的优化配置和价值的最大化，同时还可以开拓新的市场空间和盈利模式以提升可持续发展能力。

技术路标是展示技术创新和演进路径的有效手段。通过与行业内主流厂商进行深入路标交流，分析它们的产品发展规划，采购方能够更加清晰地把握行业创新走向。采购方不仅要关注产品和技术本身的迭代速度，还要分析和识别影响行业发展的关键要素，如新技术、新设备或新原材料等，并深入探究这些要素的发展趋势。通过这一过程，采购方能够更好地预测行业发展变化，探索出符合自身发展特点的创新方向。

与供应商之间的联合创新是采购方提升自身产品竞争力的关键策略。通过定期举办CTO交流会、技术开放日等交流活动，采购方与核心供应商之间能够建立更加高效的沟通桥梁。在这些活动中，采购方能够分享自己对市场趋势的洞察结论和对未来产品的具体需求，为供应商提供明确的方向；同时，供应商不仅能展示其现有产品，还能提前透露未来的技术蓝图和创新构想，激发双方的合作灵感。这种高效互动的机制，促进采购方与供应商共同制定联合创新规划，形成"应用一代、开发一代、预研一代"的良性循环，确保产品和技术的持续创新。通过联合创新（见图10.9），双方能够携手应对市场挑战，加速产品迭代升级，最终在市场上占据领先地位，实现共赢。

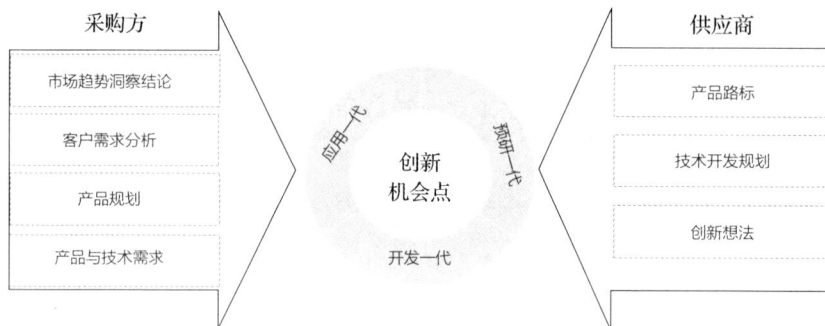

图 10.9　联合创新

（5）投资和并购与垂直整合。

投资和并购与垂直整合是企业在发展过程中采取的两种重要战略，它们在不同场景下被广泛应用，以推动企业增强市场竞争力、优化资源配置等，对行业有着深远的影响。

①投资和并购。

通过投资和并购，企业可以快速扩大现有市场份额，切入新市场；也可以减少行业中企业的数量，提高市场集中度。通过分析投资方向和投资强度，企业可以获悉行业热点，预判未来发展趋势。过于集中的投资可能会造成供需失衡，产能过剩。比如 2023 年不少磷酸铁锂正极企业利润大跌，甚至转为亏损，部分原因是前两年投资过热，竞争加剧。锂电储能和动力电池行业也存在类似情况，从 2021—2022 年行业厂商的投资和扩产计划中就能初见端倪。

②垂直整合。

垂直整合是一种常见的企业补充自身短板，提升核心能力的措施。垂直整合使企业能够控制供应链的关键环节，确保原材料和产品的稳定供应。这有助于降低供应链风险，提高生产效率和产品质量。同时，垂直整合还可以帮助企业更好地掌握市场需求和价格变化，降低交易成本，提高整体盈利水平。例如随着碳酸锂价格的持续上行，锂电池行业企业纷纷向上游发展，投资锂矿。宁德时代多次投资上游锂矿，见表 10.1。但跨界发展并不容易，可能会带来经营风险。

表 10.1 宁德时代垂直整合

年份	投资活动
2018	以认购股份的方式投资北美锂业，获得 43.59% 的股权
2019	以 5500 万澳元认购 1.8 亿股皮尔巴拉股份，股份占比 8.24%
2021	宁德时代参股公司天华时代出资 2.4 亿美元，收购非洲锂矿项目——Manono 项目 24% 的股权
2023	宁德时代和洛阳钼业等合作开发玻利维亚的两座盐湖——Uyuni 和 Oruro，第一阶段投资逾 10 亿美元

（6）跨行业的影响。

在对某一行业发展趋势进行洞察时，需要拓宽视野，深入分析来自相关行业的影响。例如，动力电池和储能电池行业的迅猛发展，不仅改变了市场格局，还间接对消费类电池产生了深远的影响。这种影响体现在多个层面：加剧了对上游原材料如锂、钴等关键资源的竞争，推高了原材料价格，进而影响了消费类电池的市场价格；同时，电池行业投资流向也可能因此发生偏移，上游企业在进行投资时会更多偏向动力电池和储能电池行业。类似地，玻璃行业使用碳酸锂作为原材料，锂电池这一看似与其不相关的行业却会带来潜在影响，见图 10.10。随着锂电池需求量的持续增长，作为锂电池关键原材料之一的碳酸锂的价格波动和供应波动使得玻璃行业同样感受到了来自电池行业的原材料资源竞争压力。

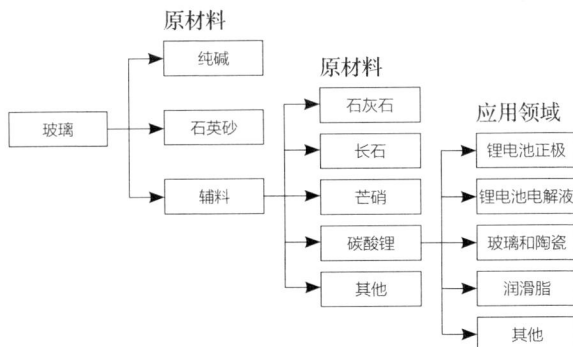

图 10.10 玻璃行业产业链分析

10.1.2 看客户需求

现代企业中，客户需求洞察是一个跨部门、多维度的工作，需要多个部门协作，共同挖掘和理解市场及客户的真实需求。营销部门在客户需求洞察中扮演着至关重要的角色，其通常负责市场调研、品牌管理、营销策略规划等工作，能够直接接触客户，收集并分析客户的反馈、偏好和行为数据，从而洞察市场趋势和客户需求。采购部门作为企业与供应商之间的桥梁，在客户需求洞察方面也有其独特的优势。采购部门不仅负责物料的采购和供应商管理，还承担着了解物料所在行业动态、技术发展趋势和供应商能力的重要职责。通过与供应商的紧密合作，采购部门能够获取关于原材料、零部件、生产设备等方面的最新信息和技术细节，这些信息对优化产品设计、提升产品质量和满足客户需求至关重要。这种从供应链角度出发的客户需求洞察，往往能够反映那些被传统市场调研所忽视的问题和机会。

客户需求包括外部客户需求和内部客户需求，满足外部客户需求是企业生存和发展的基础，而内部客户需求的满足则是改善经营结果、增强竞争力的关键。客户需求信息包含如下等多个方面。

- 市场整体调研结果。
- 短期内具体产品的需求。
- 当期各类产品的需求数量和时间。
- 各产品中长期（3~5 年）销售数量、销售区域、目标市场规划等。

以某消费电子产品企业对电池产品的客户需求洞察为例。

外部客户需求：营销部门根据市场调研得出结论。

- 客户希望有大容量电池容量在 4000mAh~5000mAh。
- 电池应具备快充能力充电功率在 40W~120W。

内部客户需求：如当年上市的产品的需求信息。

- 产品 1 主打轻薄，对电池的要求是厚度要小于 3.8mm。
- 产品 2 机身较厚，希望增加电池容量。
- 创新产品 3 要求电池技术领先，但需求量不确定，需要降低呆滞的风险。
- 产品 4 属于低端产品但量大，希望控制电池成本。
- 产品销售计划，包括实际销售数量、销售时间等信息。

在进行客户需求洞察时，不同的信息来源于不同的渠道。常见的信息来源见表10.2。

表10.2 常见的客户需求信息来源

序号	内容	信息来源
1	市场调研结果	营销部门
2	某产品的配置和需求	产品规划和设计部门
3	每个产品的短期销售计划	产品计划部门
4	产品中长期（3~5年）规划，包括销售数量、销售区域、目标市场	战略规划部门

从品类层面出发，深入分析客户需求及其满足程度，是制定有效采购策略的关键。结合行业趋势和客户需求，选择合适的商业模式，制定符合产品需求的品类采购策略，满足客户需求。

10.1.3 看竞争对手

从品类策略的视角出发，企业应深入分析竞争对手在特定品类中的布局与表现，包括分析其技术创新的路径与成果、供应商资源、业务模式等关键要素。通过分析，企业能够清晰地识别出竞争对手的优势和不足或待改进之处等。在此基础上，企业不仅要借鉴竞争对手的成功经验，更要针对其不足之处，探索更优的解决方案。通过整合自身优势资源，如研发能力、供应网络等，打造更具竞争力的产品组合和服务体验，以满足并超越客户的需求。通过对比和分析各个手机终端厂商的电池方案（见表10.3），做到知己知彼。

表10.3 行业竞争对手分析

行业厂商	产品系列	电池方案	供应商资源	技术方案总结
苹果	iPhone	高端产品采用L型电池，有效利用机身空间增加电池容量 低端产品采用卷绕方案 不追求快充，充电功率小于40W 未来可能采用钢壳电池方案	电芯：供应商A、供应商L和供应商C 封装：供应商D、供应商S和供应商X	L型电池，有效利用机身空间增加电池容量，但工艺成本高，技术难度大，供应资源有限，竞争不充分

续表

行业厂商	产品系列	电池方案	供应商资源	技术方案总结
三星	A系列	传统的软包电池方案,主打大容量	电芯:供应商A、供应商B和供应商C 封装:供应商F、供应商S和供应商N	在充电功率和容量之间平稀,低端产品突出容量,高端产品具备一定的快充性能
	中档产品	传统的软包电池方案,最大45W,不过分追求快充,容量优先	电芯:供应商A和供应商S 封装:供应商F、供应商S和供应商N	
	旗舰产品			
小米	红米	传统的软包电池方案,主打大容量	电芯:供应商A、供应商L和供应商C 封装:供应商N、供应商C和供应商X	旗舰手机主打大容量和快充,低端产品主打大容量
	小米数字系列	传统的软包电池方案,快充,大容量。在封装技术上革新,在短时间内实现大功率充电		

同时,结合行业趋势和客户需求的变化,企业应不断调整和优化自身的品类策略。这包括引入前沿技术提升产品性能;灵活调整产品的设计和功能;以及加强与供应链伙伴的合作,确保产品品质和供应的稳定性。通过这些努力,企业可以制定一个既符合市场需求又具备差异化竞争优势的品类策略,以持续满足并引领客户需求。

2019年,华为的电池采购与技术团队在对手机行业厂商以双电芯技术实现手机60W以上充电功率的充电方案进行深入分析后发现,尽管该技术成熟且有效,但其牺牲了电池能量密度,直接影响了手机的电池容量与整体厚度,同时还增加了产品成本。

为了突破这一瓶颈,团队和行业内顶尖的战略供应商一起另辟蹊径,尝试开发一种创新型的单电芯60W快充解决方案,克服双电芯方案的弊端。双方紧密合作,共同投入,联合开发。

经过双方团队的不懈努力,最终成功研发出采用单电芯实现60W以上充电功率的解决方案。这一成果不仅显著提升了产品的快充性能,还保持了电池的能量密度与容量,降低了成本。这一技术突破为华为的产品带来了持续的竞争优势,使其在激烈的市场竞争中脱颖而出。

采购方可以构建一套详细的计分卡体系来进行量化打分,分析竞争对手技术方案的优劣势,如图10.11所示。这种方法有助于采购方全面、系统地分析竞争对手的强项与弱项，同时也能够清晰地把握自身技术方案的潜在优势与待改进之处，从而帮助自身更加精准地制定策略，在市场竞争中占据有利位置。

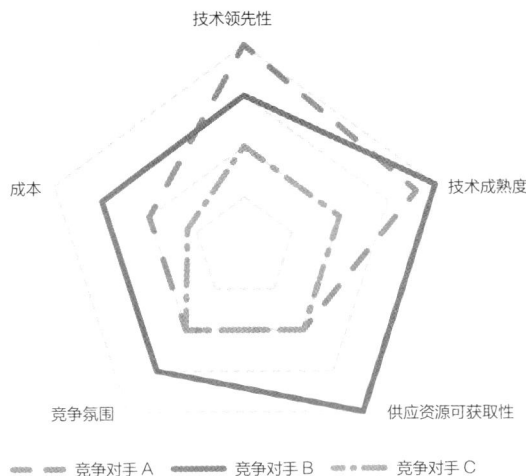

图 10.11　竞争对手技术方案分析

10.1.4　看自身

看自身主要是分析自己和行业竞争对手之间的差距、风险和机遇。认清自己，以便能采取有针对性的策略，扬长避短。

1. 差距分析

差距分析（Gap Analysis，又称缺口分析、差异分析）是将企业实际取得的结果与企业制定的目标进行比较，分析两者之间是否存在差距。若存在差距，进一步分析造成差距的原因并制定措施（如改变目标、改变战略等）以减小或消除差距。差距分析分为三步。

（1）确定关键指标。

差距分析的第一步是确定关键指标。明确"比什么"。比如，某汽车企业将 2024 年汽车销量作为指标，对比 2024 年自身和特斯拉之间的销量差距。也可以将销量同比增长率作为指标，比较企业 2024 年和 2025 年的汽车销量。指标最好可以量化，以便于进行准确的对比。

（2）找出差距。

差距分析通常涉及三种类型的差距：业绩差距、机会差距以及对标差距，如图 10.12 所示。每种差距都有其特定的含义和解决方法。不管是何种类型的差距，都应尽可能进行量化，对于无法直接量化的部分，则进行定性描述。

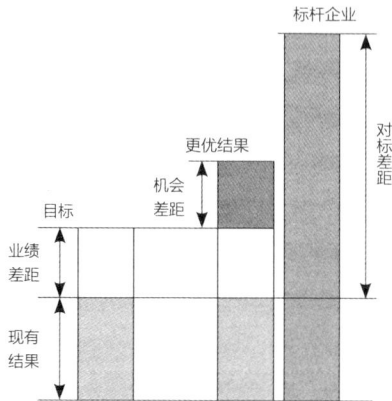

图 10.12　差距分类

①业绩差距是指企业当前的经营结果与预设的期望值或目标之间的差距。例如，若企业年初设定的成本节约率目标是 10%，但年底实际只达到了 8%，那么未能达成的 2% 即业绩差距。缩小业绩差距的关键在于提升执行力和管理水平，可以通过优化流程、加强培训、引入更高效的管理工具等手段来实现。

②机会差距指的是企业当前经营结果与通过实施新业务方案或策略可能达到的更优结果之间的差距。这通常源于对市场趋势、技术进步或消费者需求的深入洞察，揭示了企业潜在的改进空间或新的增长点。比如说，企业通过行业洞察发现有许多成本节约的机会，而且企业当前所具备的资源和能力可以帮助企业把握其中的一部分机会。这时候就会带来业务改善的机会点。机会差距的解决需要战略创新和业务模式的转变，要求企业具备前瞻性的视野并且勇于变革。

③对标差距指企业当前的经营结果与行业内的标杆企业（或最佳实践）之间的差距。对标分析帮助企业识别自身在效率、质量、成本、创新等方面的不足，并设定明确的改进方向。缩小对标差距通常需要企业学习并采纳标杆企业的最佳实践，同时结合自身实际情况进行改进和创新。

（3）差距原因分析。

通常而言，产生差距的根本原因可归结为两大方面。

①策略执行不力：企业已制定了明确的策略或计划，但在实际执行过程中

未能充分落实，导致未能达成预期目标。

②策略与方法不当：策略或所采用的方法未能紧跟当前形势、业务发展趋势或未来需求的变化，可能不是最优解决方案，或者企业完全缺失针对新趋势和新需求的应对策略，从而造成了与理想状态的差距。

为了深入剖析某个具体指标的差距的根源，并据此制定有效的解决策略，可以运用5W2H分析法。通过5W2H分析法这一系统的方法，企业可以全面细致地识别问题的根本原因，进而制定出有针对性的关键措施，以有效缩小或消除差距。也可以通过与自己、与竞争对手、与行业标杆在人（员工）、组织、方法、工具四个方面进行对比，寻找差距产生的原因。

（1）与自己比。

①执行差距。分析企业是否完成了既定的目标或任务，比如某汽车企业设定了2023年新定制开发五种电池包的目标，但实际却定制开发了十种。目标达成情况不及预期，可能意味着资源分配不当或存在优先级管理问题，或者执行不到位、缺少有效方法和规范流程等问题。

②历史表现对比。将企业当前的表现与历史表现进行对比，识别企业是否存在退步。例如，往年成本节约率能达到10%，而今年却下降至5%。

③未实现潜力。评估企业原本计划实施但因资源不足、技术限制或其他原因而未能实施的项目或策略，这有助于企业识别未来的增长点和潜在的投资方向。

（2）与竞争对手比。

分析竞争对手已经实施而企业尚未实施的策略。比如，竞争对手已经推出电动汽车并获得了市场好评，而企业却未能及时跟进，导致市场份额的流失。

（3）与行业标杆比。

将企业的策略与方法与行业标杆进行对比，识别自身在哪些方面存在不足。比如，在供应链管理、产品创新或客户服务等方面，行业标杆可能采用了更高效、更先进的方法，企业可以通过学习和借鉴来提升自身的竞争力。这种对比有助于企业识别不足，并推动持续的创新和优化。

可以参考表10.4进行对比分析。只有找到差距产生的根本原因，才能采取各种措施改变当前业务运行的轨迹，缩小差距。

表10.4　差距分析汇总表

方面	差距	原因			
		人（员工）	组织	方法	工具
与自己比	应该做到而没有做到				
	对比历史表现，出现退步				
	本来想做但没有做				
与竞争对手比	对手做了但是自己没做				
与行业标杆比	策略与方法不是最优解				

2. 竞争环境分析

（1）SWOT分析。

SWOT 分析是一种战略规划工具，用于评估企业（或个人、项目等）的优势（Strengths）、劣势（Weaknesses）、机会（Opportunities）和威胁（Threats），如图10.13所示。通过SWOT分析，企业可以全面了解自身的内部环境（优势与劣势）和外部环境（机会与威胁），为制定合适的发展战略提供依据。

	帮助目标达成	阻碍目标达成
内部环境	优势	劣势
外部环境	机会	威胁

图10.13　SWOT分析

优势就是"人无我有，人有我优"；劣势就是企业逊色于竞争对手之处。在采购领域，优势和劣势可能体现在技术方案的先进性、与供应商的关系、采购流程效率、商业模式、采购策略、议价能力和付款的及时性等方面。

一切有利于企业发展的因素都是机会，反之则是威胁。对采购部门而言，机会可能包括新供应商的引入、替代产品的出现、买方议价能力的增强等，这些都可能为采购部门带来成本节约、质量提升或供应链优化。威胁则可能包括主要供应商的财务困境、行业整合导致的供应商数量减少、原材料价格的大幅波动、人力成本上升以及地缘政策、法律法规的变化等。这些因素都可能对采购部门的成本控制、供应稳定性和业务连续性构成威胁。

根据对自身进行 SWOT 分析，企业在实际决策中有四种应对方案，如图 10.14 所示。

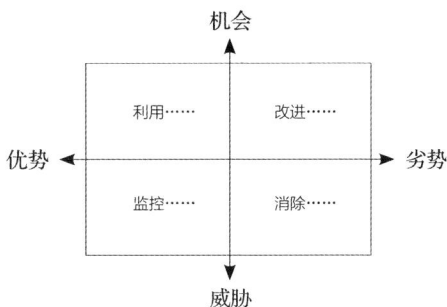

图 10.14　应对方案

如果外部的机会正好是自身的优势，那么企业要利用这种优势抓住机会。例如，如果企业资金充足，而有持续需求的物料市场正好处于低谷，则可以逢低提前买入，有机会争取到更好的采购价格。存储、碳酸锂等物料都可能有这样的机会。如果外部的机会是自身的劣势，企业就需要改进自身的不足，通过不断提升自身的能力，逐步缩小与竞争对手的差距，进而抓住外部机会。

如果自身具有优势但是外部存在威胁，那就需要时刻保持警惕和灵活性。企业应当密切关注市场动态和竞争对手的动向，加强内部管理，优化资源配置，及时调整战略，以应对潜在的风险，确保在面临威胁时仍能保持稳健运营。例如企业和某国某供应商形成了战略合作关系，双方合作良好，这是企业的优势，但由于地缘政策带来外部风险，可能会影响物料的持续供应，则需对地缘政治事件保持警惕，提前准备风险预案。如果外部威胁是的劣势，要及时消除这个劣势。

（2）波特五力模型。

波特五力模型，又称波特竞争力模型，是由迈克尔·波特（Michael Porter）于 20 世纪 80 年代初提出的。这一模型用于分析一个行业的竞争态势，并帮助企业了解行业竞争格局，从而制定相应的竞争策略。本书对波特五力模型略加改造，用于采购方和供应商的博弈分析。如图 10.15 所示，图左侧部分要素影响供应商议价能力，而右侧部分则影响采购方议价能力。

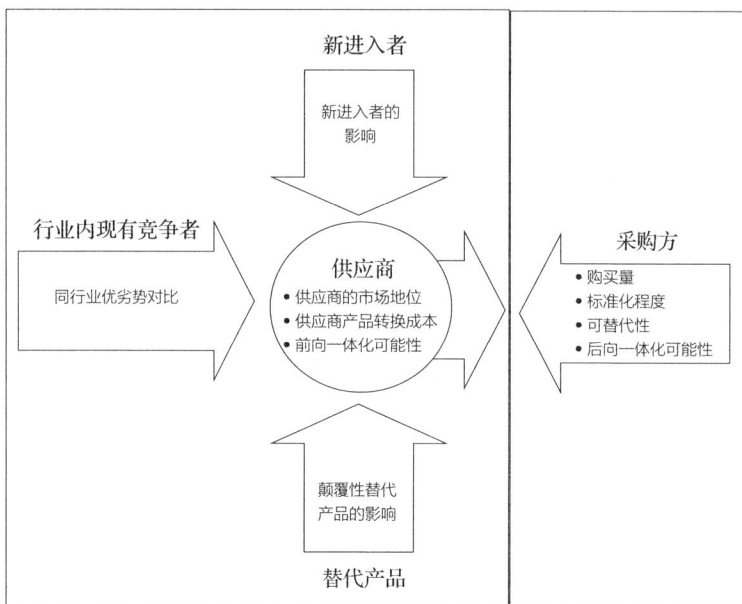

图 10.15   改造后的波特五力模型

①供应商的议价能力。

供应商主要通过其提高投入要素价格与降低单位价值质量的能力，来影响行业中现有企业的盈利能力与产品竞争力。供应商的议价能力主要取决于以下几个因素。

● 供应商的市场地位及所在行业的竞争程度。

● 供应商产品的特色及转换成本。

● 产量对供应商的重要性。

● 供应商能方便地实行前向一体化，而采购方难以进行后向一体化。

● 供应商对采购方信息的掌握程度。

②采购方的议价能力。

采购方的议价能力主要取决于以下几个因素。

● 采购的总数量和占市场的比例。

● 所购买产品的标准化程度。

● 向多个供应商购买的可行性。

● 采购方对市场需求、价格及供应商成本信息的掌握程度。

● 后向一体化（自研自制）的可能性。

为吸引优质供应商，在供应链竞争中占据优势地位，行业内不同的采购方之间也会展开竞争。在分析采购方议价能力时，可以将采购方与同行业的竞争对手进行优劣势对比分析，进一步剖析采购方的议价能力。同样地供应商的同行业竞争对手，新进入者以及替代产品的出现也会影响供应商和采购方的议价能力。

③新进入者的影响。

新进入者给行业带来新资源，与供应商发生竞争，从而可能降低其盈利水平，甚至危及它们的生存。新进入者的影响主要取决于进入障碍的大小及行业内现有供应商对新进入者的反应。进入障碍包括规模经济、产品差异、资本需求、转换成本、销售渠道、政府政策等方面的障碍。

④替代产品的影响。

替代产品是指与供应商现有产品具有相同或类似功能的产品。替代产品的价格、质量及用户转换成本会直接影响供应商的竞争战略。替代产品影响的严重程度取决于替代产品的价格、质量及用户转换成本等因素。对采购方而言，尤其需要关注颠覆性替代产品，它可以推动创新，促进产品的差异化，降低成本，甚至会造成供应链的重构。新进入者和替代产品的出现都增加了可用的供应资源，提升了采购方的议价能力，带来的机会多于威胁。

⑤行业内现有竞争者的竞争。

同行业的企业为了获得相对于竞争对手的优势，会实施各种竞争战略。这种竞争的激烈程度取决于多个因素，如行业竞争对手的数量及实力、市场需求增长情况、产品差异化程度、用户转换成本以及企业之间的战略距离等。行业内现有竞争者的竞争程度直接影响供应商的议价能力。

灵活运用波特五力模型，可以揭示供应商和采购方行业内的竞争态势。采购方可以利用这一模型来评估自身的竞争地位，识别潜在的机会和威胁，并据此制定合适的采购策略。

10.1.5　看机会

看机会是对其他四看（看行业趋势、看客户需求、看竞争对手、看自身）的提炼和总结，与其他四看共同构成了机会识别的核心框架，帮助企业在复杂多变的市场环境中找到潜在的机会点和突破口。

在找到机会点之后，对每个机会点进行详细的成本效益分析，评估其所需的投入资源（如资金、人力、时间等）与预期收益之间的比例关系。同时对机会点的潜在风险（如市场风险、技术风险、政策风险等）进行评估，得到风险优先数（Risk Priority Number，RPN）。

通过科学的排序，优先选择那些收益高、风险小的机会点优先投入，如图10.16所示。确保企业能够将有限的资源集中投入最具潜力和价值的机会点，从而实现资源的最优配置和效益的最大化。

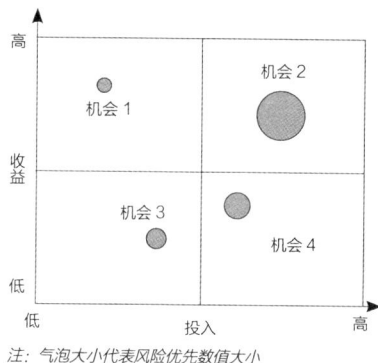

图 10.16　机会点分析示例

10.2　策略制定

通过深入的行业洞察，采购方能够精准识别出供应链中的机会点，随后结合自身发展需求与战略目标，系统性地规划采购策略。采购策略的内容包括供应商资源规划、供应商发展战略、成本管理、质量管理、竞合管理（自制与外购）和人员能力提升策略等方面。采购策略的制定是一个循序渐进、分步走的过程：先定目标，再确定关键控制点，最后形成策略。

10.2.1　定目标

目标是一种期望的特定的结果，需要投入时间、精力和资源才能实现。没有目标，就像在海上漂流，没有方向感。

彼得·德鲁克所倡导的目标管理（Management By Objective，MBO）理念是将企业的宏伟蓝图细化为具体目标，并将这些目标层层分解，贯穿企业的每一个层级，形成上下一心、协同作战的局面。因此，在制定采购组织的目标时，首先应确保其和企业总目标的统一性。目标管理始于企业总目标，随后逐步细化至采购组织的整体目标，进而将这些目标分解为某一个品类的技术创新、交付保障、成本控制、质量提升、供应连续性保障及风险管理等多个业务维度的具体目标。

其次是目标的设定需遵循 SMART 原则，即明确性（Specific）、可衡量性（Measurable）、可达成性（Attainable）、相关性（Realistic）和时限性（Time-based），以确保目标清晰、可操作和可衡量。明确的目标是采购策略制定的明灯，为后续的策略规划与实施提供了明确的方向。

在设定具体项目的目标时，可以采取"双轨制"策略，即设立一个基本目标和一个挑战目标。基本目标源于企业上层业务目标的逐层分解，该目标的达成意味着项目团队完成了既定的工作。而挑战目标则旨在激发员工的潜能与积极性，鼓励他们追求更高的绩效。这一目标的设立，不仅为员工提供了成长与突破的空间，还可通过"多劳多得"的激励机制，促进团队整体向更高层次迈进。

10.2.2 确定关键控制点

关键控制点是影响目标达成的关键要素。通过有效地识别、监控和控制关键控制点，企业可以显著提高产品或服务的质量，降低风险，并最终实现组织的战略目标。采购领域常见的控制点有：

- 独有的技术、标准或专利："人无我有"，可构建差异化的竞争优势。如上文提到的采购方拥有单电芯实现 60W 以上充电功率的技术案例。
- 产业链控制：控制甚至独占关键器件、关键原材料和设备等的优质供应资源，既可以用于促进创新，也可用于确保供应的稳定性和可靠性。如苹果公司在一段时间内独占 Retina 显示屏的供应。
- 供应商关系：和核心供应商建立长期、稳定的合作关系，获取最惠客户待遇，甚至与供应商建立排他性的合作关系。
- 市场份额：如果企业占据大比例的市场采购份额，则可利用其在市场上的地位来影响供应商的定价、交货条件和服务水平。

企业可参考表 10.5，根据目标寻找合适的关键控制点，为后续的战略投入指明方向。

表 10.5 关键控制点分析示例

目标	关键控制点			
	独有的技术、标准或专利	产业链控制	供应商关系	市场份额
创新目标	如单电芯 60W 充电方案量产		如 ×× 新技术的联合开发	
成本目标			如供应商协同效率提升	如占采购额 80% 物料已标准化，引入竞争降成本
质量目标		如独占 ×× 关键原材料		将质量表现差的供应商淘汰采购量向优异供应商倾斜
交付目标		如关键原材料供应商产能锁定		

10.2.3 定策略

定策略是企业实现其目标的关键环节。企业通过制定合适的策略，可将关键控制点转化为具体的行动方案。制定品类采购策略是企业在采购管理中的核心任务之一，它直接影响企业的成本控制、产品质量、市场响应速度以及整体竞争力。品类采购策略一般包含以下策略和措施。

1. 创新策略

● 明确技术路标：明确未来一段时间（如 3~5 年）的技术发展路径，包括新技术引入、产品迭代升级等，以确保采购的物料或服务能够跟上或引领行业技术发展趋势。

● 产品创新：与供应商合作，共同研发新产品或改进现有产品，以满足不断变化的市场需求。

● 采购模式创新：探索新的采购模式，如集中采购、联盟采购、将租用模式改为永久许可证等，以降低采购成本，提高采购效率。

2. 交付和成本管理策略

● 成本节约：通过谈判、集中采购、签订长期合同等方式降低采购成本；

采用精益管理策略减少库存和浪费；引入成本更低的替代品，但需确保产品质量不受影响。

- 产能锁定：与关键供应商签订长期协议，锁定产能，确保在需求高峰期也能稳定供应。
- 交付管理：推行采购和供应的本地化，采用先进的物流管理系统，优化物流路线和库存分布，缩短交付周期。
- 分级备料：根据产品的重要性和通用性，实施分级备料策略，增强供应柔性，保障关键物料的供应。

3. 质量和 EHS 管理策略

- 质量管理：开展质量策划和质量保证活动，与供应商共同推进质量问题改进计划，持续提升产品质量。
- EHS 管理：按照国家和地方的 EHS 法规要求，实施绿色采购，减少环境污染和能源消耗。推进绿色供应链认证等。

4. 供应商管理策略

- 供应商资源布局：根据企业需求和供应链风险，合理规划和布局供应商资源，确保供应充足以及供应链的韧性。
- 供应商分类管理：根据供应商的重要性、发展潜力、合作意愿等因素进行分类，为不同类型的供应商制定差异化的合作策略，聚焦战略供应商和重要供应商关系管理。

5. 风险识别及应对措施

- 风险识别：建立风险预警机制，定期分析供应链中的潜在风险，如供应中断、质量不达标、价格波动等。
- 风险应对措施：针对识别出的风险制定相应的应对措施，如建立多元化的供应商体系以分散风险；储备关键物料以应对供应中断；与供应商签订价格保护协议以应对价格波动等。

常见的品类采购策略如表 10.6 所示。

表 10.6　常见的品类采购策略

维度	策略
成本	优化供应资源，引入替代供应商，营造竞争氛围 价值分析 / 价值工程 供应商协同，提升效率 归一化，以量换价 采用新的商业模式，例如用永久许可证代替按年付费，用买断代替按用户计费的模式
技术	自主开发新技术，替代采购件 和供应商联合开发 专利授权
质量	主要问题专项改善策略 供应商质量风险分级管理 质量优先，选择质量表现好的供应商，限制和淘汰质量表现差的供应商
交付	锁定设备和原材料，如包产线 调整备料和库存策略，分级备料，增强交付柔性 归一化，减少 SKU，降低需求波动幅度 实现和供应商之间的供需信息交互和协同 变更订单模式
供应连续性	平衡多区域供应资源 多地、多工厂交付
供应商关系管理	关键供应商关系管理 开展供应商发展项目

除了需要考虑成本、技术、质量等关键维度之外，还必须兼顾组织架构、人力资源等多个方面，以确保策略的全面性、可行性和执行效果。

需要注意的是，在制定策略时应避免把外部供应商或其他利益相关方当成一成不变的背景板，采购方需要考虑其为应对己方策略所采取的行动，确保策略实施后能取得期望的结果。

10.3　行动计划

完成采购策略的制定后，需要将策略分解为具体的行动计划，形成工作任务。在将采购策略转化为具体的行动计划并细化为工作任务时，需要采用系统化和结构化的方法以确保任务能被高效执行。

● 使用工作分解结构（Work Break down Structure，WBS）进行任务分解。将采购策略分解为更小、更具体的任务。

- 设置任务目标。为每个任务设定可测量、可管理的目标，并确保所有参与者对具体目标有清晰的认识。这些目标可能涉及成本、新引入供应商数量、质量等方面。
- 设定时间框架。为每个任务设定明确的时间表和截止日期。一般单个任务的时间跨度不超过两周。对于需要更长时间的任务，将其进一步分解为子任务，并分别为它们设定时间节点。
- 标记出对成功实施策略至关重要的任务。这些任务作为影响项目成败的关键因素，可能需要更多的资源或特别的关注。

行动计划不宜过于简略。如果某项工作的时间跨度过长，应该将其分解为多个子任务，通常单个任务的时间跨度不宜超过 2 周。如果某个任务复杂度很高，牵涉多个跨部门的成员，建议成立专门项目组，按项目管理的方式管理任务。可以参考表 10.7 来制定和管理行动计划。

表 10.7　行动计划表示例

序号	目标	定义	验收标准	关键举措	责任人	完成时间
1						
2						

完成行动计划的制定并非结束而是开始。只有将各项行动计划纳入跟踪管理，定期进行进展和结果审视，推动采购策略有计划地落地，才能最终实现企业的战略目标。很多企业在计划落地方面存在不足，策略执行效果自然大打折扣。

通过以上三个步骤，采购方制定并实施科学、合理且具有可操作性的采购策略，从而有效地支持企业整体战略目标的实现。

采购策略反映了企业的愿景和目标，并提供了一套实现目标的策略和方法。但没有放之四海而皆准的采购策略，也没有最好的采购策略。每个企业应根据自身需求、资源配置和优劣势等制定合适的采购策略。

第十一章

成本管理

从狭义上讲，成本管理就是管理物料的采购价格。从广义上讲，成本管理管理的是总拥有成本（TCO）。TCO 不同于采购价格，它还包括运营和维护费用，如物流费用等。它取决于三个要素：物料本身的成本、市场竞争和可创造的价值，如图 11.1 所示。学习曲线影响器件本身的成本，可创造的价值会影响供应方的博弈力，进而影响市场竞争格局。

TCO

- 固定成本
- 可变成本
- 维护成本
......

- 供应商数量
- 集中度
- 供求关系
......

- 产品力
- 卖点
- 净推荐值
......

图 11.1　TCO 的三个要素

成本管理不只是采购部门的工作。成本是设计出来的，也是管理出来的。成本是产品线、研发、采购和质量等多个部门共同协作的结果。如果缺少各部门的支持，成本管理效果就会大打折扣。

11.1　学习曲线

学习曲线是管理采购成本的一个重要工具和手段。学习曲线也被称为经验曲线，指随着产品累计产量的增加，单位产品的成本会以一定的比例下降。即如果经常执行某个任务，则以后每次执行该任务所需的时间就会减少。这个相关性最初在 1925 年在美国怀特 – 彼得森空军基地得到量化。1936 年，美国学者怀特首次在《航空工业杂志》中指出了学习曲线的实际效果，认为每当飞机的累计产量增加 1 倍时，平均单位工时就下降约 20%。1960 年，波士顿咨询公司（Boston Consulting Group）的布鲁斯·D. 亨德森（Bruce D. Henderson）首先提出了经验曲线效应（Experience Curve Effect）。亨德森发现生产成本和累计产量之间存有相关性。美国宇航局总结了下列典型行业的学习率。

- 航天 85%。
- 造船 80%~85%。
- 重复性的电子制造 90%~95%。
- 重复性的机床或冲床操作。
- 重复性的电气操作 75%~85%。
- 重复性的焊接操作 90%。

狭义的学习曲线又被称为人员学习曲线，它是指作业人员个人的学习曲线。广义的学习曲线也被称为生产进步函数，是指某一行业或某一产品在其生命周期内的学习曲线，是融合技术进步、管理水平提高等多因素的学习曲线。

学习曲线的数学表述为：

$$Y_x = kx^n$$

Y_x= 生产第 x 个产品所需的直接劳动小时数；

x= 单位数量；

k= 生产第一个产品所需的直接劳动小时数；

$n = \log b / \log 2$，其中 b= 学习率。

学习曲线既然是指数小于 0 的幂函数，则某一个产品从投产到成熟量产，其单位产品的生产时间呈现递减趋势，见图 11.2。

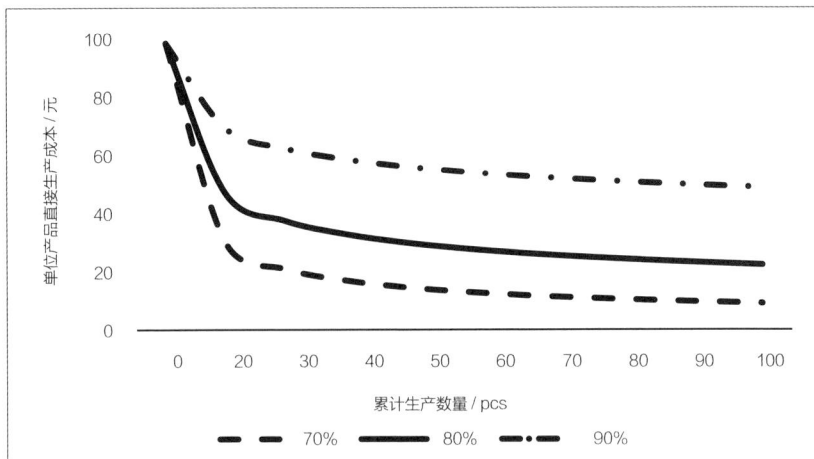

图 11.2　学习曲线

学习带来成本的降低主要是因为：

- 随着生产经验增加，操作人员熟练程度提高，劳动生产率提升；
- 度过量产爬坡阶段，产品良率提升，报废率降低；
- 价值分析 / 价值工程的应用，包括设计优化、操作程序优化以及生产工具精度提升等。

学习曲线并不适合所有场景。如果不同员工和不同工序之间的差异太大，则按照产品的每个工序的学习曲线计算出的结果会出现较大偏差，缺少参考意义。从宏观上计算一个新产品、一条生产线，甚至一个车间的学习曲线更具有参考性。

11.2 市场竞争

"胡萝卜加大棒"是永恒的市场法则，关键在于什么时候用"胡萝卜"，什么时候用"大棒"。科尔尼公司根据供应方和需求方不同的博弈能力，将成本管理分为三个层次，总结出四个采购战略、十六种采购策略和六十四种采购方法。[2]

下文将按供需方博弈能力的不同介绍几种典型的成本管理方法，见图 11.3。

图 11.3 成本管理方法

---

2 《棋盘博弈采购法——64 种降低成本及供应商增值协作的工具（第三版）》第四章：采购博弈棋盘。

11.2.1 改变需求

在博弈力地图的左上角，供应方博弈能力强而需求方博弈能力弱，需求方无法通过竞争降成本。在这种情况下，要降低采购成本，首要目标是建立起相对竞争对手的优势，而无需过于关注绝对的采购价格。采购方可采用的方法有两类，一类是获得相对竞争优势，而不需供应商做出太大改变。这类方法有：

- 阶梯价格：以量换价。
- 价格联动：根据关键原材料价格的变化进行价格调整。

另一类方法是增强博弈能力，具体方法有：

- 标准化和归一化：通过 DFP，改变自身的需求，将需求转移到需求方博弈能力强的器件上。汇聚采购量，增强博弈能力。
- 替代评估：寻找替代产品，营造竞争氛围。

DFP 和替代评估在前文已有介绍，下文将重点介绍其他几种方法。

1. 阶梯价格

阶梯价格是把采购需求划分为若干个区间，并分区间进行定价的一种成本管理方法，见图 11.4。常见的阶梯价格有按采购数量或按下单时间来划分价格区间，两者本质上相同。行业中存在的达量返利的模式就是基于按采购数量划分价格区间，常见于供应商属于行业寡头的场景。

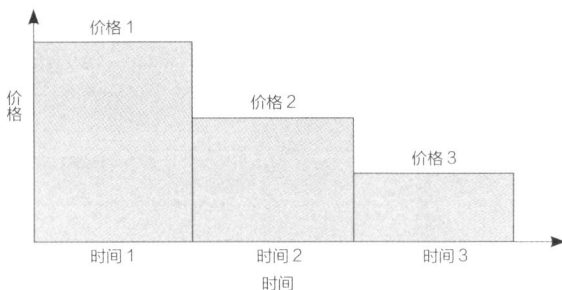

图 11.4　阶梯价格

价格区间的划分是阶梯价格的关键。当按采购数量来划分价格区间时，如果采购需求较为确定，则划分价格区间相对容易。如果采购需求不确定性大，价格区间划分不合理，难以达到触发价格调整的条件，会造成采购成本损失。为降低风险，应尽量多地划分价格区间，这样容易达到价格调整的条件，及时进行价格调整。当有多个物料同时采用阶梯价格时，也可以按多个物料需求总量来划分价格区间。这样即使部分物料需求波动大，但总体需求量仍然可控，容易达到价格调整的条件。

在划分价格区间时，按下单时间划分价格区间比较容易操作，按采购数量划分价格区间则有一定的操作复杂性。特别是采购方根据框架协议自动下单时，很难精确控制在价格调整的第一时间及时调整价格，这时采购方可采用先按固定价格下单，事后定期核算历史订单履行结果，根据核算结果进行返利或修改部分订单价格进行补差。在补差时不能将某些订单的价格调整为 0 或明显低于行业价格，否则有偷逃增值税的嫌疑。

2. 价格联动

价格联动是指根据原材料、劳动力等关键成本要素的市场价格变化动态调整产品或服务的采购价格。这种方法适用于原材料价格波动对成本影响较大的行业，如钢铁、锂电池、电缆等行业，有助于企业及时应对成本变化。比如 2021—2022 年，锂离子电池关键原材料碳酸锂价格大涨，带来磷酸铁锂电芯价格的大幅上涨，两者之间存在相关性，见图 11.5。由此，可以将磷酸铁锂电芯的价格和碳酸锂的价格进行价格联动调整。

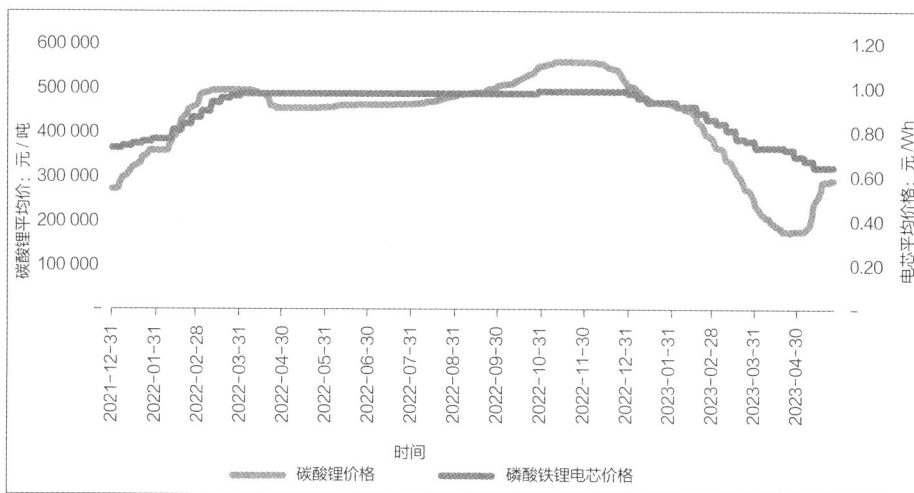

图 11.5 碳酸锂价格和磷酸铁锂电芯价格

当使用价格联动时，需要建立市场监测机制，及时跟踪关键成本要素的价格变动量，同时准确获取其单位产品用量，在此基础上合理设定价格联动机制。

以原材料价格变化为例进行价格联动时，价格联动的计算公式如下：

$$\Delta 价格 = \Delta 原材料价格 \times 原材料用量 \div 原材料利用率$$

根据上述计算公式，采用价格联动时需要采集 3 个数据。

（1）单位产品的原材料用量。产品的原材料用量和利用率数据可以采用理论计算加实地考察的方式获取，和供应商达成一致后即可获得一个公允的数值。

（2）产品原材料的利用率。在计算原材料的利用率时，需要将不良品及废料回收比例纳入考虑。比如某个产品是铝合金机加工件，该产品的原材料用量可以采用称重的方式获取准确的数据（假设为 10kg）。假设加工初始阶段投入的棒料重量为 11kg，在加工过程中，多余部分原材料被切削去除形成铝粉，造成一部分原材料损耗。同时在加工过程中会产生一定比例的不良品（假设为 5%），从而造成原材料浪费。假设不良品材料的回收比例为 100%，回收价格为正常材料价格的 90%；铝粉回收比例为 60%，回收价格为正常材料价格的 50%。由此可以计算出该产品的原材料的利用比例 ＝（$10 \times 95\% + 10 \times 5\% \times 95\% + 1 \times 60\% \times 50\%$）$\div 11 \approx 93.18\%$。

（3）原材料的价格变动量。可能有人会有疑问："在无法精确掌握供应商每一笔原材料采购价格的情况下，我们该如何获取原材料的价格变动量？"理论上，若能直接获取这些数据，自然能最精准地衡量原材料价格波动对采购成本的具体影响。然而，这些数据的获取往往受限于供应商的透明度和合作意愿。面对这一难题，业界普遍采用的做法是利用行业内被广泛认可的第三方数据作为参考基准。例如，在涉及有色金属等原材料的采购价格时，可以参照上海有色网或伦敦金属交易所的价格数据，这些平台提供的实时和历史价格信息为市场参与者提供了重要的参考依据。在建立价格联动机制时，企业关注的是原材料价格变动的相对幅度，而非其绝对价格水平。这意味着，即使真实的原材料采购价格与第三方数据之间存在偏差，只要这种偏差相对稳定，那么两者在价格变动量上的表现应当是趋同的。换句话说，无论基准价格是多少，只要变动趋势一致，企业就可以通过第三方数据来计算出原材料价格波动对成本的影响。

在进行价格联动时，还需关注产品货期内原材料价格的变动。由于原材料采购的时间点与产品定价的时间点之间往往存在一定的时间差，这段时间内原材料价格的波动会直接影响产品的成本，需要采取灵活的措施来调整采购价格。

由图 11.6 可知，在物料采购过程中，若订单的下达时间（D_1）即为采购定价的基准时刻，而原材料采购时间（D_2）晚于 D_1，随后原材料价格出现上涨，则这种定价方式可能无法及时反映原材料价格的最新变动，导致采购价格与实际市场情况脱节。特别是在原材料市场价格短期内大幅波动的情况下，这种滞后性尤为明显。为解决这一问题，将交货时间（D_4）作为采购定价的参考点可能是一个能更为灵活地适应市场变化的方案。在交货时，原材料采购的历史价格数据已经明确，使得企业能够基于这些实际发生的数据来准确评估原材料价格变动带来的成本变化，并据此调整最终产品的采购价格。

对于连续的采购需求，为了降低调整订单价格的频次，在处理价格联动时，可以引入移动平均法这一统计工具。移动平均法通过计算一段时间内价格数据的平均值，来平滑价格波动，减少极端价格点对价格的干扰。同时，在一段时间内的获得稳定的采购价格。如采用上一个月的原材料平均价格来计算下一个月的物料采购价格。

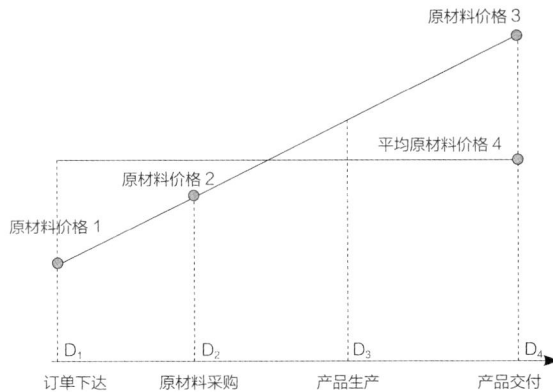

图 11.6　移动平均法下的价格联动

3. 标准化和归一化

规模效应是企业在竞争中获取成本领先优势的一种关键途径。根据波特五力模型，扩大采购规模能显著增强采购方的议价能力。摩托罗拉前 CPO 梅提德曾指出："当库存单位复杂度降低 25% 时，不仅能实现供应链总成本降低 30% 至 45%，还能减少库存 35% 至 50%，显著减少过剩和过期库存达 70%，并提升按时交货率至原来的 1.5 倍。"

标准化和归一化策略扮演着双重角色：它们不仅通过规模效应和学习曲线降低了供应商的生产成本，还极大地增强了采购方的议价实力。具体而言，标准化和归一化促进了规模效应的产生，使得供应商的固定成本得以分摊到更广泛的产量上；同时，其减少了生产转换时间，使工人效率提升，学习曲线效应显现，合格率上升，从而降低了单位生产成本。对采购方而言，这一策略推动了采购量汇聚，从而能使采购方"以量换价"，获取采购成本优势；同时简化了产品的生产工艺，降低了生产难度，减少了库存；还显著提升了产品质量，减少了后续的维护成本，实现成本效益的全面提升。

苹果公司在这一领域树立了典范。乔布斯通过大幅简化苹果公司的产品线至四个核心类别，为后续的归一化奠定了基础。蒂姆·库克则进一步推动了这一策略，鼓励产品使用行业标准部件或通用组件，实现零部件的高度通用化。通过精简供应商网络并集中采购量，苹果公司成功降低了供应链的总体成本，进一步巩固了其在市场中的竞争地位。

对于归一化策略，可分为四个层次：器件归一、模块归一、单板归一和产品归一。它们都是企业在产品设计和供应链管理中采用的重要策略，旨在通过归一化来降低成本、提高效率和灵活性。

（1）器件归一。器件归一主要针对那些不直接增加产品价值或价值贡献度较低的物料规格进行整合。通过减少物料规格的数量，企业可以降低库存成本、简化采购流程，并降低多样性带来的管理复杂性。例如，摩托罗拉将手机电池从原有的 60 多种型号整合为少数几种通用型号，不仅降低了库存和物流成本，还提高了供应链的响应速度和灵活性。

（2）模块归一。模块归一是指将产品中常用的功能模块设计成可通用的基础模块，以便在不同产品之间快速组装和复用。这种策略类似于搭积木，通过组合不同的基础模块，快速开发出多样化的产品，满足市场需求。模块归一不仅缩短了产品开发周期，还提高了产品的可靠性和可维护性。这是因为基础模块经过充分验证和优化，具有较高的稳定性和质量。

（3）单板归一。单板归一主要涉及软硬件平台和接口的标准化。通过将不同产品的软硬件平台和接口统一，企业可以实现不同产品之间的直接复用和替换，从而进一步降低成本和提高效率。例如计算机中的显卡，一旦实现了单板归一，企业就可以在不同型号的产品之间共享相同的硬件和软件资源，减少重复开发和测试的工作量。

（4）产品归一。产品归一是指减少产品型号和 SKU 数量，通过精简产品型号来集中资源，提高市场竞争力。产品型号减少，企业可以更加专注于少数几款核心产品的开发和推广，提高产品的市场认知度和品牌影响力。同时，减少 SKU 数量也有助于降低库存成本，提高库存周转率，降低管理难度。

归一化的四个层次如图 11.7 所示。

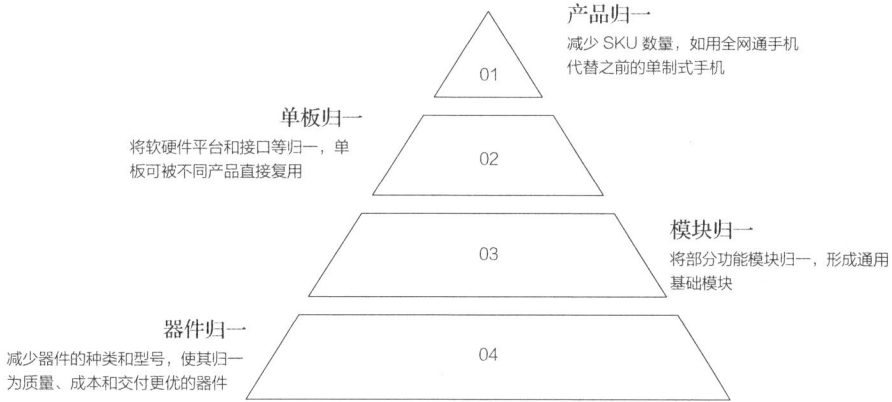

图 11.7 归一化的四个层次

器件归一是一个需要研发、采购等多个部门高度协同的工作，它紧密地结合了采购与研发部门的力量，以实现成本优化和效率提升。在这个过程中，采购部门在器件选型阶段的早期介入至关重要，其能够在产品开发的初始阶段基于市场趋势、供应商能力和成本效益分析，为研发团队提供有价值的建议。

定期分析各种规格的器件的采购量是实施器件归一效果监控的关键步骤。通过分析，企业可以识别出那些采购量较小、管理成本较高的长尾器件，并考虑使用主流规格器件进行替代。这种策略有助于将需求集中在有限的几个主流规格器件上，从而聚集采购量，减少需要管理的器件数目，降低后端管理和维护的复杂度。虽然从局部单个器件的角度看，替代过程可能会导致某些成本损失，比如短期内的采购成本上升，但从整个品类的综合成本来看，这种策略通常更加有利。因为通过向主流规格器件汇聚，企业能够享受更大的采购量带来的价格优惠，降低库存积压的风险，减少因管理多种器件而产生的额外成本，从而提升整体的成本效益。

模块归一、单板归一和产品归一则更多地依赖于研发和产品规划团队的深度参与。这些团队负责设计通用化、标准化的模块和平台，以实现快速开发和灵活组装，同时减少冗余和不必要的差异。通过模块化设计和平台化策略，企业能够更快地适应市场变化，推出多样化的产品，同时保持成本可控。

11.2.2 寻求共同利益

在博弈力地图的右上角，当供需双方都拥有极强的博弈能力时，开放竞争可能不再是最有效的成本降低手段。这种情况下，供需双方进行战略合作，寻求共同利益成了一个更为合理和可行的选择。寻求共同利益的方法有：

- 价值分析/价值工程；
- 供应商协同；
- 采购模式优化；
- 废料回收。

寻求共同利益这一方法不需要牺牲供应方的利益，它通过去除冗余、提升效率、减少浪费来使供需双方获益。

1. 价值分析/价值工程

价值分析/价值工程起源于20世纪40年代的美国。"二战"之后，由于原材料供应短缺，采购工作常常面临难题。经过在实际工作中孜孜不倦地探索，迈尔斯（Miles）发现有一些相对不太短缺的材料可以很好地替代短缺材料。后来，迈尔斯逐渐总结出一套解决采购问题的行之有效的方法，并且把这套方法的思想及应用推广到其他领域。

价值工程用于研发阶段，价值分析用于量产阶段，都是为了在保障功能、质量的前提下，寻找优化成本的技术方案并实施。价值分析/价值工程在汽车行业运用得较为普遍。

价值分析/价值工程有三大策略，分别是取消、减少和变更。

（1）取消。

- 取消不必要的功能。

● 取消不必要的工序和工艺。

（2）减少。

● 减少零部件数量。

● 减少加工次数。

● 减少材料用量。

（3）变更。

● 变更设计。

● 变更零部件厂商（替代）。

● 变更零部件材质、尺寸、精度。

● 变更验收标准（如外观标准）。

● 变更物流路径。

在推行价值分析／价值工程的过程中，可以从料、工和费三个成本要素出发，寻找降低成本的机会点。如根据总成本支出，评估是否需要导入自动化，见图11.8。

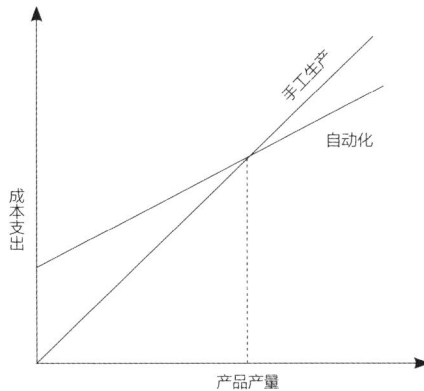

图11.8　导入自动化评估

回顾一下整个产品开发流程，可以将取消策略落实到 DFX 环节。在这一阶段，团队应仔细审查产品设计，识别并取消任何不必要的特性和组件。不必要的特性和组件通常会增加产品的复杂性和成本，但对产品功能或客户体验的贡献微乎其微。研发团队可以确保设计从一开始就避免不必要的成本投入。而 DFM 则关注如何使产品更容易、更经济地被制造出来，通过减少生产过程中的浪费和降低生产的复杂性来降低成本。

减少策略和变更策略则可以在新产品验证、试制和导入活动中落实。在这一阶段，产品已经初步成型，并开始进入实际生产和测试阶段。此时，团队需要关注如何通过减少材料使用，简化生产工艺，使用更经济、更高效的替代材料、组件或工艺，优化供应路径等方式来进一步降低成本。减少策略和变更策略可能涉及对产品设计的微调，以确保产品在满足功能需求的同时尽可能减少成本。比如将汽车里面的充电口从 8 个减少到 4 个就是一个典型的案例。

价值分析／价值工程通常由产品线和研发等部门主导，从产品顶层自上而下进行分解，能够取得良好的效果。

2. 供应商协同

供应商协同是现代供应链管理中的一项重要策略，它通过加强供需双方的信息实时分享和业务协同，实现了供应与生产的高度配合，从而有效减少了浪费，提高了双方的工作效率。供应商协同不仅有助于企业快速响应市场变化，还能使企业在竞争激烈的市场环境中保持成本优势和竞争力。

在供应商协同的过程中，存在多个机会点，常见的有订单自动化处理、供需信息协同和供应路径优化等。其中供应路径优化是最常见且关键的一环。随着全球化采购的深入发展和生产外包的普及，企业面临着更加复杂的供应链网络和更广泛的供应商选择。因此，如何寻找最优的交付路径以降低运作成本，成了企业关注的焦点。

供应路径优化不是选择最短或最快的路线，而是综合考虑多种因素，如成本、时间、可靠性、灵活性等，以制定出最符合企业需求的物流方案。通过将物流和信息流分离，改变过去以采购方为中心的运作模式，企业可以实现更加灵活和高效的供应链管理。同时，利用数据分析工具对供应链数据进行深度挖掘和分析，企业可以发现潜在的优化点，如识别出冗余的物流环节、优化库存结构、提高运输效率，实现就近供应，显著降低库存和运作成本。供应商协同如图 11.9 所示。

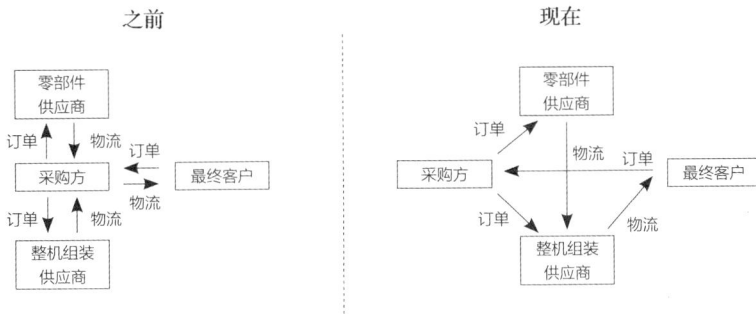

图 11.9　供应商协同

苹果公司在这方面表现卓越。根据《蒂姆·库克传》，库克将库存称为"最根本性的邪恶"。他追求"把产品直接从制造环节送到消费者的手中"。苹果公司要求零部件供应商直接将零部件配送至电子制造服务（EMS）供应商。当 EMS 供应商完成整机生产后，将产品交付到配送和零售环节。在这一套运作模式之下，中间环节库存压力都留在供应商侧，苹果公司成功地将库存周转天数控制在 7 天左右，是其他消费电子厂商的 1/10~1/8。这也是苹果公司连续多年被 Gartner 评选为供应链管理大师的原因之一。

笔者也曾碰见过一个极具代表性的案例。多年前笔者负责采购的微波通信产品中的关键部件——室外单元（Out Door Units，ODU）在供应商的菲律宾工厂生产。这些 ODU 进口到深圳后，需与我司的室内单元（In Door Units，IDU）进行联调测试，测试不良率大约为 0.6%。由于退货流程涉及跨国运输，周期长，往往需要两个月。更为重要的是，微波通信产品一般是根据客户的特定频率定制的，频率范围从 Sub 6G 到 28G 涵盖上千个频点，每个项目可能包含多个 SKU，且 ODU 的发货模式要求远端与近端成对，一旦其中一件产品存在缺陷，至少影响两个站点的安装调试，甚至影响整个项目的发货。约 0.6% 的不良率一方面会造成大量库存积压，另一方面又因无法发货导致客户产生抱怨。

经过对问题进行分析和讨论之后，我司将问题的解决方案确定为将我司的产品测试工序前移到供应商工厂。经过必要的准备后，我司测试专家在供应商的菲律宾工厂完成测试系统搭建和运行，并将测试方法同步给供应商的技术人员。经过双方技术人员六个月的并行测试与验证，我司最终将测试装备移交给供应商团队管理，顺利完成了测试工序的交接。

经过这一变革，ODU产品的测试前移至供应商，我司取消了测试工序；产品不再到深圳中转，实现从供应商工厂直发全球客户，降低了TCO，每年节约成本超千万元。由于不良品被拦截在工厂，不良品的分析周期缩短了，产品质量得到快速提升，供应商也降低了质量成本。供应商也积极地将我司的测试程序整合进其原有的生产流程中，优化了测试环节，提升了整体效率。这一案例充分展示了协同合作在成本管理中的巨大价值。

总之，供应商协同意味着供需双方需要共同调整和优化工作方式，以实现更高的效率和效益。供应商协同不仅体现在流程的简化和信息的实时共享上，更在于双方能够携手应对市场变化，共同寻找和创造新的价值点。

随着智能化和数字化技术的飞速发展，传统的作业流程正在经历深刻的变革。这些新技术为供应商协同提供了更为广阔的空间，使得供需双方能够更加精准地预测需求、优化库存、提高生产效率，并发现新的成本节约机会点。

因此，供需双方需要保持紧密的沟通和合作，共同探索和应用新技术，不断挖掘供应链的潜力。通过数字化和智能化的手段，更加高效地协同，减少浪费，提高响应速度，提升企业竞争力，最终实现共赢。

3. 采购模式优化

行业内常见的采购模式包括标准（Normal）采购模式、准时化采购模式和供应商管理库存（VMI）采购模式等。不同的采购模式对供应商的交付要求不同，进而影响供应商资源投入的数量。

- 标准采购模式。标准采购模式是最常见的采购模式，即采购方向供应商下达订单，订单中包含物料型号、数量和交付日期等信息。供应商收到订单后组织生产，按照订单要求的日期交货。

- 准时化采购模式。准时化采购模式起源于丰田，理念是只有在需要的时候才提供满足客户需求数量的产品；目标是消除无效劳动和浪费，使生产资源得到合理的利用。因此，准时化采购模式是一种完全以满足自身需求，降低自身库存甚至零库存为目的的采购模式。在采用准时化采购模式时，采购方向供应商下达订单，但供应商交付订单需要等待采购方的指令，备（料）交（料）分离。供应商根据采购方的指令在指定的时间将指定品种和指定数量的产品交付到指定的地点。交付的数量不受某个订单数量的限制，只要交付的总数量小于未结订单数量即可。准时化采购模式可以减少采购方的库存，特别适用于体积大的物料。

- VMI 采购模式。VMI 采购模式又称寄收模式，其基本原理是由供应商负责管理库存，以确保及时供货和减少库存成本。采购方向供应商提供一定时期内的需求预测，供应商根据采购方的需求信息制定自己的生产计划和送货计划。库存数量可由供应商自主决定或由采购方和供应商约定。当采购方有物料需求时，生产任务令触发物料订单释放，生成转库指令，将物料从供应商的 VMI 库房转移到采购方的生产库房，实现物权的转移。VMI 采购模式适用于需求较平稳的通用物料。如果采购方对预测承担一定时间范围内的备料责任，则 VMI 采购模式也可用于定制、专用物料。

根据表 11.1，不同的采购模式对供应商的交付要求各不相同，供应商需要根据采购模式投入相应的资源来满足采购方的需求。采购方在选择采购模式时，应当充分考虑自身的需求特点、市场环境以及供应商的能力，以便选择最合适的采购模式，从而促使供应商能够更高效地组织生产和交付，进而降低成本。采购部门进行采购模式优化，需要和计划、生产等部门紧密合作，方能既满足供应又降低运作成本。

表 11.1 不同采购模式对比

采购模式	交货要求	交付和物流
标准采购模式	按照订单约定的数量和日期进行交付	订单数量影响物流装载率。可将一定时间段内的订单集中交付，提升交付和物流效率
准时化采购模式	供应商需要根据采购方的指令在指定的时间将指定品种和指定数量的产品交付到指定的地点	库存全部由供应商承担，供应商受采购需求指令约束，无法灵活安排生产和物流。如果需求量少或不稳定，则物流装载率低
VMI 采购模式	供应商可根据采购方的需求预测灵活安排交付和物流	库存全部由供应商承担，物流装载率可达到最优

4. 废料回收

废料回收不仅是环保的重要实践，更是企业成本节约的有效途径。通过有效的回收处理流程，原本被视为废弃物的材料（如栈板、包装材料、塑料托盘等辅料）以及生产过程中的边角料等，都能被转化为有价值的资源，实现变废为宝。汽车车门、舱盖、动力电池箱体等金属加工行业，对边角料的回收非常普遍。

要实现高效的废料回收，关键在于构建一个便于回收与再利用的环境。这包括设立明确的回收流程、提供适当的回收容器或设施，以及加强员工对回收重要性的认识。此外，优化回收物流也是关键一环，特别是对于运输成本在TCO中占比较大的栈板、包材、托盘等辅料，采取集中回收策略，在少数几个指定的交付地点进行大批量回收，可以提高回收效率，显著降低回收成本。

苹果公司通过将产品零部件托盘的回收处理委托给专业的回收企业，不仅实现了资源的循环利用，还显著降低了物料采购成本。具体操作方案是：苹果公司与几家专业的托盘回收企业合作，指定这些企业在EMS工厂进行托盘的统一收集。经收集后的托盘经过专业的清洁和测试，确保其再次使用的安全性和可靠性。随后，这些经过处理的托盘被重新出售给零部件供应商，用于后续的生产和物流环节。

这一策略带来了两方面的好处。首先，托盘的使用次数从原本的一次增加为四到五次，这大大延长了托盘的使用寿命，减少了对新材料的需求和废弃物的产生。这不仅有助于减少环境污染，还体现了苹果公司对可持续发展的承诺。其次，从成本角度来看，由于托盘可以回收再利用，供应商无须频繁购买新托盘，从而节省了材料成本。

锂电池的回收和梯次利用是行业的热点。将产品生产和售后服务产生的边角料、废旧电池等集中收集后交由电池材料回收厂商进行回收处理。一方面减少了环境污染，另一方面创造了经济价值，特别是在电池正极材料价格上涨的时候，回收成为行业热门话题。

11.2.3 管理需求

在博弈力地图的左下角，供需双方均展现出较弱的博弈能力，这常见于办公用品采购等场景。一方面市场中充斥着大量同质化供应商，另一方面单一采购方的采购量相较于整体市场规模而言微不足道，使得此类业务如同鸡肋，难以激发双方大规模投入资源的热情。

在此情境下，联合采购策略与捆绑采购策略成为优化采购效率的优选方案。联合采购策略巧妙地将跨地区、跨企业的零散需求汇聚成一股强大的力量，通过规模效应、库存共享及运输成本分摊等手段，显著降低整体采购成本。这一策略可由专业采购服务机构主导实施，也可由某一核心企业牵头组织，以便各方共同探索成本节约的新路径。

捆绑采购策略则是一种整合内部资源的艺术，它将原本可能分散给多个供应商的多样化业务需求打包成一个整体，交由单一供应商负责。这种做法不仅加大了采购方的谈判筹码，还激发了供应商的积极性，因为整合后的业务规模足以吸引其投入更多资源。例如，将多个需求量较小的 PC 电池项目捆绑在一起向一个供应商集中采购，便能有效利用供应商资源，实现共赢。

然而，实施捆绑采购策略需谨慎，避免将完全不相关的业务强加给供应商，否则会增加不必要的运作成本。成功的捆绑采购策略应基于对项目的供应商能力要求的深入分析，确保打包方案既能增强采购方的议价能力，又不至于成为供应商选择的障碍。

无论是联合采购策略还是捆绑采购策略，其核心都在于通过创新性的资源整合方式，将原本微不足道的"小生意"汇聚成具有吸引力的"大生意"，从而增强需求方的博弈能力，实现采购效率与成本效益的双重提升。

11.2.4 利用竞争

竞争作为降成本的有效手段，在需求方占据优势而供应方相对弱势的博弈场景中尤为显著。此时，供应商之间形成的强烈竞争态势为采购方提供了宝贵的降成本机遇。这种博弈场景下常用的降成本方法包括：供应资源布局、替代降成本、基于 TCO 的成本管理、基于供需的成本管理、BOM 拆解法、回归拟合法、成本桥接法等方法。在这些方法的协同作用下，企业能够有效降低采购成本，同时确保供应链的稳定性和效率。BOM 拆解法、回归拟合法和成本桥接法已经在前文介绍过，这里就不再重复介绍。

1. 供应资源布局

供应资源布局是精心营造竞争氛围的关键环节。在决定从单一物料到整个品类的供应商数量时，需要综合考虑多个因素，包括采购数量、采购金额、采购数量占市场总需求的比例、行业顶尖厂商的销售规模，以及市场上可供选择的资源等。为了制定科学合理的布局策略，可以从采购方采购金额占供应商营收比例和供应商占采购方总采购金额的份额两个核心维度进行深入分析，如图11.10 所示。

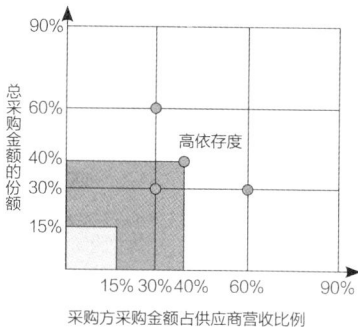

图 11.10　供应商依存度分析

（1）采购方采购金额占供应商营收比例。

采购方采购金额占供应商营收比例是一个需要精细平衡的考虑因素。一般来说，采购方的采购金额占供应商营收的 15%~30% 较为理想，这既能确保采购方在供应商处获得足够的重视和资源保障，又能避免过度依赖单一供应商带来的风险。

如果采购金额占比较低，采购方可能难以成为供应商的顶级客户（至少为前五大客户），从而在资源分配、紧急项目响应、交付速度等方面受到不利影响。为了提升在供应商处的地位，采购方应努力增加采购量，使采购金额达到对供应商具有吸引力的水平，以确保在关键时刻能够获得优先支持。

然而，如果采购金额占比过高，超过供应商营收的 40%，则可能使供应商对采购方的依存度过高。这种高依存度关系在市场环境稳定时或许能够使双方相安无事，但一旦采购方出现问题或市场出现波动，如经营不善、需求下滑或市场竞争加剧等，供应商可能因失去重要收入来源而陷入困境，进而影响其对采购方的持续供应能力。这不仅会对双方的长期合作关系造成损害，还可能威胁采购方的供应链安全。

因此，采购方在规划采购策略时，应充分考虑采购金额占供应商营收比例，力求在保障自身利益的同时关注供应商的经营稳定性和长期发展。通过合理分配采购量、应用多元化供应商策略以及建立紧密的合作关系，与供应商共同抵御市场风险，实现双赢。

（2）供应商占采购方总采购金额的份额。

单个供应商供应量占某个品类的份额不能过高，如果超过 50%，就可能造成份额失衡，进而影响整个品类的供应商竞争氛围。这种失衡不仅可能削弱采购方的议价能力，还可能增加供应链的风险，因为一旦该供应商出现问题，采购方将难以迅速找到替代方案。

为了维持健康的竞争环境，供应商之间的供应份额应当拉开差距。这意味着采购方应该积极引入多家供应商，合理分配采购份额，使得没有任何一家供应商能够独占鳌头。这样的布局可以激发供应商之间的竞争，促使其不断提升产品质量、降低价格、改善服务，从而最终惠及采购方。

一般而言，份额大于 10% 的供应商可视作该品类的主力供应商。主力供应商在品类中占据重要地位，对采购方的供应链稳定性具有重要作用。因此，采购方应当与主力供应商建立长期稳定的合作关系，加强沟通和协作，共同应对市场变化和挑战。同时，采购方也要持续关注其他供应商的表现和发展潜力，以便在必要时进行调整和补充。

（3）供应商的数量。

确定好采购比例之后，品类所需的供应商数量就可大致确定下来。一个品类可用的供应商一般要大于等于 3 家。设定 "3+1" 或 "3+2" 的供应商数量模式，不仅保证了主力供应商的稳定供应，还通过备选供应商增强了供应链的灵活性和抗风险能力。这种配置方式确保了每一家供应商都面临着来自同行的竞争压力，从而激发了供应商的危机感和提升自我能力的动力。

仅仅有足够的供应商并不足以保证充分的竞争氛围。还需要从合作意愿和能力两个方面对供应商进行深入分析。合作意愿体现了供应商对与采购方合作的态度，而能力则是指供应商在产品技术创新、质量、交货期、价格等方面满足采购方需求的能力。由图 11.11 可知，在这个品类中，供应商 D 有能力但合作意愿不足，这可能是多种原因造成的，如价格谈判不顺利、沟通不畅等；而供应商 C 虽然有合作意愿，但能力不足，这限制了其在竞争中的表现；相比之下，供应商 A 和供应商 B 由于能力和合作意愿都相对匹配，因此形成了竞争格局，但也存在竞争不充分的问题。

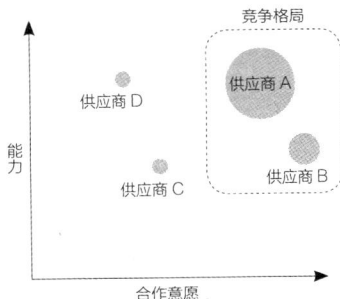

图 11.11　供应商竞争格局分析

通过实施供应商发展项目，采购方可以有针对性地提升供应商的能力和合作意愿，同时根据需要进行供应商的淘汰和引入，以优化供应资源布局，形成更加健康和积极的竞争格局。

营造竞争氛围与建立和维护良好的供应商关系并不冲突。相反，适度的、有序的竞争能够激发供应商的潜力和创新力，推动其不断提升自身的服务水平和产品质量，从而更好地满足采购方的需求。这种基于相互尊重和合作的竞争，有助于加深供应商与采购方之间的信任和理解，促进双方关系的长期稳定发展。

对于图 11.12 中的供应商 B、供应商 C 和供应商 D，可通过供应商发展项目对其进行能力提升和合作意愿改善。

对于供应商 B 和供应商 C，可以集中资源帮助其解决能力瓶颈问题，如提供技术培训、生产流程优化指导等或淘汰退出；而对于供应商 D，则需要更多地加强其合作意愿，通过加强沟通、明确合作目标和期望、优化合同条款等方式，增强其对合作的信心和积极性。

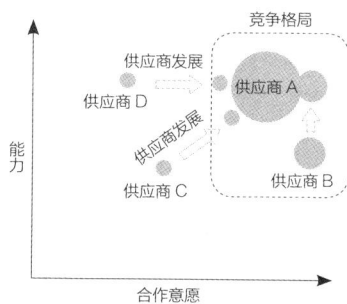

图 11.12　构建供应商竞争格局

2. 替代降成本

替代是在产品量产后最常见的降成本方法，即通过导入新物料、新材料或新工艺替代原有产品，降低成本。在开展替代活动前，需要进行周密的评估和策划，包括以下方面。

- 成本收益分析：明确替代活动的预期收益（如成本降低、性能提升等）与可能产生的成本（包括显性成本和隐性成本），以评估替代活动的经济可行性。

- 风险评估：识别并评估替代过程中可能遇到的风险，如技术风险、供应链风险、质量风险等，并制定相应的应对措施。

- 替代规划：根据评估结果，制定详细的替代策略，包括替代时间表、资源分配表、测试验证计划等。

- 沟通与协调：确保与相关部门（如研发、生产、质量部门等）充分沟通，以协调各方资源，确保替代活动的顺利进行。

在采购活动中，引入替代品是应对供应链风险、优化成本或促进技术进步等的重要手段。只有通过科学的评估、合理的规划、跨部门协作和有效的管理，才可以确保替代活动的成功实施，为企业带来实际的经济效益和竞争优势。但要避免盲目追求低成本而频繁进行替代活动。不管采用何种类型的替代，都有可能引入一些未知的风险。有些企业为了降低采购价格频繁地引入新供应商，却忽略了后期的质量波动等导致的管理成本增加。后文介绍的基于TCO的成本管理就是从全生命周期的维度来评估成本收益的方法。

替代降成本需要得到产品线、研发和质量等部门的大力支持，企业内部成立专门的组织负责替代的推进，有助于替代在第一时间落地并产生经济效益。

3. 基于TCO的成本管理

TCO指在整个生命周期内拥有该产品所发生的总成本，包括产品设计成本、制造成本、使用成本、维护成本和报废处理成本等。对采购方而言，除了初始采购成本外，还需要考虑一系列后续成本。决策者要从长期和全面的角度审视成本，避免仅基于短期采购价格做出决策，减轻潜在的长期经济负担。

图11.13以某服务器CPU为例，虽然新CPU采购价格低于原CPU，但从TCO角度看，原CPU却是更优的选择。

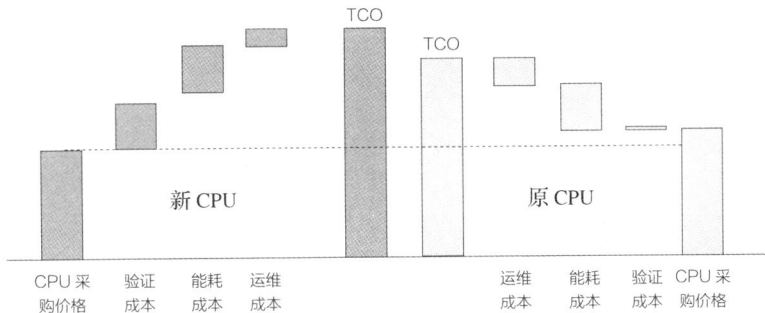

图11.13 TCO对比分析

在基于TCO的成本管理体系中，采购价格仅仅是构成TCO的诸多要素之一。基于TCO的成本管理的核心目标在于实现整个生命周期内TCO的最小化，而非单纯追求低采购价格。在TCO框架内，典型的成本项目包括：采购价格、安装成本、运输费用、财务费用（如贷款利息）、使用过程中的直接与间接成本（如能耗成本、耗材成本）、维修保养成本、技术升级所需的额外费用、转换成本、员工培训成本、因质量问题（如设备故障导致的生产中断等）

产生的额外支出等。

不存在适用于所有品类的通用 TCO 计算公式,因此,针对每个具体品类进行深入的 TCO 构成分析非常必要。特别是在采购大型不动产设备或长期使用的关键资产时,对 TCO 的评估尤为重要。通过建立针对不同品类的定制化 TCO 模型,企业能够更加精准地评估各项成本,并据此制定出更加合理和经济的采购策略。这一过程不仅要求企业细致识别全流程成本要素,还涉及大量数据的收集、统计与分析,对企业采购组织提出了较高的要求。

4. 基于供需的成本管理

在市场经济中,产品的价格由供求关系决定。供需平衡点(或称为市场均衡点)指供给曲线和需求曲线的交点,此时市场上的供给量恰好等于需求量,价格稳定在一个特定的水平上,如图 11.14 所示。

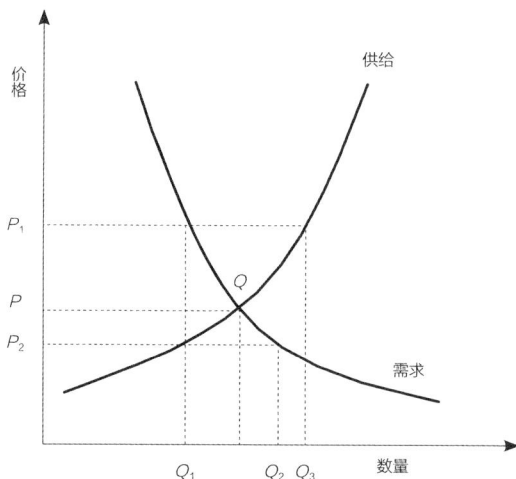

图 11.14　供需曲线

当市场处于供需平衡点上方(这里的"上方"指的是供给曲线位于需求曲线之上的部分,而非物理空间中的上方)时,意味着在当前的价格水平下,市场上的供给量超过了需求量。为了吸引买家并减少库存,生产者可能会降低价格,从而促使需求量增加,直至达到新的平衡点。

相反,当市场处于供需平衡点下方(即需求曲线位于供给曲线之上的部分)时,表示在当前的价格水平下,市场上的需求量超过了供给量。由于商品供不应求,生产者可能会提高价格来增加利润,同时也可能有更多的生产者进入市场，增加供给量。这时，价格会上升，直至达到新的平衡点。

以碳酸锂为例，2021—2022 年，由于新能源汽车和锂电池储能等产业的快速发展，电池原材料碳酸锂的需求急剧增加，碳酸锂市场出现了供不应求的情况，碳酸锂的价格飞涨至接近 60 万元 / 吨。到了 2023 年，情况发生了变化。随着碳酸锂新产能的投放，生产能力提升，碳酸锂的生产商为减少库存开始降低价格，导致价格迅速回落。在 2023 年上半年，碳酸锂的价格已经降至 20 万 ~30 万元 / 吨，甚至更低。

2021 年，智能手机、平板电脑等消费电子产品的需求快速增长，使得半导体需求急剧增加，直接冲击了半导体制造产能。当消费电子产品的需求激增时，一些半导体厂商选择优先满足这些短期利润更高的市场需求，从而挤压了车规级半导体器件的产能，造成车规级半导体器件供需失衡。与此同时，新能源汽车市场的迅速崛起也加剧了半导体供应的紧张局势。这种供需失衡直接导致了车规级半导体器件价格的飞涨，有的器件的价格甚至上涨了几倍甚至几十倍。

基于供需的成本管理是一种高度依赖市场洞察力和预判能力的成本管理方法。这种方法的核心在于利用市场供需关系的动态变化，通过精准的市场分析和预测，优化资源配置，实现成本节约和竞争力的提升。

在半导体行业，尤其是像 Flash、DRAM 等"海鲜型"产品[3]，供求关系的变化对其价格的影响尤为显著。2021 年，当消费电子产品抢夺原本用于车规级半导体器件的生产资源时，车规级半导体器件市场出现供需失衡，器件价格上涨。能预判市场趋势并做出相应调整的企业可通过优化库存管理，调整生产、采购计划，或寻找替代供应商等手段来降低采购成本，从而获得相对竞争优势，在市场上占据有利地位。

为了实施基于供需的成本管理，企业需要做到以下几点。

- 加强市场洞察：深入了解行业动态、市场需求变化、竞争对手策略等信息，为预判市场趋势提供数据支持；利用大数据、AI 等先进技术手段，对市场数据进行深度挖掘和分析，提高市场预测的准确性和及时性。
- 建立灵活的供应链体系：与多家供应商建立长期合作关系，确保在市场需求变化时能够快速调整供应链，降低断供风险。
- 灵活管理库存：根据市场供求关系变化动态调整库存水平，精细化库存

3　这里的"海鲜型"产品指的是价格波动大、市场变化快的产品。

管理。

- 加强内部协同：加强企业内部各部门之间的沟通与协作，确保生产计划、采购计划、销售计划等的无缝衔接，提高整体运营效率。

总之，基于供需的成本管理需要企业具备敏锐的市场洞察力和高效的决策执行能力。通过不断优化资源配置降低成本，企业可以在激烈的市场竞争中脱颖而出。

成本是设计出来的，设计在成本管理中起决定性作用。DFP意味着在设计阶段就需要充分考虑后续采购、生产和维护的成本，通过优化设计来降低成本。因为一旦设计完成，产品的成本结构就基本定型，后续的成本管理只能在有限的范围内进行调整。

成本管理是一个系统工程，需要从研发设计、生产制造和采购等多个方面入手，综合运用各种策略和方法来降低成本，提高效益。

成本管理需要有周密的策划，对成本进行详细的分解和分析，识别出影响成本的关键要素。这有助于企业集中精力解决影响成本的主要问题。在具体操作上，企业可以采取多种措施来降低采购成本。例如，通过价值分析/价值工程来评估和优化物料成本；利用供求关系的变化和价格联动机制来获取更有利的采购价格；引入新产品、新技术以降低成本；优化供应资源布局，利用鲶鱼效应来促进供应商之间的竞争，通过竞争和淘汰机制来激发和提升供应商的积极性和创造力，推动其不断提升产品质量和服务水平，从而为企业带来更低的采购成本和更高的价值。

然而，采用"放牧式"模式进行成本管理在各行各业中非常普遍。部分企业片面地追逐低成本，通过频繁地引入新供应商进行竞争和替代，淘汰不能提供低价格的供应商，甚至单方面要求供应商降低采购价格。这种做法忽视了采购价格以外的因素，使企业无法和供应商建立长期的合作关系，无法建立起基于供应链的竞争优势。从长远看，弊大于利。

第十二章

供应商质量管理

随着企业分工的不断细化，企业日益依赖于多元化的供应商网络，以获取构建其最终产品所需的各种零部件与服务。供应商已成为企业能力的重要延伸，其表现直接影响产品的整体性能与品质。任何源自供应商端的物料缺陷都将对最终产品的表现产生影响，进而削弱客户的使用体验。在全球化的市场背景下，产品的销售地域广，这使得由质量问题引发的不合格成本随着发货区域的扩大而呈现数量级增长。因此，强化供应商质量管理不仅是确保各批次产品高度一致的关键，也是有效降低潜在重大风险、持续提升客户满意度的重要战略手段。

那该如何管理供应商的质量？姜宏锋、邢庆峰两位老师在《供应链质量防线——供应商质量管理的策略、方法与实践》一书中根据采购方管理方法的不同，将供应商质量管理分为四个层次。

在构建供应商质量管理方案之初，首要任务是明确"采购方期望与供应商建立何种类型的合作关系"。

如果采购陷入"放牧式"模式，则采购方与供应商之间缺乏稳固而持久的合作关系，合作的主导因素往往是供应商能提供更低的采购价格。这种片面追求成本削减的做法往往会引入低成本供应商，但随之而来的质量问题则被推给了 SQE。每当能提供更低的采购价格的供应商出现时，原有供应商便可能被替换，周而复始，形成恶性循环。在此模式下，供应商质量管理会陷入被动响应的境地，即便采购方配备了专业的 SQE 团队和质量管理工具，也难以从根本上扭转局势。缺乏稳定的合作基础，中长期的质量规划与策划无从谈起，采购方只能陷入"头痛医头，脚痛医脚"的窘境，难以有所作为。

而"种植式"的采购管理模式的核心在于构建一个相对固定的供应商资源池，通过稳定的合作关系促进产品的"优生优育"。"优生"强调对供应商准入的严格管理和对产品生产过程的精细控制，确保从源头消除潜在的质量风险；"优育"则侧重于帮助供应商对日常质量表现进行准确分析与持续改进，实现质量提升。这一模式为供应商质量管理注入了新的活力，使之能够更具前瞻性地规划质量管理战略，有效应对挑战。

质量是设计出来的，更是管理出来的。供应商质量好不好，关键在于选择的供应商是否合适。供应商质量管理不是采购方代替供应商去管理质量。无论是企业还是个人，其行为往往都是利益驱动的结果，这是市场规律下的自然选择。正如德鲁克所言："管理的精髓在于激发人的善意与潜能，以达成卓越。"供应商质量管理的核心在于激发供应商的积极性，使其将"追求高品质"作为准则，从而自发地投入质量改进。

供应商选择是采购方对供应商业务产生影响的关键环节，所以采购方需要将对供应商质量的要求落实到供应商选择过程中。基于 TCO 的供应商选择方案意味着质量成本被明确纳入评估体系，这样一来，供应商的质量表现将直接影响其能否获得业务合作的机会，形成一种正向激励机制，促使供应商主动提升产品质量和服务水平。反之，若采购方频繁向质量表现不佳的供应商授予采购合同，则会让质量管理陷入被动，产品质量和服务水平难以得到实质性提升。

前文深入探讨了如何审核与评估供应商的质量管理体系，确保只有具备高质量标准的供应商能够加入采购方的供应链。《供应链质量防线——供应商质量管理的策略、方法与实践》一书中详尽阐述了供应商准入审核的诸多技巧与策略，有兴趣深入研究的读者可将其作为参考资料。

在解决"优生"问题后，接下来，将质量管理的重点转向"优育"环节，即探讨如何在日常管理中和供应商一起有效应对质量问题，持续改进质量问题，进而巩固和提升供应链的整体质量水平。

供应商质量管理可以分为以下五步。

- 识别质量风险；
- 制定质量目标；
- 质量策划；
- 质量控制；
- 质量改进。

12.1 识别质量风险

质量策划如同航海中的罗盘，引领航海者主动前行，而非被突如其来的风浪推着走，陷入被动应对的境地。为了有效实施质量策划，首要步骤便是精准地识别质量风险。可以从供应商质量管理能力和物料质量风险两个关键维度对风险进行深入评估，为供应商质量管理指明方向。

对供应商质量管理能力的评估，应涵盖其质量管理体系的完善性、质量控制流程的有效性、质量问题的预防与解决机制，以及持续改进的能力、近期的绩效等方面。通过实地考察、审核文件、分析过往业绩等手段，全面评估供应商在质量管理上的能力。对同一个品类的供应商，可以通过评估表进行对比分析，见表 12.1。

表 12.1　供应商质量管理能力评估

序号	评估维度	权重	得分	说明
1	质量管理体系审核得分			取最近一次得分
2	产品制程管理体系审核得分			取最近一次得分
3	近四个季度的质量绩效			可以采用平均分或者对每个季度分别赋予权重，按时间的远近，权重由低到高
4	人员的专业程度			
5	设备状态			

另外，对物料质量风险的评估则需聚焦于物料的特性、生产工艺的复杂性、影响度以及同类产品历史质量表现等因素。通过风险评估模型进行综合分析，识别出物料质量风险的高低，如表 12.2 所示。

表 12.2　物料质量风险评估

序号	评估维度	权重	得分	说明
1	产品成熟度（如发货量、发货时间、市场应用的数量）			
2	技术和工艺难度			如一次良率，是否涉及新技术、新材料、新工艺等
3	质量表现			如 FDPPM、FFR 和行业标杆之间的差距等
4	质量问题带来的影响			

综合这两个维度的评估结果，将供应商质量管理分为四种场景，采购方可以据此有针对性地制定质量管理策略，确保供应商质量管理工作的主动性与有

效性，如图 12.1 所示。

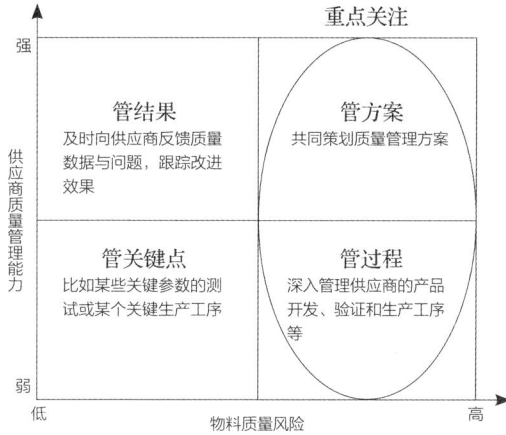

图 12.1 供应商质量管理策略

在不同场景下，采购方需灵活调整应对策略。

- 供应商质量管理能力强，物料质量风险低。此场景下，采购方可采取较为宽松的管理方式，主要通过定期反馈质量数据与问题，促进供应商改进问题并跟踪改进效果。

- 供应商质量管理能力强，物料质量风险高。此场景常见于新产品导入阶段，此时需双方共同策划详细的质量管理方案，不仅关注物料本身的特性与生产工艺，还需评估其实际应用环境，进行端到端全流程质量审视。由于供应商质量管理能力强，若双方在大框架上达成共识，供应商通常能高效执行并细化质量管理方案，确保产品高质量交付。

- 供应商质量管理能力弱，物料质量风险高。这是最需要谨慎处理的场景，常见于导入替代供应商时。采购方需派遣 SQE、研发团队等深入供应商现场，全面了解其生产流程与质量控制体系。通过直接介入，协助供应商策划并实施有效的质量管理方案，必要时提供技术支持与培训，以快速提升其质量管理能力，降低质量风险。理想汽车在引入国产空气弹簧厂商时，就派驻了大量各领域的专业人员在供应商处，协助其解决技术和质量问题。

- 供应商质量管理能力弱，物料质量风险低。在此场景下，采购方应聚焦于关键质量控制点，通过识别并监控影响质量的关键因素，制定有针对性的控制措施，实施精准管理。如对物料关键尺寸进行全检等，以确保质量。并非对供应商的各个环节都要进行面面俱到的管理。许多行业准入门槛低，供应商质量管理能力普遍不强，全面提升其质量管理水平既不现实也不经济。用最小的代价确保供应商交付的产品满足采购方的质量要求即可，要避免过度投入资源。

采购方应该将有限的资源集中于质量风险高的品类和供应商，实现资源的最优配置。采购方还可以借助供应商的其他客户的资源和力量对供应商质量进行管理。

12.2　制定质量目标

在识别了质量风险之后，为供应商量身定制质量目标成为一个至关重要的环节，这不仅仅是一项任务，更是一门科学。遗憾的是，不少企业在设定此类目标时显得颇为草率，往往采取一刀切的策略，比如盲目要求所有供应商在上一年的基础上实现20%的质量提升，这种做法忽视了供应商间的差异及目标实现的可能性。一些供应商为了迎合这种不切实际的目标，可能会采取策略性操作，从而将质量改进变成一场数字游戏。盲目制定质量目标，不仅不能有效驱动供应商提升质量，反而可能催生不良行为，对供应链的整体质量改进产生反作用，无益于真正的质量提升。

采购方如何科学地制定供应商质量目标，真正有效地驱动供应商提升产品质量呢？

1.　识别关键问题与品类

分析影响采购方产品质量表现的主要问题，并对质量问题的原因进行排序，识别出影响产品质量表现的物料品类和主要供应商。

2.　对标行业标杆，寻找改进机会

通过收集和分析物料品类和主要供应商历史质量数据，对标行业标杆的质量水平，识别质量短板和改进空间。

3.　科学制定质量目标

● 充分考虑历史数据、行业标杆和供应商的实际能力，分别设定短期、中期和长期质量目标，分阶段实施。

- 与供应商沟通，双方商讨并共同确立既符合采购方的要求又能激发供应商内在动力的质量目标，确保双方目标一致。

科学地制定供应商质量目标是一个系统且需细致规划的过程。采购方只有科学地制定供应商质量目标，才能有效驱动供应商提升产品质量。这不仅有助于提升采购方的产品质量和市场竞争力，还能促进供应商与采购方之间的长期合作和共同发展。

12.3　质量策划

供应商的质量策划活动受两方面的影响：一是客户的声音（Voice of Customer，VOC），它直接反映了市场对产品或服务的期望与反馈；二是来自内部业务侧的需求，这些需求与企业的战略目标和业务运营紧密关联。质量管理体系成熟的供应商往往能够根据业务需求自发地开展质量策划活动，前瞻性地优化产品和服务质量；而质量管理能力相对薄弱的供应商则可能更多地依赖外部客户的直接驱动来推动质量策划和质量改进活动。

然而，无论供应商是出于自发还是被动地开展质量策划活动，采购方的核心关注点应始终聚焦确保供应商的质量策划活动能够促进自身质量目标的实现，从而支撑采购方自身的业务成功和市场竞争力提升。

当采购方和供应商就质量目标达成一致后，SQE 需要与供应商紧密合作，基于供应商的实际能力、资源和技术水平，与其共同策划出一套切实可行的质量改进方案，并转化为具体的行动计划。质量策划如图 12.2 所示。

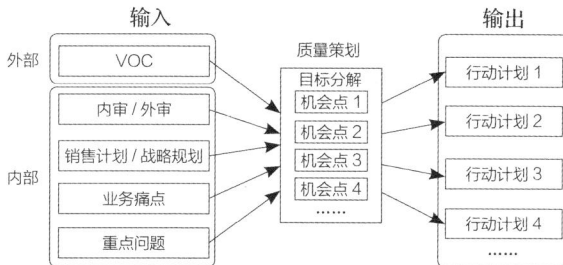

图 12.2　质量策划

好的质量策划不仅为质量管理活动提供了明确的方向，还能够帮助采购方和供应商在复杂多变的市场环境中保持竞争力。通过借鉴产品质量先期策划等先进的质量管理方法，双方可以系统地开展质量策划工作，确保新产品或服务从设计到生产的每一个环节都符合质量要求，实现双赢。缺少质量策划的质量管理就会"只见树木，不见森林"。

12.4 质量控制

要管好结果必须管好过程。只有产品的开发和生产过程得到有效控制，产品的质量结果才能达到甚至超越既定的期望目标。质量控制作为质量管理的关键措施，贯穿产品开发和生产的全过程，通过实施严格的检查、测试以及实时的监控等措施，确保每一步操作都符合既定的质量标准和要求，从而确保最终产品的质量能够持续、稳定地达到或超越预期目标。

质量控制的目的是及时发现问题、纠正问题，防止质量问题的再次发生，包括以下步骤。

- 制定标准。
- 实施检验。
- 记录和分析检验结果。
- 对过程进行纠正。

产品质量控制计划是制造业质量管理中至关重要的工具，它详细描述了如何监控和控制产品在生产过程中的质量，以确保产品符合既定的标准，如表12.3所示。产品质量控制计划是新产品质量策划的一个非常重要的输出文件，有助于在产品开发初期就确立质量控制的策略和方法。

许多企业忽视了质量控制计划的作用，或者令其流于形式。然而，通过将潜在失效模式与影响分析（Failure Mode and Effects Analysis，FMEA）以及开发过程中识别出的各项风险系统性地整合进质量控制计划中，并辅以合适的质量控制工具与手段，企业就能够建立起一个全面、严谨且高效的产品质量控制体系，从而显著提升产品的整体质量水平。

对质量关键点（Critical-To-Quality，CTQ）的管理同样重要。企业有效地管理 CTQ 能更好地满足客户的需求，提高产品或服务的质量和竞争力。要想获得好的产品质量，CTQ 必须得到有效控制。通过实验设计等方法，确定每一个 CTQ 的允许范围，利用测量系统分析、SPC 及过程能力指数（Cpk）等工具对 CTQ 进行监控，企业就能够有效控制甚至预测产品质量。

表 12.3 产品质量控制计划示例

过程编号	过程名称	机器、工装、夹具	特性			重要程度评价	产品/过程规范/公差	方法						反应计划
			序号	对象	过程			评价/测量技术	样本			控制方法		
									容量	频率				
01	车外圆	车床、刀具	01	外径	测量外径	A	50+/- 5 mm	千分尺	30 件	每小时	1.自检 2.检验记录表 3.SPC 4.Cpk>1.33			1.标识、隔离、处置 2.全检
02	热处理	热处理炉	01	表面硬度	测量表面硬度	A	50+/- 5 HR	硬度计	30 件	每炉	1.自检 2.检验记录表 3.SPC 4.Cpk>1.33			1.标识、隔离、处置 2.全检

12.5 质量改进

质量改进是指对产品的质量进行持续改进的过程。质量改进通过识别主要质量问题，从"人、机、料、法、环"等方面进行改进，从而提升产品的质量。PDCA 循环、8D 问题解决法和六西格玛（6 Sigma）是三种常见的质量改进工具。

1. PDCA 循环

PDCA 循环，又称戴明环，最早由美国质量管理专家沃尔特·A. 休哈特（Walter·A. Shewhart）提出，并由戴明进一步发扬光大。它是一种持续改进的管理方法，把各项工作分为制定计划、实施计划、检查实施效果，然后将相关措施标准化，反复迭代，持续改进。PDCA 循环如图 12.3 所示。

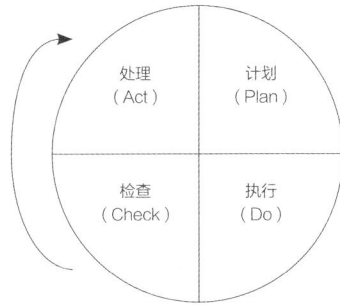

图 12.3 PDCA 循环

- 计划（Plan）：确定目标，分析现状，找到主因，确定对策和计划。在制定改进目标时，目标要明确、具体、可测量，测量系统要可靠。在选择改进方案时，要分清主因和次因，从端到端全流程审视改进方案并评估每个方案的投入产出。要将改进活动具体化，即明确为什么制定该措施、期望达到什么目标、何时何地由谁来负责完成、如何完成。

- 执行（Do）：根据预定的计划、标准和实施步骤，实施计划。对实施过程进行监控和测量，确保计划顺利完成。

- 检查（Check）：检查计划的执行结果，看预期的目标是否达成、改进方案是否有效。如果目标未达成或改进方案没有效果，就要重新分析问题，寻找新的改进方案。

- 处理（Act）：将有成效的措施标准化，对失败的教训进行总结，将措施分解落实到标准、流程和工具中进行推广。

2. 8D 问题解决法

8D 问题解决法是一种用于解决复杂问题的系统方法，它通过 8 个步骤来识别和解决问题，并确保问题不再发生。其做法如下。

D0：计划。针对要解决的问题，确认是否要用到 8D 问题解决法。

D1：组建团队。建立一个团队，团队由具有相关专业知识的人员组成。

D2：定义及描述问题。定量化地用何人（Who）、何物（What）、何地（Where）、何时（When）、为何（Why）、如何（How）及多少钱（How much）来识别及定义问题。

D3：定义并实施暂行对策，确认问题已经得到解决，消除影响。

D4：识别、确认根本原因及突出问题。从技术和管理两个方面找出所有导致某问题产生的根本原因，并且找出问题发生后未被发现或检出的原因。展开横向排查，盘点所有会受到影响的产品。可以用 5Why 分析法或鱼骨图分析问题产生的原因。问题产生的原因都需经过验证，不能凭空想象。质量改进环节常见的问题是把原因都归结为员工未按要求操作，但进一步挖掘就会发现更多问题。例如员工没有对应的技能和合适的工具等。

D5：针对问题产生的原因选择及确认永久对策。要同时从技术和管理两方面分析原因并制定对策。经过试行来确认永久对策能解决问题。质量改进环节常见将修改作业指导书和加强员工培训等作为永久对策的问题。人不是机器，通常情况下修改作业指导书和加强员工培训并不能杜绝问题发生。

D6：实施永久对策。实施对策，确认按计划实施。

D7：采取预防措施。为了避免相关问题再次发生，修改管理系统、工具及流程。

D8：感谢团队成员。感谢团队成员做出的贡献。

3. 六西格玛

六西格玛是一种管理策略，于 1987 年由摩托罗拉公司的工程师比尔·史密斯提出，其后在通用电气公司被广泛推广和应用。六西格玛将质量改进分为五个阶段，如图 12.4 所示。六西格玛在本质上也符合 PDCA 循环。

质量改进是一个长期、持续的过程，企业始终聚焦于主要问题的

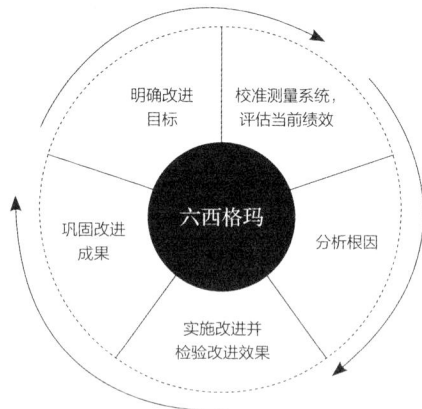

图 12.4　六西格玛

彻底改进，就能稳步提升质量水平。很多企业质量表现长期徘徊在一个水平，问题重复发生，要么是没找到问题的根本原因并采取有针对性的措施，要么是措施执行得不到位。

质量管理的目标是产品或服务能够精准满足客户的期望与需求，让客户满意，进而推动企业取得持久的商业成功。

当企业能够一次就将事情做对时，质量"免费"，因为它避免了后续因错误而产生的额外成本与资源消耗。然而，当企业设定了更高的质量目标时，企业需要在多个层面增加投入。比如在设计产品时增加备份，提升系统的健壮性和可靠性；采购更先进的测试设备和仪器，以确保验证环节的全面性和准确性；遍历更多测试用例来降低遗漏风险；在生产过程中，提升过程能力，加强监控，有效抑制变异发生。所有这些努力，都伴随着相应的成本投入。

企业在追求高质量的过程中，必须始终将满足客户需求和实现商业成功作为核心导向，脱离满足客户需求和实现商业成功，片面地追求高质量并不可取。质量管理的真谛在于找到质量、成本、客户需求与商业成功之间的最佳平衡点，通过持续改进，实现质量水平稳步提升，促进商业成功。

笔者曾碰见过一个颇具启示性的案例——涉及 A 公司与 M 公司在印度市场面对特定挑战时的不同应对策略。当时，两家公司销售的充电器都满足印度强制标准的要求，但由于印度电网不稳定，造成两家公司的充电器在印度市场的故障反馈率（FFR）均超过 5%。

面对这一问题，A 公司选择增强产品本身的健壮性作为解决方案，通过重新设计充电器，确保其在电网不稳定的恶劣环境下也能正常工作。这一举措显著降低了 FFR，但代价是产品成本飙升，最终采购成本约为原充电器的三倍。M 公司采取了截然不同的策略，即不改变充电器的设计，而是通过优化服务来应对这一问题。M 公司承诺在客户购买充电器后的两年内，无论其因何原因产生质量问题，均可无理由免费更换新品。这一策略以较低的成本（约为 A 公司重新设计产品成本的 10%）实现了对客户需求的积极响应，有效提升了客户满意度。

多年来 M 公司在印度市场持续表现强劲，稳居行业前三。A 公司则难以在印度市场立足，最终撤出该市场。

这个案例深刻揭示了质量管理策略和客户需求匹配的重要性。A 公司虽在产品质量上表现卓越，却因忽视了客户需求与成本效益的平衡而未能实现商业成功；而 M 公司则通过巧妙的服务创新，以较低的成本既提升了客户满意度，又巩固了市场份额。

第十三章

风险管理

风险，作为在特定环境与时间段内某种损失发生的潜在可能性，是现代商业环境中不可避免的一部分。企业需直面诸如自然灾害、地缘政治变动、市场准入障碍及法规频繁更新等多重风险。这些不可预见的事件，可能仅轻微扰动运营成本，也可能演变为灾难性事件，对企业的持续经营构成严重威胁。

为了有效抵御这些风险，企业必须投入必要的资源，以减少不良事件可能带来的冲击。风险管理，正是这样一种管理策略，它致力于在充满不确定性的环境中，将风险对业务的不良影响降至最低水平。系统性的风险管理方法，通过科学、全面的流程，帮助企业更好地识别潜在风险、评估风险的影响、制定风险应对策略，并持续监控其演变，从而有效管理重大风险。ISO 31000 为此类风险管理活动提供了权威的原则和指导方针，旨在帮助企业构建一个高效、适应性强的风险管理体系，确保企业在面对复杂多变的商业环境时，能够稳健前行，保障业务的连续性和持续增长。企业风险管理框架如图 13.1 所示。

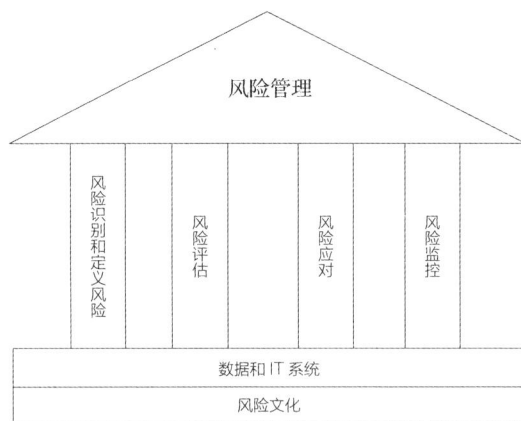

图 13.1　企业风险管理框架

企业的各个体系都会涉及风险管理，而采购作为供应链管理的关键环节，同样需要对其面临的风险进行系统性管理。在自然灾害和地缘政治局势日益复杂多变的背景下，供应连续性风险已成为采购领域不可忽视的重大挑战。针对供应连续性风险，企业需要采取综合性的管理措施，从供应商布局、生产区域、运输线路、应急响应机制以及供应商关系管理等多个方面入手，全面提升供应链的抗风险能力和韧性。

13.1 风险识别和定义风险

风险管理始于风险识别，这是整个风险管理的基础。风险识别是一个系统的过程，旨在发现、确认并记录可能影响组织目标实现的各种风险。对采购领域而言，常见的风险主要有四种，见表 13.1。

表 13.1 采购领域常见风险

序号	分类方法	类别	举例
1	按发生的环节	需求风险	需求波动带来库存积压
2		履行过程风险	供应商关停并转、法律法规风险（如知识产权纠纷）、产品质量问题
3	按范围	内部控制风险	内部流程不成熟、制度执行不规范及腐败问题
4		外部环境风险	自然灾害、地缘政治变动、贸易管制等

- 需求风险：主要关注采购需求的准确性、及时性和变更管理。例如，需求预测不准确可能导致库存积压或短缺，需求变更频繁可能增加采购成本和时间。
- 履行过程风险：涉及供应商选择、合同谈判、交货验收等多个环节。供应商资质不符、产品质量问题、交货延误、价格欺诈等都是常见的履行过程风险。
- 内部控制风险：如采购流程不规范、审批权限不明确、信息沟通不畅等。这些风险可能导致采购效率低下、成本增加甚至腐败问题。
- 外部环境风险：如地缘政治变动、政策变化、自然灾害等风险。例如，原材料价格大幅波动可能影响采购成本，国际贸易政策变化可能影响进口货物的通关成本，自然灾害可能导致供应链中断。

在完成风险识别之后，接下来的重要步骤是对这些具体的风险进行详尽的定义。卡普兰（Kaplan）及加里克（Garrick）在 1991 年提出的风险定义框架要求企业综合考虑以下三个核心问题。

（1）会发生什么潜在问题？明确哪些危险事件可能对企业希望保护的资产

构成威胁。例如，在需求波动带来的风险情境中，企业需要明确的是：需求波动具体会如何影响采购活动，是否会导致采购的物料因无法及时消耗而积压成呆料、死料。

（2）这些潜在问题导致的后果是什么？企业需要评估这些危险事件一旦发生，将如何影响需要保护的资产。继续以需求波动为例，其导致的后果就是库存积压，引发仓储成本上升，导致资金占用增加和物料贬值等问题。

（3）这些潜在问题发生的可能性有多大？企业需要对危险事件进行深入分析，以确定其发生的可能性。可以是定性的判断，如"可能性大""不太可能"，也可以是基于历史数据或专业预测的定量描述。对于需求波动，企业需要探究其原因，比如市场趋势变化、客户订单不稳定等，并据此评估需求减少至低于某一值的具体概率。

在明确定义了风险之后，企业可以进一步对这些风险进行等级评估。随后，针对每一个具体风险，企业应制定并实施有针对性的应对措施，以确保能够有效地管理和减小这些风险带来的潜在影响。

13.2　风险评估

风险评估是风险管理中的重要步骤，它旨在定量或定性地评估风险事件发生的概率以及这些事件可能带来的潜在结果。通过风险评估，企业能够更清晰地理解其所面临的风险全景，从而做出更加明智的决策。

在进行风险评估时，首先需要对每个风险事件进行细致的分析，判定其发生的概率。这通常基于历史数据和专家意见等多种因素进行。同时，还需要评估这些事件一旦发生，可能对企业造成的潜在损失或影响，包括财务损失、声誉损害、运营中断等多个方面。

为了比较不同风险的严重程度，并根据其影响程度和可能性进行排名，企业可以采用风险矩阵这一工具。风险矩阵是一种可视化的评估方法，它将风险的影响程度和可能性分别划分为不同的等级或区间，并将这些等级或区间组合成一个矩阵。在矩阵中，每个单元格分值 = 影响程度得分 × 可能性得分，每个分值代表一种特定的风险组合，而单元格的位置则反映了该风险组合的相对严重程度。典型的风险矩阵如表 13.2 所示。

表 13.2　典型的风险矩阵

风险矩阵		影响程度得分（1~5 分）				
		1	2	3	4	5
可能性得分（1~5 分）	5	5	10	15	20	25
	4	4	8	12	16	20
	3	3	6	9	12	15
	2	2	4	6	8	10
	1	1	2	3	4	5

通过风险矩阵，企业可以直观地看出哪些风险是需要优先关注和应对的。一般来说，位于矩阵上方和右侧的风险被视为高风险（即高影响程度和高可能性的风险），企业需要立即采取行动来降低其潜在影响或发生的概率；而位于矩阵下方和左侧的风险（即低影响程度和低可能性的风险）则可能被视为可接受的，或者可以在资源允许的情况下逐步进行管理和控制的。

在 FMEA 中，通过对每个问题的严重程度、发生程度和可探测性三个方面进行评分，得到风险优先数（RPN）。

$$RPN= 严重程度 \times 发生程度 \times 可探测性$$

使用 RPN 来代表风险的优先处理顺序。一般而言，RPN 值越高，则风险越高，这种方法同样适用于风险评估。

RPN 的三个方面如表 13.3 所示。

表 13.3　RPN 的三个方面

序号	方面	举例
1	严重程度	如影响的范围（对企业产生全局影响还是局部影响），影响多少产品、营业收入和利润
2	发生程度	如发生的频率（一年一次、每月一次等）、发生的比例（如 80%）等
3	可探测性	如发生前有人量明显信号、有少量异常或可检出的可能性为零

在判断何种风险需要优先采取控制措施时，采用行动优先级（Action Priority，AP）评估表作为决策依据是一种有效的方法。行动优先级评估表详

尽地覆盖了严重程度、发生程度及可探测性可能的逻辑组合，为风险评估提供了全面的视角。

在使用行动优先级评估表进行风险处理优先级排序时，企业不能将 RPN 作为唯一标准，而应采取一种更为审慎和有针对性的方法。首先，企业应优先对严重程度评分为 9~10 分的项目进行详尽评审，这些项目代表一旦发生可能带来无法承受的后果的风险，因此企业必须立即制定并执行控制措施，以确保风险得到有效管理。严重程度非常高的风险采取措施的优先顺序如表 13.4 所示。

表13.4　严重程度非常高的风险采取措施的优先顺序

严重程度（S）		发生的可能性（O）		可探测性（D）		行动优先级	说明
非常高	9~10	非常高	8~10	低	7~10	高	
				中	5~6	高	
				高	2~4	高	
				非常高	1	高	
		高	6~7	低	7~10	高	
				中	5~6	高	
				高	2~4	高	
				非常高	1	高	
		中	4~5	低	7~10	高	
				中	5~6	高	
				高	2~4	高	
				非常高	1	中	
		低	2~3	低	7~10	高	
				中	5~6	中	
				高	2~4	低	
				非常高	1	低	
		非常低	1	非常低～非常高	1~10	低	

其次，企业应将注意力转向那些危害程度（即严重程度与发生程度的综合结果）较高的项目。这些项目虽然可能不及严重程度最高的项目情况紧迫，但

由于其高频发生或具有潜在的广泛影响，同样需要采取及时的控制措施来降低其整体风险水平。

最后，企业将焦点转向 RPN 值较高的项目。通过纠正与预防措施，企业应努力降低这些项目的风险等级，确保自身处于全面风险管理的框架下，能够有序、高效地应对各类潜在威胁。

总之，不管使用何种工具，都是为帮助企业对所面临的风险进行识别、量化和排名，从而为下一步制定有效的风险管理策略提供支持。

13.3　风险应对

一个明确且合理的风险管理目标能够为风险管理活动提供清晰的导向，确保资源的有效配置，并促进组织整体目标的实现。风险管理的目标一般要满足以下几个基本要求。

1. 与企业的总体目标一致

风险管理的目标必须紧密围绕并服务于企业的总体目标。这意味着在制定风险管理的目标时，需要充分考虑企业的长远规划、愿景、使命以及当前的经营环境，确保风险管理活动与企业的整体发展方向相协调，避免出现目标冲突或偏离的情况。

2. 具有现实性和可行性

风险管理的目标应具有现实性和可行性。企业在制定风险管理的目标时需要充分考虑企业内部资源（如人力、物力、财力等）的实际情况，以及外部环境（如政策法规、市场竞争环境等）的约束条件，确保目标既具有挑战性又具有可行性。同时，还需要对可能遇到的风险和障碍进行充分评估，并制定相应的应对措施。

3. 达成效果可量化、可衡量

风险管理目标的达成效果应当是可量化、可衡量的。这要求企业在设置目标时，要明确具体的衡量标准和评估方法，以便在后续的管理过程中对目标的实现情况进行跟踪、监测和评估。通过客观的评价体系，企业可以及时发现问题、总结经验教训，并不断优化风险管理策略和方法。

4. 要有主次之分，以利于提升风险管理的综合效果

风险管理目标应当具有层次性和优先级。在复杂多变的市场环境中，企业面临的风险种类繁多、影响各异，但企业的资源是有限的。因此，在制定风险管理的目标时，需要根据风险的重要性、紧迫性和影响程度等因素进行排序和分类，确保优先处理对企业影响大的风险。同时，还需要考虑不同目标之间的关联性和相互影响，以实现风险管理的综合效果最大化。

以采购为例，假如企业要开展一个减小自然灾害对供应连续性影响的风险管理项目，则可以把"因任何一个地级市发生自然灾害造成企业30%以下比例的产品供应中断时间小于7天，影响合同发货小于1 000万元人民币"作为风险管理的目标，这个目标能同时满足上述四个要求。

在风险管理目标明确之后，有针对性地制定管理措施是确保风险管理有效的关键一步。在风险管理实践中，常用的五种风险应对策略包括规避风险、降低风险、分担风险、转移风险和接受风险，每种策略都有其特定的适用场景和优势。

- 规避风险。这是一种预防性的风险管理策略，旨在通过避免可能引发风险的活动来减少潜在损失。例如，在供应商选择上，如果发现某供应商存在侵犯知识产权的风险，企业可以选择其他无此风险的供应商，从而规避潜在的法律纠纷和经济损失。规避风险策略适用于那些风险发生概率高且后果严重的情形。通过预判和规避风险，企业可以有效保护自身的利益。

- 降低风险。当风险无法完全规避时，可以采取措施来降低其潜在影响，包括降低风险发生的概率、降低损失程度或限制损失扩大。例如，在汽车制造业中，新供应商的质量风险较高，企业可以通过限制新供应商产品的使用范围（如仅在某一车型上试用）来降低潜在的质量问题对整体生产的影响。同时，通过对产品关键部件进行热备份来降低失效概率，也是降低风险的有效手段。

- 分担风险。通过将风险分散给多个主体，企业可以降低单个主体承担的风险。合资和共同投资是分担风险的常见形式，这种形式通过汇集多方资源和力量来共同应对市场波动和经营风险。此外，采购方和供应商之间的合作开发也可以分担风险，如共同出资建设生产线，既可分担投资风险，也可加强双方的合作关系。

- 转移风险。通过合同或其他法律手段将风险转移给第三方是风险管理的一种重要策略。购买保险是转移风险的最常见方式之一，企业可以通过购买产品质量险、责任险等保险产品来将潜在的经济损失风险转移给保险公司。这样，在风险发生时，企业可以获得经济补偿，从而减少财务损失。

- 接受风险。在某些情况下，尽管企业已经采取了各种风险管理措施，但仍会存在一些无法完全消除或规避的残余风险。对于这些风险，企业需进行业务决策，决定是否要承担这些风险以继续开展相关业务活动。接受风险策略要求企业在充分评估风险影响的基础上，做出合理的业务决策，以确保企业的长期利益和发展。

总之，企业应根据具体情况灵活选择和应用不同的风险应对策略，以实现风险管理的目标并保障企业的稳健发展。

13.4 风险监控

风险监控是风险管理的重要举措，它涉及对风险的持续跟踪与监控，确保风险管理策略和措施的有效实施和运行。具体活动包括风险监测、风险报告、风险应对演练及持续改进，其共同构成了风险管理的动态循环体系。

- 风险监测。建立健全的风险监测机制是风险管理的核心。通过对已识别风险的持续跟踪和监测，企业可以及时发现风险因素的变化趋势和潜在威胁，为制定和调整风险管理策略提供数据支持。例如，对供应商的质量数据和财务数据进行监控，有助于企业评估供应商的稳定性，降低供应链风险。此外，风险监测还可以帮助企业把握市场动态和政策变化，为企业的战略决策提供有力支持。

- 风险报告。风险报告是风险管理的重要输出内容之一。通过定期或不定期地向利益相关者推送风险信息和数据，企业可以增强内外部对风险的认识和理解，提高风险管理的透明度和有效性。风险报告应包含风险的性质、影响范围、可能的后果及应对措施等内容，以使决策者能够全面了解风险状况并做出科学合理的决策。同时，风险报告也是企业总结经验教训、改进风险管理策略的重要依据。

- 风险应对演练。风险应对演练是在虚拟的事件（事故）条件下，各个单位、部门或人员针对假设的特定情况，按风险应对预案执行对应任务的排练活动。简单地讲，风险应对演练就是一种模拟风险事件发生的应对演习。这种模拟训练不仅提高了员工对潜在风险事件的应急反应能力，还检验了风险应对预案的可行性和有效性。通过定期的演练，企业可以及时发现预案的不足，进行必要的修订，确保在真实风险事件发生时能够迅速、准确地做出响应。同时，演练也有助于提升员工的团队协作能力和风险意识，为企业的稳定发展提供有力保障。常见的风险应对演练有消防演习、数据中心容灾演练、服务器主备切换演练等。

- 持续改进。风险管理是一个不断学习和改进的过程。随着企业内外部环境的变化，新的风险不断出现，旧的风险也可能发生变化。因此，企业需要不断总结经验教训，调整和改进风险管理策略和方法，以适应新的风险挑战。例如，近年来自然灾害和地缘政治等因素导致供应连续性风险日益凸显，企业应加强供应链风险管理，提高供应链的韧性。通过持续提高风险管理水平，企业可以更好地应对各种风险，实现健康发展。

13.5　风险管理常见问题

虽说风险会影响企业的经营，但是普遍存在的"幸存者偏差"影响了风险管理的有效落实。在实施风险管理的过程中，常见的问题如下。

（1）企业的管理层对风险管理不够重视。随着业务的快速增长，企业管理层往往过于乐观，从而忽视了风险管理的重要性。然而，成功往往由必然性与偶然性共同作用的结果，缺乏风险管理意识可能导致企业在未来遭遇危机时难以应对。

解决方案：可以通过案例分析、专家讲座等方式，让管理层了解忽视风险管理可能带来的严重后果。加强管理层的风险管理意识，将风险管理视为企业持续发展的基石。同时，将风险管理纳入企业战略规划和绩效考核体系，确保管理层在决策时充分考虑风险因素。

（2）未将风险管理纳入业务发展战略和绩效管理中。在制定业务发展战略时，企业往往过于关注增长目标和市场份额，而忽视对风险因素的考量。这种"重收益、轻风险"的短视行为，容易使企业陷入"救火式"管理的困境。

解决方案：在制定业务发展目标和战略时，明确将风险管理作为重要考虑因素。建立风险与收益平衡的评价机制，采用"扁鹊大哥二哥"[4]式的预防性风险管理策略，而非仅关注"救火英雄"。通过设立风险管理的KPI，将风险管理成效与员工的绩效挂钩，激励全员参与风险管理。

（3）缺少风险管理体系，不能正确识别、判断和管理风险。企业在风险识别、评估和管理方面存在不足，表现为两种极端：一是过度保守，因畏惧风险而错失发展良机；二是过于冒进，轻率接受风险，存在侥幸心理。

解决方案：构建完善的风险管理体系，包括风险识别、评估、监控、应对和报告等环节。建立科学的评价体系和问责机制，确保风险管理工作有章可循、有据可查。同时，加强对员工的风险管理培训，提高其对风险的识别、判断和管理能力。避免盲目恐惧或轻率接受风险，实现风险与机遇的平衡。

（4）从众心理。部分企业倾向于模仿同行业其他企业的风险管理策略，认为这样可以降低风险。然而，每个企业的内外部环境都是独特的，盲目跟从可能导致企业忽视自身特有的风险。

解决方案：企业应根据自身实际情况制定风险管理策略，避免盲目跟从同行业其他企业的做法。企业应通过深入分析自身业务特点、市场环境等因素，识别并评估潜在风险。同时，建立风险预警机制，及时发现并应对潜在风险，保持对风险的敏感性和警惕性。

（5）风险管理限于风险管理部门。业务部门把风险管理相关工作视为风险管理部门或项目组的专属职责，仅关注风险管理部门分配下来的任务，导致风险管理工作同业务部门的日常工作脱节。由于业务部门认为风险管理是额外的工作，其难免会对风险管理工作产生有意识或无意识的抵制。这种问题将导致风险管理无法充分发挥作用。

解决方案：推动风险管理与业务活动的深度融合，将风险管理落实到企业运营的各个流程和环节中。通过跨部门协作和沟通，形成风险管理合力，让风险管理成为每个员工的自觉行为。同时，加强风险管理部门对业务部门的方法

4　"扁鹊大哥二哥"来源于"扁鹊三兄弟"典故。魏文王曾问扁鹊他们三兄弟谁的医术最高，扁鹊回答："大哥在病情未显之时便察觉并下药根除，二哥则能在病情初见端倪时便给予治疗，而我往往治疗已入膏肓的疾病却名声大噪。实际上，大哥、二哥的医术都比我高明得多。"

论指导和支持，为业务部门提供风险管理工具、方法等。

根据墨菲定律，如果事情有变坏的可能，不管这种可能性有多小，它总会发生。采用"事前验尸"[5]的方法有助于在项目启动阶段便系统性地剖析潜在风险，从而在项目执行过程中实施精准的风险管理。

为此，企业需构建并推行一套全面、统一的风险管理体系，该体系应覆盖整个企业，确保企业能定期审视运营环境，敏锐捕捉并详尽记录各类风险。该体系需紧密融于业务管理体系之中，促使企业在每一项业务活动中都能科学评估风险，做出兼顾风险与收益的明智决策。

同时，管理层应致力于打破风险管理的误区，确保风险管理工具与方法得到充分运用，不仅要识别风险，更要预防、降低乃至转风险为机遇。通过采取一系列必要且有效的风险管理措施，企业能够最大限度地降低风险带来的不利影响，为业务的稳健、可持续发展奠定坚实基础。

---

5 "事前验尸"的核心思想是在项目开始之前即假设其已经失败，然后分析和探讨可能导致失败的原因。

第十四章

如何评定采购部门的绩效

关键绩效指标（KPI）作为量化管理工具，其核心在于精准衡量并优化组织或部门的绩效。为确保 KPI 考核的公正与有效，应精心设计考核项目，平衡各项指标，避免单一指标过度影响考核结果。同时，建立严格的监督机制，确保考核过程的透明度和独立性，减少人为干预。

对采购部门而言，其 KPI 的制定紧密依托于企业整体战略目标的层层分解，直接影响企业的日常运营与长远发展。具体而言，采购部门常见的 KPI 可细化为以下几个关键模块：一是成本模块，旨在持续优化采购成本；二是质量模块，确保采购物料或服务的质量符合甚至超越企业标准；三是交付模块，关注采购需求的满足率、订单的准时完成率，保障交付的顺畅进行。此外，还应根据企业战略需要，灵活设置如技术创新、供应多元化、本地化采购和人才培养等特色 KPI，以全面推动采购部门的工作绩效与战略贡献。

采购领域常见 KPI 如表 14.1 所示。

表 14.1　采购领域常见 KPI

模块	举例	相关部门
成本	目标成本达成率、成本节约率、价格降幅等	采购经理、采购履行专员、SQE 等
质量	FDPPM、FFR、PONC、客户投诉起数、批次质量问题起数等	采购经理、采购履行专员、SQE 等
交付	需求满足率、承诺满足率、货期改善天数、VMI 覆盖率等	采购经理、采购履行专员、SQE 等
重点工作	重点工作和任务完成率，包括创新技术和产品的引入等	采购全体部门
内控	流程遵从率、信息安全问题起数等	采购全体部门
人才培养	核心人才离职率、人员能力和岗位匹配度、人员能力培养或提升目标的达成率	采购全体部门
和上下游部门共同承担的指标	库存周转天数	计划部门
和上下游部门共同承担的指标	企业经营利润	销售部门

在采购部门内部，为了更有效地管理和激励员工，需要根据不同角色所承担的具体业务内容来精细划分 KPI。差异化的 KPI 设置有助于每名员工明确自己的工作重心。

为了促进跨部门、跨角色的协作与沟通，可以设置一些共同的 KPI 项目，但根据角色的不同，赋予其不同的权重，如表 14.2 所示。以采购经理和 SQE 为例，两者在采购流程中扮演着不同但相互依存的角色，他们的工作目标在某种程度上是共通的，比如都关注成本和质量等。然而，由于职责和专长的不同，他们的 KPI 设置各有侧重。对相同 KPI 项目设置不同的权重，既保持了 KPI 的针对性和差异性，又促进了角色间的协作与理解。

表 14.2　按角色设置 KPI

模块	采购经理权重 /%	SQE 权重 /%	说明
成本	40	20	成本、质量和交付相互影响，所有相关的角色要共同承担对应的 KPI，只是依据不同角色工作内容侧重点的不同设置不同的权重
质量	20	40	
交付	15	15	
人才培养	5	5	各部门通用要求
内控	10	10	
其他	10	10	

当然，对相同角色但不同物料品类的 KPI 权重进行微调以优化绩效管理。以企业落实质量优先的战略为例，企业可以对电池采购部门的 KPI 权重进行调整，将采购经理的成本权重从原来的 40% 降低至 30%，同时将质量权重从 20% 提升至 30%，以此凸显对电池品类质量的重视。

同样地，在不同品类和部门之间，考虑到各部门所负责物料的差异性和特点，也应对 KPI 项目进行有针对性的划分。比如在质量模块，针对非生产物料可能需关注客户投诉起数和批次质量问题起数等，而针对生产物料，比如电池等关键部件应更关注 FDPPM、FFR 等指标，因此两者在 KPI 考核项目上应有所区别。按品类设置 KPI 如表 14.3 所示。

表 14.3　按品类设置 KPI

模块	基线权重 /%	考核项目	非生产物料权重 /%	生产物料权重 /%
成本	35	成本节约率	5	15
		价格降幅	15	10
		目标成本达成率	15	10

续表

模块	基线权重 /%	考核项目	非生产物料权重 /%	生产物料权重 /%
质量	25	FDPPM	0	5
		FFR	0	10
		客户投诉起数	15	5
		批次质量问题起数	10	5
交付	15	需求满足率	15	15
人才培养	5	核心人才离职率	5	5
内控	10	内控成熟度	10	10
其他	10	重点工作完成率	10	10

在设置 KPI 考核项目时，要关注 KPI 是否会诱导业务人员采取不当行为，进而引发操作变形和数据失真现象。以供应商绩效为例，若将其直接作为采购部门或负责供应商绩效考核的业务人员的 KPI，可能会使他们倾向于给予供应商更高的分数，以达成个人或部门目标，从而牺牲了评估的客观性和准确性，甚至导致业务造假行为。

此外，KPI 考核项目的设置还需具备连续性，以便为业务人员提供明确且持续的工作方向。通过保持考核项目的稳定性，业务人员能够清晰地了解长期目标，并在日常工作中持续努力。这种连续性不仅有助于提升业务人员的专注度和工作动力，还能为企业积累连续的、有价值的数据，为后续的数据挖掘、数据分析和战略决策提供有力支持。

在完成 KPI 考核项目设置后，对每个考核项目的目标进行科学合理的赋值同样重要。将目标分为底线目标、基本目标和挑战目标是既合理又有效的做法。这有助于激励业务人员追求卓越，同时也为他们的努力设定了清晰的界线和回报。

- 底线目标。底线目标类似于学生考试的及格分，是业务人员必须达到的最低标准。这一目标的设定，旨在确保业务活动的基本质量和效率，避免出现严重的短板或不足。若未达成底线目标，则该项目不得分，以此强化业务人员对关键任务的重视程度。
- 基本目标。基本目标代表了企业对业务人员日常工作表现的期望水平。

达成基本目标意味着业务人员在自身领域内达到了企业设定的基本要求，为企业贡献了稳定的价值。此时，该项目可获得满分，作为对业务人员日常努力的认可。

- 挑战目标。挑战目标则是对业务人员的更高期许，旨在激励他们不断突破自我，追求卓越。挑战目标通常高于日常工作的平均水平，需要业务人员付出额外的努力才能达到。若业务人员能够达成挑战目标，则能获得额外的加分。这种奖励机制能够极大地激发业务人员的积极性和创造力，推动他们不断超越自我，为企业创造更大的价值。

目标的设定应当紧密贴合企业的总体管理水平，既要符合实际、具备可行性，又能够激发员工的潜能，具有一定的挑战性。目标应当促使员工与过去的自己相比取得进步，同时应使企业与行业标杆相比，扩大领先优势或显著缩小差距。

一旦完成采购部门内所有各级部门的 KPI 的设定，就构建了一部全面的采购 KPI 字典。这部字典详尽地列出了各个部门的 KPI，包括每个指标的具体定义、计算方法、权重以及设定的三档目标值。

随后，基于这部 KPI 字典，各部门在内部进一步将指标按角色和人员分解到人。这一过程确保了企业层面的战略目标能够逐级转化为每个员工的具体绩效目标，从而构建起一个上下贯通、紧密相连的绩效管理体系。通过 KPI 分解，每个员工都能明确自己的职责，理解自己的工作对实现企业整体目标的作用，进而激发他们的工作热情和创造力。

第十五章

采购人需具备哪些核心技能

采购部门是连接内外的桥梁，其成员每天接收来自内部和外部各方的信息，在进行综合判断后做出最优的选择。前文详述了采购组织内多元化的岗位设置，其中采购工程师与 SQE 等岗位各司其职，聚焦于不同的工作领域，进而在专业技能与能力要求上展现出差异性。本章将围绕采购经理这一角色，深入探讨其岗位职责和能力模型。

15.1　岗位职责

在猎聘等招聘网站上，在各企业发布的采购经理或类似岗位的招聘信息中，岗位职责部分常常涵盖了寻源、成本控制、交付保障以及合同管理等方面的内容，而少部分企业在采购经理的岗位描述中提及如下内容。

- 审批和控制采购预算，制定采购计划，落实采购方案。
- 进行行业分析，制定采购策略。
- 审视品类健康度，根据供应商绩效优化供应商资源，营造供应商竞争氛围。
- 管理和维护供应商关系。
- 进行行业基准评估和价格／价值分析，优化成本结构，降低 TCO。
- 识别、评估和管理风险，确保供应连续性。

由此可见，新供应商和新物料的寻源、成本降低、合同签署以及交付保障是大多数企业对采购经理的基本要求，这些要求构成了采购经理的日常工作内容。但对那些对采购有更深层次认识的企业来说，它们往往期望采购经理能够承担更多战略性和前瞻性的职责。总的来看，采购经理的工作主要包括以下内容，如图 15.1 所示。

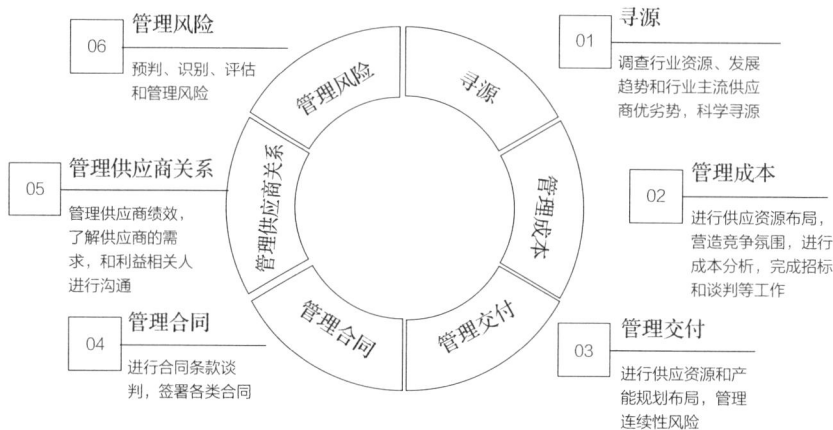

图 15.1　采购经理的工作内容

（1）寻源。评估分析市场趋势、竞争格局以及行业内的供应商动态和综合实力，合理制定采购策略，规划供应资源布局，完成新供应商的开发和导入。同时不断创新，探索和引入新的物料或产品，以满足企业不断变化的需求。

（2）管理成本。持续降低采购成本是采购经理的天职。采购经理应通过招标、谈判或其他方法，持续降低采购成本。

（3）管理交付。确保供应商能够按时、按质、按量交付产品是采购经理的重要职责之一。采购经理需要与供应商进行产能规划，确保供应商有足够的生产能力来满足企业的订单需求。在订单执行过程中，采购经理还需要密切关注供应商的生产进度和交货情况，及时发现并解决供应问题，确保订单的顺利交付。

（4）管理合同。在合同谈判过程中，采购经理需要仔细审查合同条款，确保合同内容完整、准确、合法，并符合企业的利益。合同签订后，采购经理还需要负责合同的执行和监督，采供双方按照合同条款履行相应义务，及时处理合同执行过程中出现的纠纷和问题。

（5）管理供应商关系。采购经理需要具备良好的沟通协调能力，能够处理与供应商之间的各种问题和冲突，促进双方的合作共赢。采购经理还需要管理供应商绩效，了解供应商的需求，和利益相关人进行沟通，管理和供应商之间的关系，等等。

（6）管理风险。采购经理需要识别、评估并应对供应链中潜在的风险因素，如供应商破产、原材料价格波动、物流中断等，制定应急预案，确保在风险发生时能够迅速响应，减少风险对企业运营的影响。

如果企业在需求管理和付款流程方面存在某些障碍，则采购经理还需介入预算和付款管理。这并非正常状态，反映了企业在采购管理方面所面临的挑战和机遇。

15.2　能力模型

要高效、出色地完成本职工作，采购经理需要具备一系列综合能力，如图15.2所示。

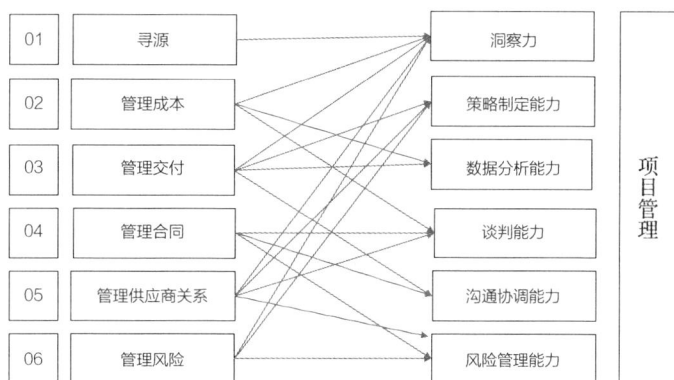

图 15.2　采购经理能力模型

首先，敏锐的洞察力是采购经理的核心素养之一。通过精准把握行业发展趋势，采购经理能够预判市场未来的变化，有效识别机会和潜在风险，并据此提前规划布局。同时，采购经理应能够深入剖析供应商的能力、需求及市场定位，与核心供应商建立长期稳定的合作关系。

其次，策略制定能力同样举足轻重。依托洞察结论，紧密结合企业的总体战略目标、业务需求和资源现状，采购经理应能够制定出具有前瞻性的采购策略，包括：通过识别核心供应商，维系双赢的合作关系，联合创新，打造竞争优势；构建多元化的供应网络以保持供应韧性；通过巧妙布局供应资源，激发供应商间的良性竞争，进而有效控制成本。

再次，数据分析能力也是采购经理不可或缺的专业技能。采购经理应能够掌握数据分析工具，对业务数据进行深入洞察和解读；科学分析物料成本构成，掌握关键成本要素，评估供应商报价的合理性，识别成本节约机会点；深入解读供应商财报，理解商业模式，识别财务风险，为企业的成本控制与利润提升贡献力量。

然后，卓越的谈判能力是采购经理争取最佳合作条件的关键。通过巧妙的谈判策略与灵活的谈判技巧，采购经理能够引导谈判走向，促成共赢。

另外，采购经理还需具备良好的沟通协调能力。鉴于采购工作的跨部门、跨领域特性，采购经理需与内部产品线、研发、计划和生产等多个部门及外部供应商保持紧密合作，共同推动项目高效实施。良好的沟通协调能力有助于组织跨部门团队团结协作，达成目标。

此外，采购经理还应具备风险管理能力，提前识别和预判如原材料供应中断、价格上涨和质量问题等风险。前瞻性地采取措施，保障业务平稳运行。

最后，项目管理能力对采购经理而言同样重要。通过运用项目管理知识，采购经理能够高效组织跨部门团队协同一致，明确项目目标，制定详细计划，管理风险，并严密监控执行过程，确保项目按时保质完成，为企业创造更大价值。

在多数企业的组织架构中，岗位分级制度很常见，它旨在明确各层级岗位的能力要求及职业发展路径。以采购经理岗位为例，从初级采购经理到资深品类采购经理再到采购总监的等级划分，不仅体现了个人在采购领域的成长轨迹，也反映了企业对不同岗位职级人才专业能力要求的逐步提升。以初级采购经理和资深品类采购经理为例，对两者的能力要求如表 15.1 所示。

表 15.1　采购经理能力分级

能力	初级采购经理	资深品类采购经理
洞察力	了解行业厂商和竞争对手动态，获取行业趋势信息，并将相关信息应用到工作中	熟练掌握洞察的方法论，能对宏观环境和行业进行深入洞察，从技术、供需和成本等维度识别行业发展趋势，得出具有前瞻性的洞察结论，指导品类采购工作规划
策略制定能力	能根据收集到的信息，制定策略和方案； 按规划执行采购策略和供应商管理策略	识别关键资源，进行资源规划和布局； 维护供应商关系，驱动技术和商业模式等创新； 制定短期、中期和长期采购策略，获取相对竞争优势

续表

能力	初级采购经理	资深品类采购经理
数据分析能力	能利用回归分析、拟合分析等方法处理业务数据； 能利用财务分析工具，评估供应商财务状况； 能利用数据分析工具对新物料/新项目进行成本分析	能利用数据分析和数据挖掘工具分析业务数据，得出洞察结论； 能通过财务分析，对供应商风险和业务发展趋势进行预判； 能根据品类/物料特点，识别成本的关键要素，从全流程角度分析成本构成； 能制定合理的成本分析方法，并开发分析工具
谈判能力	能根据具体项目情况，制定谈判策略，组织或在指导下完成谈判并达成谈判目标； 熟悉税法和合同法等，能独立完成合同条款的谈判，签署协议	能深入挖掘各类信息并进行综合分析和判断，有针对性地制定谈判策略和预案； 熟练掌握各种谈判技巧，灵活地利用各类资源，带领谈判小组实现双赢谈判； 主导关键和重大项目谈判
沟通协调能力	组织中、低级别的会议，达成既定目标； 通过对内、对外沟通，维护与相关部门和供应商之间的关系	通过和企业内外部关键利益相干人进行有效沟通，对相关部门和供应商施加影响，推动相关策略落地； 制定供应商关系管理战略，组织高层交流和战略对话，主导战略/关键供应商关系管理
风险管理能力	能识别项目中存在的风险，制定风险应对方案	提前识别品类或业务领域未来可能存在的风险，组织风险评估，并提前制定应对方案
项目管理能力	具备初级程度的项目管理能力，能管理一般难度的项目	具备管理跨团队、跨地域、跨领域的复杂项目的能力，主导供应商发展和变革等关键项目

同时，在采购部门内部，对每一位员工的专业贡献也有一定要求。如要求初级采购经理输出作业指导书或业务流程优化建议。而对资深品类经理以上的员工则要求编写培训教材；开发培训课程；识别业务痛点、规划并实施业务变革方案等。

岗位分级制度为从业人员设定了清晰的职业发展路径，激励他们不断提升自我，以满足更高层级岗位对专业知识、技能等的要求。

然而，在部门内部，是不是每个员工的能力都越强越好呢？其实未必。按照马斯洛的需求层次理论，人在解决了衣食住行和安全问题之后，追求的会是归属感、成就感和自我价值的体现这类精神需求。如果让能力强的员工从事低层次的机械性重复劳动，会阻碍其获得成就感，体现不出员工的个人价值。企业应让能力强的员工承担重任，激发其成就感；对有职业发展诉求的员工，给予其学习的机会，促进其成长；而对缺少发展动力的员工，使其在工作氛围良好的团队内从事和其能力对应的工作，其也可获得归属感，对工作满意。从管理者的角度来看，根据业务需求形成人员梯队，人尽其才，既能确保工作有效完成，也能满足员工对工作的诉求，这是很好的管理办法。

因此，在进行员工能力提升培训时要对员工进行区分，根据不同员工群体的需求，制定差异化的能力提升方案。企业并不需要每一个采购人员都成为品类采购经理。对于高阶能力培训或跨领域的培训，员工可以根据个人的意愿选择。如果员工期望提升能力，拓宽职业上升通道，其自然有积极性去主动学习。而对于操作优化和效率提升方面的培训，则应要求全员参与。

第十六章

数字化

数字化转型已成为当今企业的普遍趋势，无论规模大小，众多企业纷纷踏上这一转型之旅。该转型核心在于利用数字技术，重塑企业的业务流程、优化管理模式、革新决策机制。企业数字化转型遵循渐进式的发展路径，大致可划分为三个阶段，如图 16.1 所示。每一阶段都标志着企业在数字化进程中的深度与广度的进一步提升，推动企业向更高层次的智能化迈进。

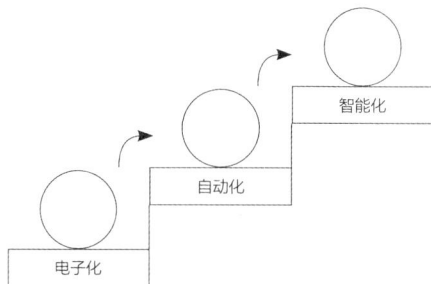

图 16.1　数字化转型的三个阶段

1. 电子化

电子化作为数字化转型的初始阶段，其核心在于将传统纸质数据按照既定规则和标准转化为结构化的电子数据，并安全地存储在数据库中，以便于各种应用程序的便捷调用和处理。这一过程不仅是数据形态的简单转变，更是企业向数字化迈进的基石。通过电子化，企业能够打破纸质文档的束缚，实现数据的快速检索和共享，极大提升数据处理效率和准确性。同时，电子数据为后续的数字化分析、挖掘和智能决策提供了坚实的基础。

对许多传统企业而言，数字化转型的第一步往往是进行历史数据的电子化与数据清洗工作。这一过程不仅需要投入大量的人力、物力，还需确保数据的准确性、完整性和一致性，为后续的数据整合与应用奠定基础。

在完成历史数据的电子化后，企业还需关注新生成数据的整合工作，确保各类数据能够在系统中无缝对接、实时更新，实现无纸化办公。这不仅有助于提升企业内部管理效率，还能促进企业与外部合作伙伴之间的信息共享与协同合作。

总之，电子化作为数字化转型的起点，对传统企业而言具有重要的意义。它不仅能够帮助企业打破信息孤岛、提升数据价值，还能为企业后续的数字化创新与发展打下基础。

2. 自动化

一旦完成业务活动数据电子化后，企业便能够充分利用信息技术的力量，依据预设的规则对各项业务活动进行高效、准确的自动化处理。这一转变在供应链管理中尤为显著，企业可利用确定的规则自动地处理诸如需求管理、生产和物料控制计划、物料采购自动化以及生产运营等多个关键环节的工作。

- 需求管理。供应链数字系统能够自动整合市场需求预测数据与销售信息，实时更新销售预测数据，确保生产计划与市场需求保持高度一致。这种自动化的需求管理不仅提高了数据处理的效率，还显著增强了预测的准确性。

- 生产和物料控制计划。MRP 系统能够自动将客户订单转化为详细的生产计划和物料采购需求，大大简化了转换流程。同时，MRP 系统还能进行资源优化分配，确保生产物料与产能的最佳匹配，降低库存成本，提高生产效率。

- 物料采购自动化。自动化采购覆盖了从需求预测信息释放到供应商付款的全流程。ERP 系统能够根据供应商选择结果（价格、采购比例等）和供应商的供应能力自动匹配采购需求，通过 SRM 系统分发订单给合适的供应商，并实时监控订单状态、验收入库情况以及安排付款事宜。这种高效的自动化采购流程不仅缩短了采购周期，还提高了采购管理的透明度和合规性。

- 生产运营。MRP 系统同样能够实现生产物料齐套性检查、生产排产、库存监控以及物流和客户验收等环节的自动化处理。这有助于企业实时监控生产进度和库存状况，及时响应客户需求，提高供应链的灵活性和响应速度。

供应链数字化带来了数据贯通和共享的巨大优势。通过全流程数据的可视化和可追溯性，企业能够轻松获取实时报表、深入分析信息，实现运营管理的透明化，提升业务运作的敏捷性。高信息透明度有助于打破部门间的壁垒，减少数据失真，降低沟通成本，提升企业的决策效率和执行效果。业务自动化处理还显著减少了人工干预和错误，提升了供应链的准确性。这些进步使得企业能够更快地适应市场变化，满足客户需求，从而在激烈的市场竞争中保持领先地位。

通过实现业务流程的自动化，企业可以显著提高工作效率、降低运营成本，并为后续的智能化升级奠定基础。

3. 智能化

在数字化转型的浪潮中，企业正逐步从单纯的数据收集、汇总和分析迈向智能化决策的新阶段。这一过程的核心在于依托丰富的数据资源，运用先进的模型与算法进行深度动态分析，以预测未来趋势，挖掘隐藏的价值，并据此制定更加明智、快速的解决方案。智能化技术的应用，极大地减轻了员工在数据处理上的负担，使员工能够更多地聚焦于综合判断与战略决策。

以供应商绩效管理为例，智能化系统的引入可实现对供应商绩效数据的自动化分析。这些系统能够基于预设的标准和规则，对供应商的交货准时率、产品质量、服务响应速度等多个维度进行横向和纵向的综合评价，形成客观、准确的绩效评价结果。这种智能化的评价机制不仅提高了评估的效率和准确性，还为后续的供应商资源优化提供了有力的数据支持，帮助企业构建更加稳固、高效的供应链体系。

此外，智能化系统还可用于风险洞察和预警。比如在供应商风险管理方面，智能化系统能够自动分析供应商的财务报表、信用记录等关键信息，实时监控各项财务指标的演变情况。通过运用复杂的算法模型，智能化系统能够识别出潜在的财务风险信号，并及时向企业发出预警，帮助企业提前采取措施应对风险，保障供应链的稳定性和安全性。AI 神经网络还可用于供需预测、价格走势分析，帮助企业更好地管理成本和交付等业务。

那企业应该如何推进数字化？

首先，企业需要深入业务实质，梳理业务流程，精准识别适合并急需进行数字化改造的业务，以确保数字化转型的针对性和有效性。

其次，针对选定的业务，绘制数据流图，清晰展现数据在各环节中的生成路径与流转过程，如图 16.2 所示。在此过程中，务必明确各流程节点的输入与输出内容，并对这些数据进行严格的定义与结构化存储，以便后续应用系统的无缝对接与高效调用。

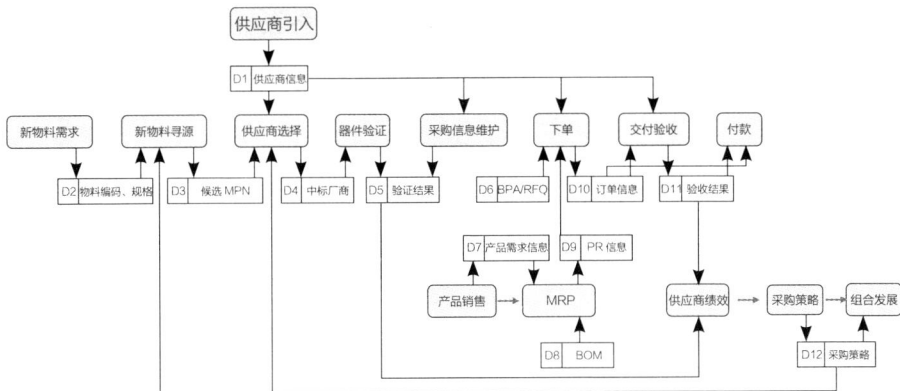

图 16.2 物料采购业务流和数据流

再次，依据各流程节点的具体操作需求，将业务规则内嵌于系统之中，实现数据的自动化处理与结果的即时输出。这一过程旨在减少人工干预，提升业务处理的准确性与效率。

最后，开发智能化的数据分析与应用系统，通过深度挖掘数据价值，生成多样化的业务报表与数据看板，直观反映业务运营状况。同时，系统还具备趋势预测、风险预警等高级功能，为业务决策提供支持。

需要强调的是，在数字化转型过程中，数据的定义是基础，它直接影响分析结果的准确性与应用价值，任何定义上的调整都可能对分析结果产生深远影响。同时，制定合适的规则至关重要，它直接影响分析结果的真实性与参考价值。例如，在展示物料成本节约情况时，需综合考虑价格和采购数量变化对总采购成本的影响，要选择既能反映趋势又能揭示细节的对比方法。

数字化不是目的，是手段。将数字化简单地等同于 SRM 系统等 IT 工具是一种对数字化的片面理解。业务流程是数字化的基石，业务产生数据，而数据分析和应用又能驱动业务的优化和升级，形成一个良性循环。脱离业务流程的数字化如同空中楼阁，很难达到预期的效果。

因此，企业在推进数字化转型的过程中，应始终坚持以业务流程为核心，注重数据的收集、整合、分析和应用，不断优化和升级业务流程，提升业务运行效率。同时，积极引入先进的 IT 工具和技术手段，为数字化转型提供支持，但切记不可本末倒置，让 IT 工具成为数字化转型的障碍或负担。

尽管智能化技术带来了诸多优势，但当前多数企业要全面实现智能化还需时日。不过，这并不意味着企业无法享受到数字化转型带来的红利。事实上，数字化在许多企业中得到了广泛应用并取得了显著成效。企业可以循序渐进，着眼于业务需求，逐步推行数字化。

第十七章

如何做好授权与决策

在企业初创阶段，由于业务规模和团队成员有限，许多具体业务的决策权往往集中于创始人或高层管理者手中。然而，随着企业的成长，业务范围的拓展和人员队伍的壮大，这种集中式决策模式逐渐难以满足需求，难以支撑企业的快速发展。因此，企业需要引入授权与审批机制，以实现更高效、更灵活的管理。

17.1　如何授权

"授权"是指从治理层、管理层到员工，自上而下地对企业各类决策权限进行分配，"审批"是指通过"审核"和"批准"使决策生效。企业业务的授权与审批决策需要依据组织架构和决策事项的内容和范围来综合制定。在进行业务授权时，需明确授权范围、授权对象、授权期限，防止授权不当。

在采购业务中，企业为了提升效率、确保合规并加强内控，会将一系列关键的事权、财权和人事权授权给特定的角色或团队。常见的涉及授权的内容如下。

1. 采购日常业务决策

授权内容通常涉及日常采购活动的决策权，如供应商选择、新供应商导入等。根据涉及的采购金额、物料品类或风险等级的不同，企业可能设定不同的决策层级和审批流程。

2. 合同的审批和签署

授权内容包括采购合同的审核、批准及最终签署的权力。这些权力可能被分配给采购经理或更高层级的管理者，具体取决于合同的复杂性和重要性。

3. 采购内部流程及流程文件、规章制度、指导书等的审批和发布

授权内容涉及采购部门内部流程、规章制度和文件等的制定、审批和发布。这些权力可能被分配给质量运营管理部门或流程管理部门。

4. 采购内部组织结构调整和人员任命

授权内容涉及在采购组织内部，对组织结构的调整（如增设岗位、合并部门等）和人员任命（如晋升、调动等）的决策权。这些权力通常掌握在高级别的管理层手中。

部分被授权事项的审批和决策权可以被转授权。比如企业授权集团采购业务管理委员会决定供应商选择的相关事项，集团采购业务管理委员会可以将相关权力根据具体采购项目所涉及的采购金额分级转授权给某个下层组织。在制定业务授权方案时，企业应明确界定哪些事项可以被转授权、转授权的层级与条件，以及相应的监督与问责机制，并在业务授权范围中明确说明，避免出现绕过决策体系进行决策的情况。

一般来说，那些与日常运营紧密相关、对业务影响较为直接且相对标准化的具体业务决策，可以根据分层分级的原则进行授权，以提高决策效率和响应速度。而对于涉及企业战略方向调整、组织结构调整、关键岗位人员任命等方面的核心事项，由于这些事项对企业具有深远的影响，需要高层级的管理者参与或监督，通常不应被转授权。

许多达到一定规模的企业成立了采购业务管理委员会来管理采购业务。一些规模较大的企业甚至成立多层采购业务管理委员会对业务进行分层分级的管理。通常可以根据企业采购业务的规模，按业务活动类型、品类和金额三个维度进行分级授权，如表 17.1 所示。

表 17.1　采购业务分级授权示例

	业务活动类型（如具体项目的供应商选择）	
品类	×××授权决策组织（如寻源团队）	×××授权决策组织（如采购业务管理委员会）
	金额	金额
存储	≤ 1 000 万元	>1 000 万元
电池	≤ 1 000 万元	>1 000 万元
结构件	≤ 1 000 万元	>1 000 万元

在采购组织内部，常见的需要授权及审批的日常事项如下。

● 供应商导入和淘汰。

● 具体项目的供应商选择（含选择策略和选择结果等）。

- 供应商选择结果变更（涨价、份额调整等）。
- 关键品类的采购策略。
- 供应商的分类组合结果。
- 供应商关系管理策略（特别是战略供应商关系管理策略）。
- 采购合同风险条款。
- 向供应商赔偿。
- 例外的事项。

在设计采购领域内的授权和决策方案时，需要平衡业务风险和决策的效率，同时充分考虑行业的变化速度。

1. 适应行业变化速度

对于发展迅速、变化速度快的行业，应优化决策流程，减少不必要的层级，确保快速响应市场变化。理想情况下，对于发展迅速、变化速度快的行业或事项，要减少决策的层级，最好一次即可完成最终决策，避免多层决策，影响决策效率。

2. 考虑对业务的影响程度

影响程度低或只对短期业务有影响的事项，建议由掌握信息优势的一线业务人员完成决策。比如一些采购金额较小的项目，最好在由采购经理、技术人员、质量人员和交付人员组成的团队内完成决策。

对影响程度高的关键事项，诸如关键品类的采购策略、战略供应商关系管理策略等，这些事项应当由采购高层进行决策。高级别领导者和相关利益方在决策时对方案进行深入讨论与最终决策，促进跨部门、跨层级的广泛沟通与理解，从而在更大范围内达成共识，为后续资源的有效调配及策略的执行奠定坚实基础，确保战略目标的顺利实现。

3. 避免重复决策

对于已经通过决策并形成明确结论的事项，其执行结果无须再次决策，除非需要调整策略或出现新情况。以某个项目的价格谈判为例，若谈判过程遵循了既定的方案，达成了目标且完全符合采购策略的要求，那么在此情境下，完全没有必要再启动决策程序。由业务主管对执行结果进行审核即可，这样处理既高效又合理。

17.2　决策方式

决策方式主要分为两类：一类是个人决策，即指定个人基于其掌握的信息与自身的知识、经验对业务进行独立判断；另一类是团队集体决策。个人决策的优势在于效率高，但其可能受限于决策者个人的视野、经验以及外部环境因素的干扰，易受到情境噪声和模式噪声的影响。团队集体决策虽然耗时相对较长，但能够汇聚多方智慧，通过充分的讨论与交流，形成更为全面和均衡的决策。

对于采购这类经济敏感度高的活动，为了确保决策的公正性、透明度和准确性，推荐采用团队集体决策方式。然而，可以在团队集体决策的基础上赋予团队领导者或特定成员特定的权限，如一票否决权，将团队集体决策和个人决策相结合，任何方案在获得通过之前均需得到领导者的认可，以此作为对决策质量的最后一道保障。但是，不建议赋予相应人员一票赞成权，因为一票赞成权会将团队集体决策变成个人决策。

在众多企业的业务决策实践中，一个常见的问题是团队集体决策往往被转变为个人决策，这主要归咎于决策团队中少数领导者可以对团队其他成员施加显著且直接的影响力。当团队集体决策未采用无记名的投票方式时，在决策过程中，团队成员往往不自觉地倾向于迎合少数领导者的偏好，从而导致决策结果偏离了客观公正的轨道，失去了其应有的真实性和代表性。

为了提升决策的专业性，一些企业尝试将业务专家纳入决策团队。然而，若这些专家在团队中的独立性和客观性得不到有效保障，特别是当决策团队中的领导者对专家拥有过大的控制权或影响力时，专家的意见就可能受到压制或扭曲。在缺乏无记名投票制度的情况下，专家在决策团队中能否真正发挥其专业作用值得商讨。

因此，为了确保团队集体决策的有效性和公正性，企业需要采取一系列措施来提升决策过程的透明度、独立性和包容性。这包括但不限于实施无记名投票制度、明确界定领导者和专家在决策中的角色与权限、建立有效的反馈与监督机制等。通过这些措施，企业可以最大限度地减少个人因素对团队集体决策的不良影响，确保决策结果能够真正反映团队的智慧和共识。

无记名投票是常见的确保集体决策结果的广泛代表性和客观性的方法，它是防止个人意志过度干预、保障集思广益的关键环节。为了进一步提升团队集体决策的科学性，可以引入计分表机制，通过合理设定打分项目，对决策内容进行定量评估；并采用平均分等方法有效过滤决策过程中的噪声，促进决策过程的理性与客观。

　　然而，全面否定人的主观判断能力，完全依靠计分表的机械式的决策方式也不可取。在业务决策过程中，应当倡导将定性判断与定量分析相结合。一方面，企业应充分利用数字化技术的优势，尽可能地将传统的定性描述转化为精确的定量数据。借助大数据分析和 AI 等工具，形成翔实的数据，并深入挖掘数据蕴藏的信息，支撑待决策方案的效果评估、损益预测及风险敞口测算等。另一方面，企业还需依托决策者对客观事物和规律的深刻理解，结合定量数据分析的成果，运用个人或团队的智慧与判断力，对事物的本质及未来发展趋势进行逻辑严密的判断，从而将"经验驱动"的传统决策模式转变为"数据为主、智慧为辅"的现代决策模式，实现决策质量的飞跃。

第十八章

第十八章

采购内控

谈及采购，腐败问题往往成为公众关注的焦点。这一现象还波及研发、测试等关联领域。个别人员利用职权之便，对采购决策施加不当影响，谋取私利，侵蚀了企业的利益。

一些员工在面对潜在的不当利益诱惑时，往往会基于对风险与收益的权衡做出选择，当预期收益超过潜在风险时，其可能就会铤而走险，腐败的苗头便可能滋生。

企业常采用增加审核环节和审核层级等方式试图遏制腐败。比如采购人员负责提交业务方案，由采购经理、采购总监等多级复核和审批。然而，这种做法不能从根本上解决问题。同时，由于处于高位的审核人远离实际业务，无法掌握业务细节，导致决策效率低下。长此以往，企业开始形成以不信任为基础的工作氛围，员工需要自证清白，从而丧失了积极性和创造性。

企业想要根治腐败，必须从源头出发，构建一套高效、全面的内控体系。首先，通过制度设计"扎紧篱笆"，让员工"不能贪"；其次，通过加强教育和宣传，打造诚信廉洁的企业文化，让员工"不想贪"；最后，利用数字化监控系统、风险评估模型等现代管理工具与手段，增强发现问题的能力，并加大惩处力度，提高违法成本，让员工"不敢贪"。通过这一系列措施，从根本上营造一个公平、透明、高效的采购环境。

COSO 模型是美国对上市公司内控框架进行评估的重要参考模型，如图 18.1 所示。它包括控制环境、风险评估、控制活动、信息沟通和监督五部分。内控重点关注流程内控、财报内控、合规运营等方面。通过在企业的每一个业务单元、领域和流程中实施这些内控策略，企业不仅能够显著提升其经营效率和效果，还能有效预防腐败现象的发生，进而促进企业的长期稳健发展。

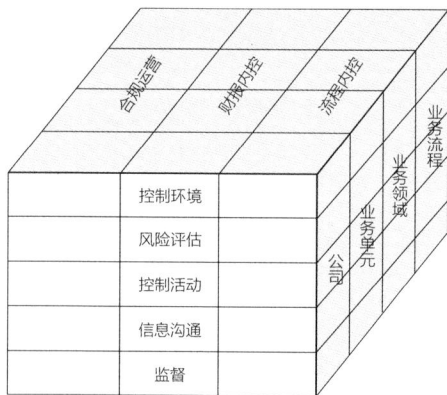

图 18.1　COSO 模型

18.1 控制环境

控制环境是内控体系的基础。它定义了内控各组织的职能，以及企业对内控的态度、认识和措施。它包括组织的价值观、目标设定、指导原则、治理的架构和管理模式等各方面的因素。一个健全的内控环境能够确保组织实现目标，保护资产安全，确保财务报告的准确性，并提升组织运营的效率和效果。

控制环境的主要内容如下。

（1）经营管理理念。管理层对内控的重视程度、对风险管理的态度以及其决策方式都会直接影响内控的效果。一个具有前瞻性和风险管理意识的管理层，会注重建立健全的内控体系，以确保组织的稳健运营。

（2）组织架构。组织架构决定了组织内部的权力分配和职责划分。一个清晰、合理的组织架构能够确保各个部门和职位之间权责明确，避免权力过于集中或职责不清导致的内控失效。

（3）人力资源政策。企业应该制定科学的人力资源政策，包括招聘、培训、考核、处罚和晋升等方面，以确保员工具备胜任工作的能力和素质。同时，企业还应该注重员工的职业道德和诚信教育，培养员工的内控意识。

（4）企业文化和价值观。企业文化和价值观是企业的精神支柱，积极、健康的企业文化能够激发员工的归属感和责任感，引导员工遵循内控要求，形成良好的内控氛围。企业文化和价值观不是简单打印出来贴在墙上的口号，而是通过什么行为被奖励、什么行为被处罚而逐步凝聚而成的。

（5）监督机制。企业应建立健全的监督机制，通过审计部门对组织的内控进行定期或不定期的审计和监督，对不当行为进行问责；建立举报和业务沟通等机制，调动员工的内控积极性，使其积极参与内控的监督和管理。

（6）合规运营。企业应该严格遵守国家法律法规和行业规范，确保合法合规运营。同时，企业还应该注重道德标准和行为规范的制定和传播，让员工明确道德标准和行为规范，自觉地遵循内控要求。

控制环境对企业的长期发展具有重要影响。因此，企业应该重视控制环境的构建和维护，确保其有效性和完整性。

18.2　风险评估

风险评估是企业内控工作的雷达。内控管理部门应定期组织对面临的重要风险进行识别、管理与监控，并就整体的内控管理策略和方案提交管理层决策。各流程责任人是内控风险管理的责任人，需紧密配合内控管理部门的工作，针对各自负责的业务领域进行细致的风险识别与评估，并制定相应的内控措施以有效管理风险。

在风险评估过程中，内控管理部门需运用专业的工具和方法，对识别出的风险进行深入的剖析和量化评估，包括对风险来源、影响范围、发生概率及潜在损失等方面的全面评估。内控风险可用于分析和识别内控风险，并有针对性地制定风险防范方案，为内控工作规划提供指导。典型的内控风险识别表如表18.1 所示。

表18.1　典型的内控风险识别表

业务流程	节点	操作描述	内控风险识别	风险等级	财务风险敞口	风险防范方案
新物料导入流程	需求管理	需求部门输出需求规格，传递给采购部门进行寻源	在需求规格中指定供应商	按风险评估方法，依据严重度、发生度、可探测性综合评分	××万元	建立供应商指定流程，在规格书中指定供应商按指定流程在研发和采购过程中进行联合升级审批
			通过倾向性地制定需求规格，变相指定供应商			成立独立的TMG。团队成员包括产品、器件研发、测试、质量、采购和交付等领域的人员，所有需求规格需要经TMG评审

在评估内控风险的过程中，可以采用自上而下与自下而上相结合的方法。以采购为例，采购一级部门首先从采购整体流程框架出发，审视采购领域可能面临的风险，从整体上构建内控风险评估矩阵。与此同时，采购领域内的每一个部门也应立足自身职责和所涉流程节点，细致入微地构建各自部分的内控风险评估矩阵。最后将两者结合，经过分析与汇总，形成一个反映采购领域全貌的总内控风险评估矩阵。通过这一方法，内控管理部门可以更加精准地制定内控工作的具体方案和长期规划。内控人员将根据这些方案和规划紧密围绕识别出的关键风险点，设计有效的内控措施和监控机制，以确保内控体系的有效运行，降低内控风险。

18.3　控制活动

流程责任人是维护企业内控有效性的重要角色。他们通过一系列精心设计的内控工具，确保业务流程的合规性、高效性和安全性。

1. 构建职责分离矩阵

职责分离是一项基本的内控原则。当将权力分配给业务人员时，必须建立对应的约束机制，确保个人不可以完全控制任务或具有过大的控制权。为防止控制权滥用，流程责任人需要构建职责分离矩阵。这一矩阵明确了不同岗位之间的职责分配，确保同一业务流程中的关键任务由不同的员工或团队负责，从而实现相互监督和制衡。

职责分离矩阵可以检测组织中潜在的冲突，帮助及时解决。以从寻源到验收的流程为例，典型的职责分离矩阵如表 18.2 所示。假设员工 1 同时负责验收，那可能产生虚假验收的风险。

表 18.2　典型的职责分离矩阵

员工	提出采购需求	供应商选择	下单	验收
员工 1	√	×	×	×
员工 2	×	√	×	×
员工 3	×	×	√	×
员工 4	×	×	×	√

职责分离只是第一步，在实际的采购业务中还要注意如何将分权落到实处。比如研发部门在确定需求时已倾向于特定供应商的产品规格，造成变相指定，那后续的供应商选择、验收等都只能流于形式。如果采购人员只是被动接收研发环节传递过来的需求，不思考需求的合理性，只执行，那很难杜绝这类情况。要解决这类情况，采购人员就需要提前介入研发等环节的评审等活动，变被动接收为主动管理，确保需求的合理性和必要性。

除此之外，采用团队集体决策代替个人决策，通过组建跨部门、多角色的决策团队，对重大采购事项进行充分讨论与审议，企业可以有效分散权力、制衡利益，降低内控风险。

2. 识别业务关键控制点

流程责任人需要对每个业务流程进行深入分析，识别出那些影响流程目标的达成的关键活动单元，即业务关键控制点（KCP）。这些 KCP 对业务风险的控制起着至关重要的作用。对于设置 KCP，首先要分析和判断是否存在以下问题。

①存在影响目标达成的因素。

②存在舞弊和腐败的可能。

③人工或系统可能出错。

④流程被绕过。

⑤应审批而未审批或审批不当。

⑥未遵守法律法规等。

⑦存在影响客户满意度的因素。

设置 KCP 应综合考虑企业的实际情况、业务需求、市场环境以及采购团队的能力等多方面因素，结合风险发生的概率和影响程度确定是否要将某业务设置为 KCP，在灵活性与管控之间找到最佳平衡点，以确保采购活动的顺利进行。但 KCP 不宜过多，一个流程中含有的 KCP 数量以少于 5 个为宜。

3. 组织实施遵从性测试

针对识别出的 KCP，应组织并执行遵从性测试（Compliance Test，CT）。遵从性测试是指流程的责任人指定由独立人员对流程 KCP 进行例行的遵从性检查。遵从性测试每季度进行一次，需确保测试人员的独立性，可采用交叉检查的方式进行测试。采取随机抽样法抽取样本进行测试，测试的有效样本数量必须大于遵从性测试要求的最小样本数量。测试人员应如实记录测试过程中发现的问题，问题责任人应提交纠正与预防措施，形成遵从性测试报告。遵从性测试样例如表 18.3 所示。

表 18.3　遵从性测试样例

流程名称	KCP 名称	控制要求	样本名称	编号	测试人员	是否遵从	原因分析	纠正与预防措施	责任人	完成时间
项目供应商选择	供应商选择方案	供应商选择方案需经选择小组 2/3 以上的人员会签通过	《××项目供应商选择》	××××	测试员 1	是	不涉及	不涉及	不涉及	不涉及
		供应商选择方案需经授权决策组织决策通过			测试员 1	是	不涉及	不涉及	不涉及	不涉及

遵从性测试流程如下。

①选取样本：基于本季度发生的业务数量，选取一定数量的样本进行测试。

②测试样本：按照要求，对样本的 KCP 遵从情况进行测试。

③记录与分析测试结果：记录测试的结果，并对测试发现的问题进行必要的分析，提交纠正与预防措施。

④形成测试报告：汇总测试的结果，形成测试报告，经流程责任人审核后发布测试报告。

⑤跟踪问题的改进：根据测试报告中所记录的问题和改进措施，跟踪问题的改进情况。

遵从性测试旨在验证业务流程是否按照既定的控制要求执行，以及 KCP 是否得到有效遵守。

4. 定期进行控制评估

为了持续监督内控的有效性，需要定期（如每半年）进行控制评估。半年度控制评估（Semi-Annual Control Assessment，SACA）是指各级管理者对自己所负责的业务领域的内控系统的有效性和全面性进行评估，识别整体业务风险，支撑自我改进和自我管理。SACA 通过打分的形式进行，得分为 0~5分，由低到高分为极不满意、不满意、略不满意、合格和非常满意 5 个等级。SACA 报告中必须包含以下内容：

①上次 SACA 所发现问题及改进措施执行情况；

②对本次 SACA 对应时间区间内遵从性测试、主动审查和审计等发现的问题及造成的财务损失和风险敞口的详细分析，以及对应解决方案的执行情况；

③内控风险评估矩阵；

④本次 SACA 识别的主要业务风险及改进措施；

⑤本次 SACA 得分说明。

SACA 不像遵从性测试，无须进行交叉检查。SACA 是业务管理者在自己负责的领域之内进行业务内控风险评估，业务管理者的态度会影响 SACA 的效果。

5. 实施主动审查

对于风险较高的业务领域，流程责任人或业务部门主管可主动发起审查活动。主动审查聚焦于采购项目执行过程中突出的业务痛点或常见的问题，帮助识别问题、发现问题和改进问题。

在进行专项主动审查时，可以参考遵从性测试对 KCP 进行审查，也可以在 KCP 之外，根据业务的实际情况和识别到的风险制定主动审查检查表进行审查。完成主动审查后，汇总发现的问题，制定改进方案，生成主动审查报告。

6. 建立轮岗机制

员工在同一岗位长期任职，若工作内容长期不变，会导致其工作激情减退，容易陷入思维惯性，也可能加剧人为因素对业务决策的影响。轮岗，作为一种强化企业内控的策略，得到众多企业的积极推行。其意义不仅在于控制风险，更是促进员工全面发展、激发团队与组织活力的有效途径。

轮岗不应仅基于内控的单一目的而盲目进行，忽视员工的职业发展蓝图。应避免将轮岗变为无意义的岗位循环，比如将员工从质量管理部门调至商务部门，再调回原岗，若此过程未能伴随职级提升或实质性的职业发展，则难以达到激励效果。

实施轮岗策略时，企业应巧妙平衡内控需求与员工个人职业发展规划，实现双赢。企业应通过定期或灵活的轮岗安排，点燃员工的工作热情，同时为员工提供跨领域学习与成长的机会，使他们能够积累多元化经验，拓宽视野，识别并弥补自身能力短板。这样的轮岗机制，实际上为员工铺设了更宽广的职业发展路径，有助于其实现个人职业生涯的螺旋式上升。

在业务活动中，除了使用上述内控工具外，更重要的是构建一套清晰、具体且易于理解的业务规则体系。这些规则成为业务人员日常操作的坚固框架，确保他们在明确的界限内遵循"规则在前，操作在后"的原则，高效、合规地执行任务，避免出现"先射箭后画靶"的情况。

然而，规则也有局限性。面对规则之外的罕见或异常情境，企业应当建立一条灵活的异常决策路径，如召集跨部门、跨领域的专家团队进行集体讨论与决策，或将问题提交至更高层级的管理层进行审议。这种方法有助于平衡规则的刚性与组织的灵活性。

实际上，许多企业并不缺乏规则，真正缺失的是对规则的有力执行与遵循。当规则执行不力或执行标准模糊时，业务人员的自主权可能过度膨胀，导致权力滥用、选择性执行规则乃至权力寻租等问题的出现。

企业也应制定详尽的员工商业行为准则，明确界定员工在商业活动中应遵守的行为规范与道德标准。通过定期的培训、宣讲以及签署承诺书等方式，确保每名员工都能深刻理解并内化这些准则。管理层应以身作则，成为遵守行为准则的楷模。此外，持续的风险警示教育与典型案例分享也是不可或缺的一环，它们能提醒员工时刻保持警惕，避免重蹈覆辙。

总之，对于在遵从性测试、SACA 和主动审查中识别出的主要风险，流程责任人需要立即采取行动，制定并实施纠正与预防措施。这些措施应针对问题的根源，确保问题得到根本性改善。强化对规则的执行，并建立有效的监督机制，是确保企业内控体系稳健运行的关键所在。同时，流程责任人还应持续关注业务流程的变化和发展趋势，不断优化业务规则和内控体系，实现持续改善。

18.4　信息沟通

企业为了确保运营的高效、透明及客户满意，需要构建多元化且畅通的信息与沟通渠道。通过这些渠道，企业能够及时捕捉来自客户、供应商、员工等内外部利益相关者的反馈与需求，还能促进内部各层级之间的有效协作。

（1）建立对外公开的信息发布平台。通过企业官方网站或其他官方渠道详细并清晰地发布企业的业务政策、操作规范、标准以及流程等信息，这不仅有助于增强客户和供应商等外部利益相关者的信任，还能为他们提供便捷的信息获取通道。

（2）利用多渠道收集信息。设立专门的业务投诉和信息反馈渠道，如在线表单、电子邮箱、客服热线等，确保客户、供应商以及员工的声音都能被听到并得到及时响应。除了传统的邮件、电话等沟通方式外，企业还可以利用社交媒体、在线论坛等多种渠道来收集信息。这些渠道不仅能提供更丰富的数据来源，还能帮助企业更直接地了解客户、供应商以及员工的诉求。

（3）建立对内信息传播机制。除了定期的会议外，企业还可以建立内部通信平台，定期发布企业新闻、政策更新、行业动态等信息，确保员工能够及时了解企业最新动态。同时，鼓励员工通过内部通信平台提出自己的意见和建议，形成全员参与、共同建设的企业文化氛围。企业还可以组织诚信廉洁宣誓等活动，使员工统一思想，保持信念，提升认同感。

（4）定期召开业务沟通会。组织定期的业务沟通会议，邀请各级主管和员工共同参与，为他们创造一个开放、包容的交流环境。会议内容可以涵盖业务进展、问题挑战、成功案例分享等多个方面，旨在促进信息共享、经验交流和问题解决。通过面对面的交流，企业可以增强团队的凝聚力，提升工作效率。

（5）打造倾听文化。在企业内部打造倾听文化，鼓励管理层和员工主动倾听客户、供应商及同事的声音。对收集到的信息，应建立有效的处理机制，确保每一条信息都能得到认真对待和妥善处理。同时，对提出建设性意见或帮助企业改进的员工给予表彰和奖励，以激发更多员工的积极性和创造力。

通过上述措施，企业可以构建起一个全方位、多层次的信息沟通网络，为自身的持续发展和创新提供有力的支持。

18.5　监督

企业可通过信息收集渠道对不当行为进行监督，并结合内部审计部门的独立调查与评估维护企业合规运营、促进企业健康发展。管理层利用考核牵引各级流程责任人，对内控表现不佳的责任人进行处罚。企业应贯彻零容忍政策，不论是谁，其不当行为一经发现，一切按规定处理，从而有效遏制不当行为的发生。

内部审计是一种由企业内部专职审计人员独立、客观地执行的检查、评估和评价活动。它采用系统、规范的方法论，深入审查并评价企业的业务运营流程、内控机制以及风险管理系统的适当性、有效性和效率。内部审计不仅关注财务信息的准确性和合规性，还涵盖了对实物资产管理情况、业务规则遵从情况以及特定人员履职情况的监督。内部审计的最终目标是通过审查和评价，促进企业治理结构的完善，确保业务目标的顺利实现。

当审计报告发布后，业务部门应以审计报告中陈述的事实为基础，改进发现的问题，促进业务流程优化和管理效率提升。必要时，需要对问题责任人实施问责。企业应当秉持公正、合理的原则，既要确保违规行为得到应有的处理，又要充分保护业务人员的积极性和创造性。问责方式的选择应体现差异化思维，将不同类型的错误区分开来，避免一刀切的做法。

对于因认知不足、缺乏经验或探索新业务出现的错误，企业应给予理解。此类情况下，即便出现了财务损失，也应将其视作学习成本的一部分，通过总结经验教训，完善相关制度流程，减少类似问题的发生。问责应侧重于教育引导，鼓励员工从错误中学习，而非简单地进行惩罚。

相反，对于明知故犯、故意违反相关规定的行为，企业则应严格依据内部管理规定进行问责，以维护制度的严肃性和权威性。这类行为不仅损害了企业的利益，也破坏了企业的信任文化，必须予以坚决制止。科学合理的问责方式能引导员工树立正确的价值观，共同推动企业的健康发展。

但是对内部审计，存在 2 个常见疑问。

1. 审计的出发点是发现问题与处理责任人还是帮助改进业务问题？

审计人员能够在多大程度上洞察业务真相，既受限于其专业能力和分析技巧，也极大地依赖于业务人员的合作态度。当内部审计的出发点为发现问题与处罚责任人，以此形成威慑时，它往往演变成一场"猫捉老鼠"的游戏。审计人员不断追问，而业务人员则因担心言多必失，选择性地透露信息或回避关键细节。在这种氛围下，信息沟通变得困难重重，审计人员难以洞察业务真相。

要打破这一局面，关键在于重塑审计人员的角色定位，使其从监督者转变为业务人员的伙伴。只有当审计人员在理解业务实质的情况下评估其存在的风险，并提供有价值的改进建议时，内部审计能够赢得业务团队的尊重和信任，业务人员才会更愿意分享真实的业务情况。这种合作关系的建立，使得审计过程成为双方共同探索问题、寻求解决方案的契机，从而彻底改变"猫捉老鼠"的局面，促进业务管理的持续优化和企业的长远发展。

2. 审计的原则是"疑罪从有"还是"疑罪从无"？

虽然内部审计报告要求须以审计事实为依据，做到客观、准确、清晰、完整，但有罪推论时有发生，更有甚者站在今天看昨天，以事后诸葛亮的方式对过去的业务决策进行评判。"疑罪从有"不仅让业务人员陷入不断自证清白的困境，还可能让其因此变得谨小慎微，迫使他们在规则框架内最大限度地保护自己，害怕尝试新事物或承担合理的风险，严重抑制了员工的主动性和积极性，从而阻碍了企业的进步与发展。

选择"疑罪从有"还是"疑罪从无"，本质上反映了一个企业是倾向于构建基于信任的企业文化，还是基于猜疑与不信任的环境。

倡导信任文化，可以激发员工的潜能，促进创新。在审计过程中，坚持"疑罪从无"的原则，在掌握确凿证据之前，不轻易对业务人员进行有罪推论，确保审计结论基于充分的证据支持。这有助于确保审计工作的公正性和客观性，同时保护员工的积极性和创造性。

内部审计作为企业内部治理的重要工具，其作用的发挥不仅取决于审计技术和方法的先进性，更取决于审计理念与企业文化的契合度。通过明确审计目的、营造合作氛围、倡导信任文化以及采用合理的审计原则，企业可以充分发挥内部审计的积极作用，促进业务的持续改进和企业的健康发展。

尽管内控在防止腐败方面发挥着重要作用，但其核心价值远不止于此。内控体系的真正目的在于构建一个自我审视、自我完善的机制，使企业能够敏锐地识别内部运营中的潜在问题，迅速采取纠正措施，从而不断优化流程，降低风险，提升整体运营效率。

在全球化的今天，供应链网络错综复杂，既带来了前所未有的市场机遇，也伴随着诸多不确定性和挑战。面对供应链全球化的短期挫折与长期趋势并存、行业产能过剩与优质资源稀缺并存的复杂局面，企业构建并维护一个成熟的内控体系显得尤为重要。这样的体系能够帮助企业做到以下几点。

- 确保运营的合规性：强化合规管理，防止腐败，降低运营风险。
- 预警与防范风险：通过严密的监控和评估机制，及时发现并应对业务风险，确保企业运营的连续性和稳定性。
- 优化资源配置：促进流程优化，减少浪费和损失，确保每一分投入都能转化为有效的产出，提升资源利用效率。
- 增强竞争力：只有将内控过程视为一个持续学习和改进的过程，不断推动业务模式和流程的创新和完善，企业才能够在激烈的市场竞争中保持稳健的步伐，实现高质量的稳步增长，为长期发展奠定坚实基础。

因此，企业应高度重视内控体系的建设和维护，将其视为提升企业核心竞争力和实现可持续发展的关键要素之一。同时，企业还需保持敏锐的市场洞察力和前瞻性思维，不断调整和优化内控策略，以应对日益复杂多变的外部环境。